# ARBITRAGEM E CONSTITUIÇÃO

CONTRACORRENTE

Peter B. Rutledge

# ARBITRAGEM E CONSTITUIÇÃO

Tradução de Pedro Davoglio

Revisão de Gustavo Favero Vaughn

SÃO PAULO

2023

CONTRACORRENTE

Alameda Itu, 852 | 1º andar |
CEP 01421 002
www.loja-editoracontracorrente.com.br
contato@editoracontracorrente.com.br

EDITORES
Camila Almeida Janela Valim
Gustavo Marinho de Carvalho
Rafael Valim
Walfrido Warde
Silvio Almeida

EQUIPE EDITORIAL
COORDENAÇÃO DE PROJETO: Juliana Daglio
PREPARAÇÃO DE TEXTO E REVISÃO TÉCNICA: Amanda Dorth
DIAGRAMAÇÃO: Gisely Fernandes
CAPA: Maikon Nery
REVISÃO DA TRADUÇÃO: Gustavo Vaughn

EQUIPE DE APOIO
Fabiana Celli
Carla Vasconcelos
Regina Gomes
Nathalia Oliveira

**Dados Internacionais de Catalogação na Publicação (CIP)**
**(Câmara Brasileira do Livro, SP, Brasil)**

Rutledge, Peter B.
Arbitragem e Constituição / Peter B. Rutledge ; tradução Pedro Davoglio. -- 1. ed. -- São Paulo : Editora Contracorrente, 2023.

Título original: Arbitration and the Constitution.
ISBN 978-65-5396-135-7

1. Arbitragem (Direito) - Leis e legislação 2. Controle de constitucionalidade 3. Direito Constitucional I. Título.

23-168064 CDU-347.918:340.131.5

**Índices para catálogo sistemático:**

1. Arbitragem e controle de constitucionalidade : Direito 347.918:340.131.5
Aline Graziele Benitez - Bibliotecária - CRB-1/3129

@editoracontracorrente
Editora Contracorrente
@ContraEditora

Este livro é dedicado a nossos filhos
Anna, Marie, Nina e Frank

# SUMÁRIO

# PREFÁCIO

A Editora Contracorrente tem realizado um trabalho espetacular e único no mercado editorial brasileiro no tocante à tradução para o português de grandes obras do Direito em escala global. As traduções para a nossa língua são cruciais para o aprimoramento do ensino jurídico e da prática judicial, na medida em que facilitam o acesso a renomados autores estrangeiros acerca dos mais variados temas.

A obra que temos a honra de prefaciar, originalmente publicada em inglês pela editora da Universidade de Cambridge sob o título *Arbitration and the Constitution*, de autoria do ilustre Professor Peter Bowman Rutledge, integra o rol dessas grandes obras estrangeiras que a Editora Contracorrente tem oferecido ao público leitor brasileiro. Para nós, portanto, é um enorme prazer prefaciar a versão à brasileira que, de fato, é um primor no sentido de sua riqueza técnica, profundidade de pesquisa e originalidade das ideias. Somos gratos ao autor por ter nos autorizado, em conjunto com a Editora Contracorrente, a concretizar esse projeto acadêmico que será de grande valia ao desenvolvimento da arbitragem no Brasil.

O autor é um dos maiores estudiosos do Direito Arbitral dos Estados Unidos, tendo escrito e publicado diversas obras sobre o assunto. A mais significativa delas, a nosso ver, é o *Arbitration and the Constitution*, que, na língua portuguesa, passou a ser *Arbitragem e Constituição*, tema que é tão caro também a nós brasileiros. Além de um exímio tratadista e acadêmico, Rutledge é um notável professor de Direito. Atualmente, ele é Diretor da Faculdade de Direito da Universidade de Geórgia, nos Estados Unidos, onde detém a titularidade da Cátedra Herman E. Talmadge. Entre outras qualidades e pontos de relevo em seu vasto currículo, Rutledge tem também atuação de destaque perante a Suprema Corte dos Estados Unidos.

Em seu livro, ora traduzido ao português em momento em que a arbitragem brasileira finalmente passa a ser mais valorizada e analisada sob a ótica constitucional – isso é de todo necessário e óbvio, vale registrar –, Rutledge brinda-nos com três partes (repartidas em seis capítulos) muito interessantes, as quais, somadas à introdução da obra, versam sobre arbitragem e separação de poderes, arbitragem e federalismo, bem como arbitragem e direitos individuais, respectivamente. Como era de se esperar, a obra de Rutledge mergulha profundamente nas minúcias do sistema do Direito norte-americano, trazendo uma abordagem que se centra no *common law* dos Estados Unidos, no modelo de organização do Estado daquele país, que segue o regime federalista, e na interpretação que sobretudo a Suprema Corte confere a temas relativos à arbitragem.

A pergunta que abre o capítulo introdutório do livro de Rutledge bem representa a importância da obra em questão. Rutledge inicia a introdução questionando o seguinte: "[a]rbitragem e Constituição?" Logo na sequência, como se estivesse dando ao leitor a resposta para a pergunta que ele mesmo fez, diz que "[à] primeira vista, esses dois corpos jurídicos parecem estranhos companheiros de viagem". Tanto essa pergunta quanto essa resposta de Rutledge representam o que muitos operadores do Direito pensam quando se deparam com a temática da arbitragem e do Direito Constitucional em um contexto específico. Há quem pense que a relação entre arbitragem e Constituição não seja real, ou seja mesmo inexistente, pois os processos arbitrais são geralmente dirimidos sem alusão à Constituição, envolvendo apenas entes privados fora do sistema de resolução de disputas controlado pelo Estado-juiz. Rutledge prova a essas pessoas que elas estão equivocadas.

Defendendo o que ele chamou de "*constitucionalização*" *expressa da arbitragem*, Rutledge explica que sua tese seria, de maneira simplificada, a seguinte:

> ao longo do último meio século, as normas constitucionais cada vez mais abriram caminho no interior do Direito Arbitral e, em menor grau, o Direito Arbitral influenciou o desenvolvimento de normas constitucionais. É revelador que essa infiltração das duas disciplinas não tenha resultado de grandes teorizações sistemáticas ou deliberação. Em vez disso, ela tendeu a ocorrer por meio de desenvolvimentos incrementais em vários campos da arbitragem, ocorrendo muitas vezes isoladamente e com pouca consideração pelas implicações mais amplas da crescente interconectividade dessas duas disciplinas.

O parágrafo acima evidencia a imprescindibilidade da obra de Rutledge fazer parte do atual debate doutrinário brasileiro dado que nunca foi tão relevante debatermos o *devido processo arbitral* à luz do nosso sistema constitucional, em especial, a necessidade de a arbitragem dialogar constantemente com a jurisdição constitucional e seus precedentes.

Rutledge constrói a tese da constitucionalização da arbitragem a partir da metáfora de um muro. A relação entre o Direito Arbitral e o Direito Constitucional deparou-se, em várias fases da história, com um muro firme, que separava ambos os ramos do Direito. Nas palavras do autor, porém, o tempo contribuiu para que o muro fosse de algum modo superado: "à medida que a arbitragem passou a ocupar mais campos de disputa, começaram a surgir rachaduras nele – que permitiram a infiltração de princípios de uma dessas disciplinas na doutrina e no diálogo da outra". Isso não significa dizer que a barreira foi integralmente superada. Pelo contrário, o autor registra em sua didática conclusão que "o muro segue em pé até hoje, mas já não está tão firme como a um século ou mesmo meio século atrás". Em arremate, ele observa que "[o]s seis capítulos procuraram descrever os contornos desse muro, as áreas de infiltração e as suas consequências".

Ainda que em proporções não iguais, é certo que o muro, as áreas de infiltração e as suas consequências também são vislumbradas no Direito brasileiro. Daí a relevância da obra *Arbitragem e Constituição*, aqui referenciada já na versão traduzida ao português, que convida o leitor a meditar sobre possíveis aspectos de interação entre a arbitragem e o Direito Constitucional brasileiro. As ideias de Rutledge, a despeito de advindas de um sistema jurídico distinto e de estarem enraizadas em um país com culturas distintas, são uma ótima oportunidade para os estudiosos brasileiros da arbitragem, do Direito Constitucional e, inclusive, do Direito Processual, passarem a enxergar o instituto arbitral sob perspectivas inovadoras, que, ao contrário do que alguns possam cogitar, não se limitam ao campo teórico; muito mais do que isso, revelam saídas jurídicas refinadas para situações complexas experimentadas em casos concretos que dizem respeito tanto à arbitragem quanto às ações judiciais que se relacionam com arbitragens.

No Brasil, talvez a primeira tentativa de escalar o muro que divide a arbitragem e a Constituição, sob as lentes da história do Direito, tenha sido em 1824. A Constituição do Império de 1824 previa, em seu art. 160, que nas causas "civeis, e nas penaes civilmente intentadas, poderão as Partes nomear Juizes Arbitros. Suas Sentenças serão executadas sem recurso, se assim o convencionarem as mesmas Partes". Mais adiante no tempo, porém, essa disposição acabou se desvencilhando do texto constitucional brasileiro, sendo certo que a Constituição de 1988, atualmente em vigor, não tem previsão semelhante.

O Supremo Tribunal Federal brasileiro certamente tem papel fundamental na escalada desse muro. Foi no célebre julgamento da homologação de sentença espanhola (AgRg na SEC n. 5.206), concluído em 2001, que o STF chancelou a constitucionalidade da Lei de Arbitragem brasileira, rechaçando, por maioria de votos, o incidente de inconstitucionalidade que havia sido suscitado de ofício por um dos ministros. À época, em português claro, a declaração de inconstitucionalidade de dispositivos chaves da nossa Lei de Arbitragem acabaria por inviabilizar a operacionalidade da arbitragem no Brasil. Com efeito, registrou o Ministro Nelson Jobim em seu percuciente voto que, "[e]ntender de forma diversa [pela inconstitucionalidade da lei], é relegar, no Brasil, à inutilidade o sistema de arbitragem". Ou seja, se quisesse, o Supremo poderia ter construído um muro ainda mais alto – sorte a nossa que não o fez!

Na verdade, não é apenas a Suprema Corte que teve (e ainda tem quando o assunto é constitucional) papel fundamental na escalada desse muro. O Poder Judiciário brasileiro como um todo é conhecido por ser pró-arbitragem, na medida em que, em linhas gerais, suas decisões protegem a legitimidade do processo arbitral. Embora sob a ótica infraconstitucional, o Superior Tribunal de Justiça é hoje a corte que, com seus sólidos precedentes, mais contribui para o desenvolvimento e o fortalecimento da arbitragem.

Relativamente às áreas de infiltração, a relação entre arbitragem e Constituição se faz presente, no contexto do ordenamento jurídico brasileiro, em aspectos processuais e substanciais das disputas resolvidas por arbitragem – ou pelo Poder Judiciário quando algum elemento da arbitragem está em jogo.

Falando sobre os aspectos processuais, cumpre pontuar que os princípios da paridade de armas, do devido processo legal, da fundamentação das decisões, da imparcialidade e independência do julgador, da vedação à prova ilícita, do direito à prova e do acesso à justiça – aqui citados sem pretensão de exaurir o rol principiológico – são indispensáveis ao bom andamento dos processos arbitrais, que naturalmente devem obedecer e seguir com rigor os mandamentos constitucionais, até mesmo porque a arbitragem se insere na Teoria Geral do Direito Processual brasileiro. A saudável marcha do processo arbitral está absolutamente interligada com a observância dos princípios constitucionais do processo.

Por sua vez, o Direito substancial brasileiro conecta-se com a Constituição sobretudo em questões relacionadas ao Direito Público, tais como o Direito Administrativo e o próprio Direito Constitucional. O exemplo que talvez seja mais evidente quanto ao Direito Constitucional seja o poder-dever que os árbitros têm de declarar a inconstitucionalidade, inclusive a inconstitucionalidade material, de normas aplicáveis ao processo arbitral, poder-dever esse que é exercido pelos árbitros de forma incidental.

Caminhando para a terceira figura utilizada na metáfora de Rutledge, tem-se que as consequências do muro e das áreas de infiltração entre arbitragem e Constituição repercutem em todas as fases da arbitragem (pré-arbitral, arbitral e pós-arbitral). Mas é na fase pós-arbitral que as consequências podem vir a ser mais drásticas à arbitragem, a depender da natureza do vício que pode inquinar a sentença arbitral de nulidade. Um processo arbitral que ignora os ditames constitucionais, seja porque considera que o muro entre a arbitragem e a Constituição é insuperável, seja porque não compreende as áreas de infiltração, não tem qualquer legitimidade. Para que se evite o controle judicial sobre a atividade arbitral, é preciso que se respeite ao máximo a Constituição. Esse necessário respeito parece-nos o tema central da relação entre arbitragem e Constituição.

À guisa de conclusão, realmente esperamos que a obra em português de Rutledge, *Arbitragem e Constituição*, cuidadosamente traduzida por Pedro Davoglio, com a revisão de um dos subscritores deste prefácio, possa contribuir para que nós brasileiros avancemos cada dia mais na escalada do muro que ensaia separar a arbitragem da Constituição, em particular, e do Direito Constitucional, em geral. Acreditamos que o estudo sério do tema é uma oportunidade imperdível para que o muro fique cada vez menor, mais fácil de escalar ou simplesmente desapareça no futuro próximo.

Parabenizamos a Editora Contracorrente por mais essa tradução, que é única no mercado editorial brasileiro a enfrentar assuntos novos a partir de visões inovadoras, que servirão de oxigênio para o amadurecimento crescente da arbitragem e para que o Brasil continue sendo um país pró-arbitragem.

GEORGES ABBOUD

Mestre, Doutor e Livre-Docente em Direito pela PUC-SP, advogado sócio do Warde Advogados, professor de Processo Civil da PUC-SP e de Direito Processual e Constitucional do Mestrado e Doutorado do IDP – Instituto Brasileiro de Ensino, Desenvolvimento e Pesquisa no Distrito Federal.

GUSTAVO FAVERO VAUGHN

LL.M. pela Columbia Law School, em Nova Iorque, Mestre em Direito pela Faculdade de Direito da Universidade de São Paulo e sócio de Cesar Asfor Rocha Advogados.

# AGRADECIMENTOS

Este livro representa o ponto culminante de anos pensando, falando, ensinando e escrevendo sobre arbitragem e, especificamente, sobre sua relação com a Constituição. Como todos os meus projetos, ele beneficiou-se de inúmeras conversas com professores, juízes, advogados e alunos. Qualquer tentativa de listar todos os indivíduos que tiveram impacto na construção desta obra seria inevitavelmente incompleta. No entanto, eu seria negligente se não mencionasse alguns dos muitos indivíduos e instituições cujo apoio possibilitou que a obra fosse finalizada.

Falando de indivíduos, o primeiro e mais importante agradecimento deve dirigir-se a minha esposa, Birgit Rutledge-Riel. Ela é – e sempre foi – a rocha da minha vida, apoiou-me durante longas noites, altas horas no escritório, períodos estressantes de trabalho e inúmeras conversas sobre o que, às vezes, deve ter parecido um assunto especialmente árido. Ela é a melhor professora que conheço e uma crítica arguta de ideias, jurídicas ou não. Simplesmente, sem ela, este projeto não teria sido possível.

Em segundo lugar, devo agradecer àqueles que foram reitores universitários durante minha carreira acadêmica, enquanto escrevia este livro. Como qualquer professor sabe, os reitores têm um impacto enorme no início de nossa carreira. Seu apoio em questões como carga horária, financiamento de pesquisa, seleção de cursos e licença para pesquisa nos permite realizar o duro trabalho que resulta em publicações. Na Faculdade de Direito da Universidade Católica, o reitor Douglas Kmiec e seus sucessores, Bill Fox e Veryl Miles, ajudaram-me a começar com um pacote de ensino amigável, que incluía um seminário de nível superior sobre Arbitragem e Constituição, no qual pela primeira vez consegui organizar a literatura sobre esse assunto de forma sistemática. Mais recentemente, na Faculdade de Direito da Universidade da Geórgia, a reitora Rebecca White forneceu um apoio inestimável, inclusive endossando minha inscrição para um prêmio Fulbright e concedendo-me licença de pesquisa suficiente para concluir este projeto. Sem o seu apoio inabalável, este livro jamais teria se tornado realidade.

No mesmo sentido, um agradecimento especial deve ser dirigido ao pessoal da Fundação J. William Fulbright e, especialmente, da Comissão Fulbright Austríaca. Durante o ano acadêmico de 2010-2011, um prêmio Fulbright me ajudou a garantir um ano de residência no Institut für Zivilverfahrensrecht da Faculdade de Direito da Universidade de Viena. O programa me concedeu acesso incomparável a uma rede de acadêmicos, juristas e advogados, tanto na Áustria quanto em toda a Europa, com quem pude trocar ideias e com quem aprendi muito. Pelo apoio a meu projeto Fulbright, agradeço de maneira especial a Antoinette van Zabner, Heinz Löber, Lonnie Johnson e Irene Zavarsky.

Em terceiro lugar, inúmeros colegas comentaram e contribuíram para este trabalho. Gary Born, meu querido amigo e coautor, tem sido uma fonte constante de conselhos neste e em outros projetos ao longo de minha carreira. Colegas acadêmicos como Chris Drahozal, Susan Franck, Jack Goldsmith, David Kershaw, Douglas Kmiec, Richard Nagareda (cuja morte foi uma grande perda para a academia jurídica), Antonio Perez, Neil Richards, Stacie Strong, Symeon Symeonides, Kent Syverud, Steve Ware, Lloyd Weinreb e Adrian Zuckerman comentaram várias partes deste projeto ou me convidaram para oficinas nas quais pude apresentar estas ideias em seus estágios de formação. No mesmo sentido, dirijo meus agradecimentos aos vários revisores anônimos que comentaram a proposta do livro enquanto ele estava sendo avaliado em Cambridge.

Em quarto lugar, beneficiei-me muito do trabalho de numerosos alunos cuja assistência de pesquisa garantiu a profundidade e a precisão das ideias aqui apresentadas. Ex-alunos da Universidade Católica, como Nicole Angarella, Bri DiBari, Barney Ford, Gordon Jimison, Maureen Smith e Sarah Wyss contribuíram durante vários estágios desse processo. Mais recentemente, uma equipe espetacular de estudantes da Universidade da Geórgia me ajudou a completar o manuscrito. Entre eles estão Halley Espy, Amanda Holcomb, Nicholas Howell, Christopher Smith e Julianne Thon. Sem essa equipe, que funcionou como uma máquina bem lubrificada nos meses finais, estes capítulos teriam permanecido pedaços de argila não esculpida.

Por fim, entre os indivíduos merecedores de agradecimentos, estendo minha sincera gratidão àquelas pessoas que ajudaram a pegar as ideias aqui apresentadas e prepará-las para a publicação no formato de livro. John Berger, da *Cambridge University Press*, guiou-me durante o processo de aprovação da proposta, e Carol McGeehan, da Wolters Kluwer, forneceu um valioso endosso inicial à minha proposta de trabalho. Bibliotecários como Steve Young, da Universidade Católica, e James Donovan e T. J. Striepe, da Universidade da Geórgia, rastrearam infalivelmente fontes difíceis, especialmente a volumosa história legislativa relativa à implementação do NAFTA. Julie Kendrick, Barbara Pitzl e especialmente Cindy Wentworth forneceram apoio administrativo de valor inestimável.

Além dos indivíduos, inúmeras instituições apoiaram este projeto, seja por meio de apoio financeiro, administrativo ou simplesmente de uma oportunidade de compartilhar ideias com membros de sua Faculdade de Direito. Devo começar agradecendo à minha instituição de origem, a Faculdade de Direito da Universidade da Geórgia, simplesmente uma das melhores Faculdades de Direito do país. Também devo agradecer o apoio da Faculdade de Direito da

Universidade de Viena, minha "casa longe de casa" durante o ano acadêmico de 2010-2011, onde muitos destes capítulos foram esboçados pela primeira vez. Participantes de oficinas na Universidade de Cambridge, na Universidade de Oslo, na Universidade McGill, na Universidade de Washington, na Universidade do Alabama, na Universidade do Nebraska, na Universidade Willamette e na Universidade do Kansas, bem como na Associação das Faculdades de Direito do Sudeste deram retornos enriquecedores sobre os primeiros esboços de vários capítulos. Tenho uma dívida de gratidão intelectual com todas essas instituições.

Essa lista apenas arranha a superfície daqueles que tiveram impacto neste projeto. Digo a todos, indivíduos e instituições, que este livro é melhor por suas contribuições e apoio. Assumo total responsabilidade pelos erros remanescentes.

PETER B. RUTLEDGE

# INTRODUÇÃO

Arbitragem e Constituição? À primeira vista, esses dois corpos jurídicos parecem estranhos companheiros de viagem.

A arbitragem, pode-se pensar, envolve essencialmente condutas privadas. Na arbitragem, as partes privadas saem contratualmente do sistema de resolução de disputas controlado pelo Estado para entrar num sistema puramente privado, no qual autorizam um julgador privado a decidir sobre seus direitos e obrigações. Os procedimentos normalmente são confidenciais e as partes concordam antecipadamente em se submeter ao resultado proferido pelo julgador. Nessas circunstâncias, as instituições estatais, como as cortes de justiça, desempenham um papel pequeno ou nenhum papel. Elas podem se envolver no início da disputa, quando uma das partes contesta a exequibilidade do acordo. Ou podem se envolver no fim da disputa, quando a parte perdedora não cumpre voluntariamente a sentença do árbitro. Mesmo nesses casos, quando os atores estatais se envolvem, eles desempenham um papel limitado. Na maioria dos sistemas jurídicos civilizados, as cortes presumivelmente executam as convenções de arbitragem das partes, exceto em alguns poucos casos especiais. Da mesma forma, elas presumivelmente executam as sentenças dos árbitros, com exceção, novamente, de alguns poucos casos especiais.

Em contraste, os sistemas de Direito Constitucional geralmente regulam várias formas de conduta pública. Pensemos na Constituição dos Estados Unidos, por exemplo. Esse documento regula três tipos principais de relacionamento entre instituições públicas. Em primeiro lugar, aborda a distribuição horizontal de poder entre os ramos do governo (por exemplo, a divisão do poder de celebrar e ratificar tratados entre a presidência e o Senado). Em segundo lugar, ele às vezes cobre a distribuição vertical de poder entre os níveis do governo (por exemplo, a concessão pelo Artigo 3° de jurisdição limitada a determinadas matérias às cortes de justiça dos EUA, com a implicação de que as cortes estaduais gozam de jurisdição exclusiva sobre outros assuntos não enumerados nele). Em terceiro lugar, a Constituição fala sobre a relação entre o Estado e o indivíduo (por exemplo, a proibição pela Quarta Emenda de buscas e apreensões arbitrárias serve como limite à interação entre policiais e cidadãos privados). De modo significativo, o que a Constituição não regula (salvo algumas pequenas exceções) é a relação entre atores puramente privados. Assim, por exemplo, a Constituição não dita como dois vizinhos (ou empresas) devem resolver as disputas que surgirem entre eles.

A separação teórica entre arbitragem e Constituição nem sempre existiu. Consideremos os seguintes exemplos:

- A Constituição francesa de 1793 especificava que "[o] direito dos cidadãos de resolver em última instância suas disputas por meio de árbitros de sua escolha não pode, em nenhum sentido, ser restringido pela lei".[1] Na época do Código Napoleônico, no entanto, a arbitragem caiu em desuso.[2]
- Os Artigos da Confederação preveem a resolução de discordâncias entre Estados por "cinco comissários ou juízes" nomeados

1 Constituição Francesa do Ano 1, 1973 (Art. 86).

2 *Ver* BORN, Gary B. *International arbitration*: cases and materials. Nova York: Aspen Publisheres, 2010, p. 18.

conjuntamente. Em caso de divergência, as partes empregavam um complexo sistema de listas para eliminar nomes de candidatos inaceitáveis.[3] Quando a Constituição foi adotada, essa ideia já havia desaparecido.

- Ao mesmo tempo, a lei de certos principados alemães, como a Baviera e a Prússia, concedia aos cidadãos o direito à arbitragem e à execução de seus acordos. Isso mudou quando os nacional-socialistas chegaram ao poder na década de 1930. Os nazistas restringiram o uso da arbitragem. Segundo as Diretrizes do Reich sobre tribunais de arbitragem, "do ponto de vista político-estatal, uma maior disseminação da arbitragem destruiria a confiança na jurisdição do Estado e no próprio Estado". Um intelectual simpático à causa nazista declarou que "o Estado nacional-socialista rejeita – ao contrário da visão dos liberais – os tribunais arbitrais"[4] completamente.

A relação entre Direito Arbitral e Direito Constitucional, portanto, levanta muitos desafios. Alguns são históricos, como tentar explicar a ascensão e queda de popularidade da arbitragem dentro das e entre as sociedades (algumas pesquisas históricas datam seu uso mais antigo de 2550 a. C.).[5] Outros são jurisprudenciais, como tentar desvendar como os sistemas jurídicos navegam nas relações entre esses dois campos aparentemente díspares. Este livro concentra-se neste último conjunto de desafios.

---

3 Articles of Confederation Art. IX (1781). Ver também RALSTON, Jackson H. *International arbitration from Athens to Locarno*. California: University Press, 1929.

4 *Ver* BORN, Gary B. "Keynote Address: Arbitration and the Freedom to Associate". *Georgia Journal of International and Comparative Law*, vol. 38, 2009, pp. 19/20.

5 *Ver* DOMKE, Martin. *The Law and Practice of Commercial Arbitration*. 3ª ed. organizado e revisado por Gabriel M. Wilner. Saint Paul: Thomson/West, 2006 §2:01.

No início do século XX, os dois regimes – a arbitragem e o Direito Constitucional – eram, de fato, estranhos companheiros de viagem. Eles ocupavam confortavelmente esferas separadas. O Direito Constitucional não influenciava o desenho dos sistemas de arbitragem e os casos de arbitragem tinham pouca influência no desenvolvimento do Direito Constitucional.

Várias forças contribuíram para erguer o "muro" que separava esses dois campos. Durante grande parte do século XIX, tal divisão foi atribuída à recusa total das cortes de justiça de executar as convenções de arbitragem pré-disputa, por considerá-las contratos ilegais que buscavam suplantar a jurisdição do Poder Judiciário.[6] Mesmo quando os países começaram a diminuir sua resistência à arbitragem como forma eficaz de resolução de disputas (uma aceitação simbolizada por tratados como a Convenção de Genebra de 1927[7] e por decretos legislativos como a Lei Federal de Arbitragem de 1925),[8] a doutrina da não arbitrabilidade ajudou a garantir que ela ocupasse apenas um campo relativamente estreito, em grande parte limitado a disputas negociais privadas entre empresários. Por fim, embora a arbitragem entre Estados tenha uma tradição histórica relativamente rica, o mesmo não se podia dizer sobre a arbitragem entre empresas privadas (ou investidores individuais) e esses Estados.[9] Consequentemente, a arbitragem não envolvia quaisquer valores constitucionais sérios.

A partir da segunda metade do século XX, várias forças começaram a pressionar o muro que historicamente separava o Direito

---

6 *Ver*, *e.g.*, Kill v. Hollister, 95 Eng. Rep. 532 (K.B. 1746); Julgamento de 10 de julho 1843 (*L'Alliance v. Prunier*), 1843 Dalloz 561 (Cour de Cassation civ.).

7 *Ver* Convention on the Execution of Foreign Arbitral Awards (1927), 92 L.N.T.S. 302 (1929-1930).

8 9 U.S.C. § 1 *e seg.*

9 *Ver* BORN, Gary B. *International arbitration*: cases and materials. Nova York: Aspen Publisheres, 2010, pp. 2-6.

Arbitral do Direito Constitucional. Um desses desenvolvimentos foi o fim da doutrina da não arbitrabilidade. Isso gerou uma proliferação de casos de arbitragem em áreas do "Direito Público" tradicionalmente reservadas às cortes de justiça (como valores mobiliários, relações trabalhistas e disputas antitruste) e desencadeou apelos para que a arbitragem incorporasse os princípios fundamentais do devido processo legal.[10] Isso também levantou novas questões ligadas ao Artigo 3º sobre os limites constitucionais para a resolução de questões federais fora das cortes federais.

Um segundo desenvolvimento foi a expansão da arbitragem em áreas como Direito Comercial e de investimentos.[11] O uso da arbitragem nessas áreas, em conjunto com a possibilidade extremamente limitada de revisão judicial ou extrajudicial da atividade do árbitro, gerou preocupações sobre se o governo dos EUA estaria delegando muito poder a atores não responsabilizáveis democraticamente. Esses desenvolvimentos também levantaram preocupações sobre se os tribunais arbitrais privados, que não respondem ao Presidente dos EUA, poderiam obrigar o Poder Executivo a tomar alguma medida. Como resultante dessas e de outras forças, os princípios constitucionais começaram a se infiltrar no Direito Arbitral.

Um terceiro desenvolvimento foi a crescente popularidade da arbitragem como mecanismo de resolução de disputas entre empresas e indivíduos (como relações empregador/empregado, empresa/consumidor e corretor/investidor).[12] Os críticos da arbitragem atacaram essas infiltrações da arbitragem e, entre outras coisas, denunciaram a aparente falta de proteções processuais para o indivíduo nesse ambiente. Isso levou a tentativas de importar os princípios do

---

10 *Ver*, *e.g.*, Scherck v. Alberto-Culver Co., 417 U.S. 506 (1974); Mitsubishi Motors Corp. v. Soler, 473 U.S. 614 (1985).

11 *Ver*, *e.g*, McLACHLAN, Campbell *et al*. *International investment arbitration*: substantive principles. Oxford: Oxford University Press, 2007.

12 *Ver* BORN, Gary. *International Commercial Arbitration*. Alphen aan den Rijn: Kluwer Law International, 2009, pp. 781-785.

"devido processo legal" para a arbitragem – inicialmente por meio de litígios que procuraram impor os requisitos processuais do devido processo legal à arbitragem e, posteriormente (depois que a maioria desses esforços falhou), o desenvolvimento de "protocolos de devido processo legal".

Cada um desses desenvolvimentos produziu rachaduras no muro que tradicionalmente separava o Direito Arbitral do Direito Constitucional. Consequentemente, hoje o Direito Arbitral e o Direito Constitucional não são mais os estranhos companheiros de viagem que já foram.

Essa fertilização cruzada entre arbitragem e Direito Constitucional é um processo orgânico e contínuo que afeta a forma como uma parcela crescente das disputas em nossa sociedade é resolvida. No entanto, apesar de sua importância, a relação entre essas duas disciplinas sofre de uma completa falta de exame teórico rigoroso. O propósito deste livro, portanto, é preencher essa lacuna.

Seu objetivo, portanto, é duplo. Em primeiro lugar, o livro visa a mapear sistematicamente a quebra do muro que separa essas duas disciplinas e a fusão de seus vários princípios. Em segundo lugar, o livro também (às vezes) critica esses desenvolvimentos. Por vezes, essas críticas dizem respeito à substância dessa fusão, casos em que uma norma constitucional é indesejável. Outras vezes, essas críticas dizem respeito ao processo pelo qual ocorre essa fusão (por exemplo, quando uma norma se desenvolve por meio de um processo privado em vez de público ou por meio de um processo judicial em vez de legislativo).

De maneira simplificada, minha tese é a seguinte: ao longo do último meio século, as normas constitucionais cada vez mais abriram caminho no interior do Direito Arbitral e, em menor grau, o Direito Arbitral influenciou o desenvolvimento de normas constitucionais. É revelador que essa infiltração das duas disciplinas não tenha resultado de grandes teorizações sistemáticas ou deliberação. Em vez disso, ela tendeu a ocorrer por meio de desenvolvimentos incrementais em vários campos da arbitragem, ocorrendo muitas vezes isoladamente e com pouca consideração pelas implicações mais amplas da crescente interconectividade dessas duas disciplinas.

Raramente essa infiltração assumiu a forma da "constitucionalização" expressa da arbitragem; com raríssimas exceções, as cortes de justiça não sujeitaram expressamente os regimes arbitrais às normas constitucionais que regem os órgãos estatais de resolução de disputas, como o Poder Judiciário ou os órgãos administrativos. Em outras palavras, o muro entre arbitragem e Constituição permanece, embora rachaduras porosas significativas tenham se formado. A infiltração daí resultante assume várias formas. Em alguns casos, as normas constitucionais influenciaram o Direito Arbitral por meio da elaboração, pelos poderes Executivo e Legislativo, de tratados ou leis. Em outros casos, as normas constitucionais influenciaram o Direito Arbitral por meio da interpretação judicial desses tratados ou leis. Finalmente, e talvez o caso mais interessante, as normas constitucionais influenciaram o Direito Arbitral por meio da criação de normas privadas, seja por instituições arbitrais ou pelas próprias partes; essas normas são então incorporadas pelas partes em suas convenções de arbitragem e, como qualquer outra disposição contratual, moldam o curso da disputa.

Antes de nos voltarmos para os capítulos que elaboram essa tese, algumas questões preliminares são necessárias. Em primeiro lugar, devemos articular uma definição mais formal de "arbitragem", pois esse termo tem muitos significados a depender do contexto. Em segundo lugar, é importante descrever a metodologia que anima este estudo. Em terceiro e último lugar, esta introdução oferece um mapa dos capítulos restantes.

## Definindo arbitragem

Embora os estudiosos possam ter divergências quanto à definição exata, há um amplo consenso sobre as características definidoras da arbitragem. Uma definição clássica diz que a arbitragem – pelo menos a arbitragem comercial privada – é o acordo privado e voluntário para se ter uma disputa solucionada por um ator privado cuja decisão é presumivelmente obrigatória para as partes.[13] Essa definição inclui certas arbitragens realizadas no âmbito de organizações autorreguladas, como a Associação de Corretores de Valores Mobiliários (*National Association of Securities Dealers* – NASD) e a Bolsa de Valores de Nova Iorque. Ela exclui, no entanto, certos tipos de arbitragem determinada judicialmente para as partes que não consentiram previamente com o procedimento.

Um exemplo clássico seria um contrato de compra e venda entre duas partes privadas que previsse, na parte relevante, que quaisquer disputas relacionadas ao contrato serão resolvidas exclusivamente por um único árbitro em Nova Iorque, de acordo com as regras da Associação Americana de Arbitragem e sujeitando-se às leis do estado de Nova Iorque. Certamente, as cláusulas arbitrais não precisam conter todos esses elementos. Às vezes, a cláusula pode não especificar o foro arbitral ou a lei aplicável. Em outros casos, a cláusula arbitral pode não especificar as regras aplicáveis (dando preferência, em vez disso, à arbitragem *ad hoc*) ou o número de árbitros (deixando que as partes ou, se não houver consenso, uma autoridade competente realize a nomeação). Em todos os casos, porém, as partes optaram por ter sua disputa resolvida extrajudicialmente (em contraste com uma cláusula de seleção de foro) e por comprometer-se com o resultado antes de conhecerem seus termos (em contraste com a mediação).[14]

A arbitragem assume outras formas fora do ambiente comercial privado. Essas variações são importantes porque muitas vezes

---

13 *Ver* BORN, Gary. *International Commercial Arbitration*. Alphen aan den Rijn: Kluwer Law International, 2009, pp. 1-7; DRAHOZAL, Christopher R. *Commercial arbitration*. 2ª ed. Newark: LexisNexis, 2006, pp. 14-27.

14 Ver BORN, Gary B. *International arbitration and forum selection agreements*: drafting and enforcing. 3ª ed. Alphen aan den Rijn: Kluwer Law International, 2010.

tornam-se o meio pelo qual uma ou mais normas constitucionais infiltram-se pela primeira vez no Direito Arbitral. A variação mais simples é uma arbitragem privada entre partes com poder de negociação desigual, como contratos de trabalho ou contratos de consumo. Essa forma de arbitragem envolve todas as características da arbitragem comercial privada, mas pode levantar distintas preocupações relativas a políticas públicas. Essas preocupações levam alguns países a tratar esses acordos como não arbitráveis por si sós (pelo menos os acordos pré-disputa), enquanto outros permitem-nos. Essa tolerância a tais acordos privados é o tipo de doutrina que põe pressão no muro que separa o Direito Arbitral do Direito Constitucional e cria as condições para a infiltração das normas do devido processo legal na arbitragem.

A arbitragem de investimentos apresenta outra variação. Ao contrário da arbitragem comercial privada, as partes em uma arbitragem de investimentos muitas vezes não estão vinculadas a cláusulas de relatividade dos efeitos do contrato[15] (em vez disso, o direito de arbitrar surge em virtude de um tratado entre o Estado do investidor e o Estado importador de capital);[16] além disso, as sentenças em arbitragens de investimento geralmente estão sujeitas a menos controle judicial do que as sentenças proferidas em arbitragens comerciais privadas. Tal como acontece com a arbitragem de questões de consumo ou trabalhistas, essas variações põem pressão no muro que separa o Direito Arbitral do Direito Constitucional e estimulam a infiltração de normas constitucionais (como protocolos de transparência) no Direito Arbitral.

Por fim, existe também uma longa tradição de arbitragem entre Estados. Tais arbitragens, como as que ocorreram entre a Etiópia e a Eritreia, têm uma longa história como modo de resolver disputas

---

15 N.T. No original, fala-se em *direct contractual privity*.

16 De acordo com um relatório, mais de 2.500 tratados desse tipo estão em vigor atualmente. *Ver* UNCTAD. *Bilateral investment treaties 1995-2006*: trends in investment rulemaking. Nova York, 2007.

como a demarcação de fronteiras ou reivindicações de compensação entre Estados. A exemplo da arbitragem comercial, elas normalmente envolvem um ato consensual (a vontade dos Estados de consentir com a arbitragem), mas, ao contrário da arbitragem privada, os resultados não são normalmente executados por meio de cortes de justiça nacionais. Embora talvez seja uma das formas historicamente mais significativas, a arbitragem Estado-Estado não tem sido uma fonte tão fértil para a incorporação de normas constitucionais à arbitragem. Esse quebra-cabeça histórico, no entanto, está além do escopo deste livro.

Embora este livro concentre-se principalmente na arbitragem comercial, é importante compreender essas outras formas. Isso, porque elas geralmente tornam-se os meios pelos quais os princípios constitucionais são filtrados pela primeira vez pela jurisprudência da arbitragem. Uma vez aninhados em um ramo particular da arbitragem, como a arbitragem de investimento, eles podem eventualmente se espalhar, como a água, para outras fendas, como a arbitragem comercial.

## Uma nota metodológica

Em certo nível de generalidade, os temas deste livro são universais. Como os casos apresentados anteriormente ilustram, eles dizem respeito às mais diversas eras históricas e culturas. Os únicos ingredientes necessários para examiná-los são um Estado organizado em torno de um sistema de princípios constitucionais e algum espaço para ordenamentos privados de resolução de disputas, que então contam com o poder do Estado para sua execução.

Consequentemente, há uma certa tentação de tornar este livro um empreendimento verdadeiramente comparativo. Optei por não o fazer por alguns motivos. Por um lado, reconheço que a arte da jurisprudência constitucional comparada requer um grau de conhecimento linguístico que simplesmente está além do meu alcance. Confiando apenas nas traduções disponíveis de fontes de

Direito estrangeiro, o quadro pintado seria, na melhor das hipóteses, inadequado e, na pior, afirmativamente enganoso. Por outro lado, esse empreendimento desviaria a atenção do meu propósito – que é focar no ato de fertilização cruzada entre as duas disciplinas e não comparar como a fertilização cruzada ocorre (ou não) nos diversos países. Assim, meu foco principal será o Direito estadunidense, o sistema que conheço melhor.

Ao mesmo tempo, o Direito estrangeiro não é totalmente irrelevante para esta empreitada. Uma das alegrias deste projeto foi a oportunidade de explorar ideias teóricas com colegas de vários outros países, como Itália, Noruega, Áustria, Canadá e Reino Unido, para citar apenas alguns países. Essas interações me iluminaram com exemplos de como outros sistemas jurídicos enfrentaram questões semelhantes às nossas, lições que podem servir tanto para ilustrar fenômenos quanto para enriquecer nossa compreensão de como as cortes estadunidenses ventilam esses temas. Assim, apresento explicitamente esses exemplos estrangeiros ao longo do caminho, quando forem úteis para ajudar a elucidar um ponto ou aprofundar a compreensão do leitor. Um empreendimento comparativo mais amplo é possível e pode ser objeto de uma obra futura. Mas este não é o momento.

## Mapa do caminho

O que resta, então, é fornecer ao leitor um mapa do livro. O projeto desdobra-se em três partes, organizadas em torno de grandes áreas do Direito Constitucional. A primeira parte concentra-se em questões de separação de poderes. Com base em ideias que desenvolvi em um artigo anterior publicado pela *Vanderbilt Law Review*, o Capítulo I avalia uma questão básica levantada, mas não resolvida pela Suprema Corte: existem limites estruturais à capacidade do Congresso de exigir a execução judicial de uma sentença arbitral sem que haja revisão irrestrita da sentença?[17] Essa questão assumiu

17 N.T. Por "revisão irrestrita" entenda-se *de novo review*, que significa, no Direito estadunidense, revisar decisões judiciais de instância inferior

uma nova importância à luz dos regimes de tratados de comércio e investimentos que preveem possibilidades bastante restritas de revisão judicial de sentenças arbitrais (como o NAFTA e a Convenção de Washington). O Capítulo II considera questões de separação de poderes levantadas por formas mais especializadas de arbitragem, como a compatibilidade das disposições sobre nomeação arbitral de tratados comerciais com a Cláusula de Nomeações da Constituição, e a compatibilidade da implementação do NAFTA com a Cláusula de Cuidado,[18] as quais foram alvo de pesado litígio (mas, ao cabo, sem resolução) no caso *Canadian Softwood Lumber* perante o Tribunal de Apelação para o Circuito Federal de Washington, D.C.

A segunda parte foca nos princípios de separação vertical de poderes, um aspecto importante, mas subestimado na legislação de arbitragem dos EUA. O Capítulo III começará com a estranha abordagem do federalismo adotada pela Lei Federal de Arbitragem (*Federal Arbitration Act* – "FAA"). Por um lado, a FAA atropela os direitos dos Estados: a Seção 2 – que exige que as cortes de justiça executem as convenções de arbitragem "exceto quando a lei ou a equidade permitam a revogação de qualquer contrato" – sobrepõe-se a legislações estaduais anti-arbitragem. Além disso, a Suprema Corte deixou claro que a Seção 2 da FAA é aplicável pelas cortes estaduais. No entanto, em outros aspectos, a FAA fornece aos Estados uma saída para regular as convenções de arbitragem. Ao contrário da maioria dos casos de preempção, os Estados podem reafirmar sua prerrogativa legislativa. Porque leis estaduais sobre contratos, e não leis federais, normalmente fornecem o padrão para determinar a aplicabilidade da Seção 2, os Estados podem empregar – e têm empregado – doutrinas de Direito Contratual (como abusividade e interesse público) em um esforço para reafirmar o controle sobre as convenções arbitrais. Isso diferencia os Estados Unidos da maioria dos países não federados, que aplicam um único padrão nacional à matéria. Além disso, como as leis estaduais de contratos (e não decretos legislativos) fornecem a métrica relevante com base na Seção

---

sem deferir ao órgão que prolatou a decisão recorrida.

18 N.T. No original, *Take Care Clause*.

2, o efeito dessa jurisprudência foi dar poder às cortes estaduais – em oposição aos legisladores no âmbito dos estados – para regular a exequibilidade das cláusulas arbitrais. O Capítulo IV considera a complexidade apresentada pelas cláusulas de escolha da lei aplicável. De acordo com uma tendência da jurisprudência da Suprema Corte que tem sido altamente criticada, mas tecnicamente permanece válida, as partes podem submeter suas cláusulas arbitrais à legislação estadual, incorporando assim características da lei de arbitragem daquele Estado que difiram da prática federal. A disponibilização desses dispositivos de escolha da lei aplicável tem o potencial de criar um tipo de "mercado" para o Direito Arbitral.

A terceira parte foca na relação entre arbitragem e liberdades individuais. A explosão do número de arbitragens entre empresas e indivíduos (sejam consumidores ou empregados) tem chamado a atenção para o tema. De repente, não se pode mais presumir que as convenções de arbitragem representam contratos entre partes em posições de negociação iguais. Em vez disso, elas agora podem refletir contratos de adesão ou arranjos nos quais uma das partes do contrato não deu seu consentimento informado ao acordo. O Capítulo V começa discutindo se a arbitragem deve ser considerada propriamente uma "ação estatal", invocando a velha linha do caso *Shelley v. Kramer*, segundo a qual a execução judicial de um acordo privado pode satisfazer o requisito da ação estatal da Décima Quarta Emenda. Em seguida, aborda como a resposta final para a questão da ação do Estado é um tanto quanto acadêmica. Mesmo em um mundo no qual a arbitragem tecnicamente não configura ação do Estado, os princípios constitucionais (para cuja incidência a ação do Estado normalmente seria um pré-requisito constitucional) infiltraram-se na prática arbitral. Essa infiltração assumiu várias formas. No plano interno, temos assistido ao aumento do uso de protocolos de devido processo legal, bem como a um diálogo permanente entre cortes de justiça e instituições arbitrais sobre os padrões mínimos de devido processo legal que a arbitragem deve observar. No cenário internacional, as cortes de justiça incorporaram os princípios do devido processo legal para orientar sua interpretação de tratados de arbitragem, como o artigo 5º(1)(b) da Convenção de Nova Iorque. A esse respeito, a Parte III discutirá não apenas se as normas de devido processo legal foram incorporadas (pois sem dúvida foram), mas também como elas foram incorporadas (seja por meio de contrato, lei, interpretação judicial ou legislação constitucional). Após o exame detalhado da questão do devido processo legal, essa parte passará, no Capítulo VI, a outros direitos constitucionais, especificamente o direito ao júri. Em última análise, a decisão de optar pela arbitragem, pelo menos no ambiente de negócios, equivale a uma possível renúncia ao direito ao julgamento por um júri (além da limitação pela FAA do direito a uma decisão do júri sobre a exequibilidade da cláusula). Isso levanta questões importantes sobre o porquê de uma cláusula arbitral ser suficiente para renunciar a um importante Direito Constitucional e sobre as normas que regem essa renúncia.

# PARTE I

## ARBITRAGEM E SEPARAÇÃO DE PODERES

# CAPÍTULO I

## ARBITRAGEM E REVISÃO JUDICIAL (*JUDICIAL REVIEW*)

> "O Poder Judiciário dos Estados Unidos será formado de uma Suprema Corte e de cortes inferiores que o Congresso determinará e estabelecerá de tempos em tempos".
>
> – Constituição dos EUA, Artigo 3º, Seção 1
>
> "A exclusão total da revisão judicial é inconstitucional".
>
> – Memorial apresentado em favor do Comitê Executivo da *Lumber Imports Executive Committee.*

A arbitragem viola o Artigo 3º da Constituição dos EUA? Apesar da necessidade crítica de uma teoria coerente para responder a essa pergunta, poucos comentadores ou cortes fizeram tentativas sérias de fornecê-la.[19] Durante grande parte da história do país, as cortes

---

19 Para uma literatura que aborde a relação entre arbitragem comercial e o Artigo 3º, ver CHEN, Jim C. "Appointments with Disaster: the Unconstitutionality of Binational Arbitral Review under the United States-Canada Free Trade Agreement". *Washington and Lee Law Review*, vol. 49, 1992, pp. 1455-1457; MONAGHAN, Henry Paul. "Monaghan, Article III and Supranational Judicial Review". *Columbia*

federais puderam evitar convenientemente essa questão incômoda.[20] Antes do século XX, as cortes simplesmente se recusavam a executar convenções de arbitragem pré-disputa por considerá-las tentativas de apropriação de sua jurisdição.[21] Desde as primeiras décadas do século XX (com a promulgação da Lei Federal de Arbitragem [*Federal*

---

*Law Review*, vol. 107, 2007, pp. 833 e 842; STERNLIGHT, Jean R. "Rethinking the Constitutionality of the Supreme Court's Preference for Binding Arbitration: a Fresh Assessment of Jury Trial, Separation of Powers, and Due Process Concerns". *Tulane Law Review*, vol. 72, 1997, pp. 78-80; ZICK, Vicki. "Reshaping the Constitution to Meet the Practical Needs of the Day: the Judicial Preference for Binding Arbitration". *Marquette Law Review*, vol. 82, 1998, pp. 247 e 249. Para uma amostra da literatura mais ampla que aborda vários aspectos constitucionais da arbitragem, ver BRUNET, Edward. "Arbitration and Constitutional Rights". *North Carolina Law Review*, vol. 71, 1992, p. 81. O Gabinete de Conselheiros Jurídicos do Departamento de Justiça dos EUA emitiu um parecer que aborda algumas das complicações constitucionais decorrentes da arbitragem federal vinculante envolvendo o governo federal. (*Memorandum from Walter Dellinger, Assistant Attorney General, to John Schmidt, Associate Attorney General, Constitutional Limitations on Federal Government Participation in Binding Arbitration* (7 de setembro de 1995), reimpresso em WORLD ARB. & MEDIATION REP. 23 (1996). Para um tratamento muito recente dessas questões, ver PERLSTADT, Roger J. "Article III, Judicial Power and the Federal Arbitration Act". *UF Law Scholarship Repository*, vol. 62, 2012.

20 Em pelo menos uma ocasião, a Suprema Corte analisou a compatibilidade da Lei Federal de Arbitragem com o Artigo 3º, mas as questões aqui exploradas não foram apresentadas de maneira direta. No caso *Marine Transit Corp. v. Dreyfus*, a Corte julgou que o Congresso poderia, de acordo com o Artigo 3º, conceder às cortes federais de direito marítimo o poder remedial para ordenar a execução específica de acordos de arbitragem. 284 U.S. 263, 277–79 (1932). Dreyfus não discutiu se as limitações à revisão judicial federal de sentenças arbitrais também eram compatíveis com o Artigo 3º. Agradeço a Chris Drahozal por chamar minha atenção para esse caso.

21 BORN, Gary B. *International civil litigation in United States Courts*. 3ª ed. The Hague: Kluwer Law International, 1996, p. 933; MACNEIL, Ian R. *et al. Federal arbitration law*: agreements, awards, and remedies under the federal arbitration act. Boston: Litte, Brown and Company, § 4.3.2.2 (Supp. 1999); JONES, Sabra A. "Historical Development of

*Arbitration Act* – FAA] em 1925) até a década de 1960, a doutrina da não arbitrabilidade impedia os árbitros de resolver questões reguladas pelo Direito Federal. De maneira notável, embora ambas as doutrinas minimizassem a tensão entre arbitragem e Constituição, nenhuma delas estava ancorada no Artigo 3º. Em vez disso, o argumento para a "exclusão jurisdicional"[22] encontrava suas raízes no Direito Contratual – essencialmente tratando a convenção de arbitragem como um contrato nulo que ofendia a ordem pública. E a doutrina da não arbitrabilidade funcionava como uma ferramenta de interpretação legal da FAA de modo a recusar-se a privar um litigante o acesso a um foro federal para uma reivindicação baseada na lei.

A teoria tradicional da resolução de disputas ensina que elas podem ser dispostas em um espectro.[23] Em uma ponta do espectro estão formas simples de resolução extrajudicial de disputas que não envolvem qualquer intervenção do Estado, como um aperto de mãos entre vizinhos para resolver um pequeno mal-entendido. No outro extremo estão disputas complexas entre um cidadão e o Estado (ou dois cidadãos privados) que podem culminar na privação forçada de liberdade ou de propriedade, como um processo criminal, uma audiência administrativa ou um julgamento civil que termine em um veredicto.[24] Uma variedade de outras formas de resolução de disputas, como transações contratuais, decretos de consentimento, (ou seja, um acordo formal encerrando uma disputa, mas sem admissão

---

Commercial Arbitration in the United States". *Minnesota Law Review*, vol. 12, 1928, pp. 240 e 256.

22 N.T. No original em inglês, fala-se em *jurisdictional ouster*.

23 *Ver, em geral*, FISS, Owen M. "Against Settlement". *The Yale Law Journal*, vol. 93, 1984, pp. 1073 e 1087 (que argumenta que a autocomposição geralmente não deve ter preferência sobre a decisão adjudicada porque nem todos os casos são "iguais"); FULLER, Lon L. "The Forms and Limits of Adjudication". *Harvard Law Review*, vol. 92, 1978, pp. 353 e 355 (que explica que "certos problemas, por sua natureza intrínseca, estão além dos limites apropriados da adjudicação").

24 Para uma discussão sobre os vários graus de formalidade em sistemas de resolução de disputas, ver FULLER, Lon L. "The Forms and Limits of Adjudication". *Harvard Law Review*, vol. 92, 1978, pp. 358/359.

de culpa por qualquer parte), conciliação, mediação e arbitragem situam-se entre esses polos.[25]

A depender de sua posição no espectro, uma forma particular de resolução de disputas exigirá diferentes proteções processuais e regras de execução.[26] Por exemplo, nenhuma regra processual formal rege as discussões entre vizinhos que culminam em um aperto de mão.[27] Talvez sem surpresa, portanto, esse aperto de mãos dá direito a uma exequibilidade mínima. Por outro lado, julgamentos criminais e audiências administrativas estão sujeitos a uma panóplia de proteções processuais constitucionais e não constitucionais.[28] Refletindo essas proteções, os resultados dessa audiência criminal ou administrativa são geralmente mais fáceis de executar judicialmente do que o aperto de mãos entre vizinhos.[29] Esses exemplos produzem um princípio previsível: uma correlação direta entre as proteções

---

25 *Ver* FISS, Owen M. "Against Settlement". *The Yale Law Journal*, vol. 93, 1984, pp. 1083/1084 (que argumenta que o impulso para a transação muitas vezes leva a decretos de consentimento mal planejados que eventualmente trazem as partes de volta à lide); TWINING, William. "Alternative to What? Theories of Litigation, Procedure and Dispute Settlement in Anglo-American Jurisprudence: Some Neglected Classics". *The Modern Law Review*, vol. 56, 1993, pp. 380 e 382 (que observa que as alternativas convencionais ao litígio, como negociação, autocomposição e mediação, muitas vezes constituem fases do litígio).

26 Sou grato aos participantes da matinê do corpo docente da Universidade de Montreal/Universidade McGill, especialmente a Roderick McDonald, por suas percepções sobre essas ideias. McDonald nos lembra com razão que a arbitragem faz parte de um fenômeno social mais amplo de distribuição do poder social para a resolução de disputas.

27 Embora o aperto de mãos não seja regido por regras formais, é claro que ele pode ser regido por regras informais.

28 FISS, Owen M. "Against Settlement". *The Yale Law Journal*, vol. 93, 1984, p. 1077.

29 FISS, Owen M. "Against Settlement". *The Yale Law Journal*, vol. 93, 1984 (que afirma que a presença de um juiz pode "diminuir o impacto de desigualdades distributivas").

processuais de um determinado sistema de resolução de disputas e o grau de exequibilidade judicial de seu resultado.[30]

No entanto, certas formas de resolução de disputas não se encaixam perfeitamente no padrão descrito anteriormente. Isso é especialmente verdadeiro para a arbitragem. Se comparada com um julgamento regular, a arbitragem oferece poucas proteções processuais.[31] Apesar disso, o resultado da disputa – a sentença arbitral – carrega consigo um alto grau de exequibilidade judicial.[32] De fato, essa presunção de exequibilidade e o grau limitado de revisão judicial representam algumas das características definidoras da arbitragem. As sentenças arbitrais estão sujeitas a muito menos escrutínio judicial do que uma sentença cível ou uma decisão administrativa, apesar do maior grau de proteção processual oferecido por essas formas de resolução de disputas.[33] Como explicar essa anomalia?

De longe, a explicação mais dominante na jurisprudência e na literatura é que as partes renunciaram a seu direito de acesso ao Poder Judiciário, o qual está previsto no Artigo 3º da Constituição norte-americana.[34] A defesa mais moderna do argumento da renúncia vem

---

30 FISS, Owen M. "Against Settlement". *The Yale Law Journal*, vol. 93, 1984, pp. 1084/1085 (que descreve diferenças na disposição judicial para impor decretos de consentimento dependendo de se o decreto é sustentado por uma autocomposição).

31 BORN, Gary. *International Commercial Arbitration*. 3ª ed. Alphen aan den Rijn: Kluwer Law International, 2009, p. 1238.

32 BORN, Gary B.; RUTLEDGE, Peter B. *International civil litigation in United States Courts*. 5ª ed. Nova York: Wolters Kluwer, 2011, pp. 1080 e 1161.

33 BORN, Gary B.; RUTLEDGE, Peter B. *International civil litigation in United States Courts*. 5ª ed. Nova York: Wolters Kluwer, 2011, pp. 1202/1203.

34 *See, e.g.*, Belom v. Nat'l Futures Ass'n, 284 F.3d 795, 799 (7º Cir. 2002) ("Quando um indivíduo consente com a arbitragem, ele renuncia ao direito a uma adjudicação imparcial e independente"); Geldermann, Inc. v. CFTC, 836 F.2d 310, 317 (7º Cir. 1987) (que explica que, de acordo com a Lei Federal de Inseticidas, Fungicidas e Rodenticidas, um registrante "subsequente" "consente explicitamente que seus direitos sejam determinados por arbitragem"); Cremin v. Merrill Lynch Pierce

do caso *CFTC v. Schor*, no qual a Suprema Corte norte-americana considerou que o exercício de jurisdição da Comissão de Negociação de Mercadorias e Futuros (*Commodity Futures Trading Commission's* – CFTC) em sede de reconvenção baseada no *common law* em uma disputa entre um cliente e um corretor de mercadorias não violava o Artigo 3º.[35] Embora o caso tecnicamente não envolvesse um questionamento específico a um sistema de arbitragem privada, mas, sim, uma disputa adjudicatória perante uma agência federal independente, ele serviu como fundamento intelectual para decisões que rejeitaram ataques constitucionais a arbitragens. No centro do raciocínio do caso *Schor* estava a ideia de que o Artigo 3º tem tanto um componente pessoal (e, portanto, renunciável) quanto um componente irrenunciável (sujeito a uma ponderação multifatorial).[36] Na visão Corte, foi decisivo o fato de as partes terem optado afirmativamente por invocar a CFTC, deixando a jurisdição das cortes federais. A corte explicou:

> Em tais circunstâncias, as preocupações com a separação de poderes são diminuídas, pois parece evidente que, assim como o Congresso pode encorajar as partes a resolver uma disputa fora da corte ou recorrer à arbitragem sem incursões inadmissíveis na separação de poderes, o Congresso pode

---

Fenner & Smith, Inc., 957 F. Supp. 1460, 1470 (N.D. Ill. 1997) (que explica que, a menos que a funcionária renunciasse a seu direito a um foro do Artigo 3º, ela teria direito a "ser ouvida por uma corte"); Illyes v. John Nuveen & Co., 949 F. Supp. 580, 582-83 (N.D. Ill. 1996) (que considera que o Formulário U-4 assinado pelo ex-funcionário incorporou por referência as disposições sobre arbitragem posteriormente adotadas pela NASD e que o autor efetivamente concordou em arbitrar certas disputas).

35 478 U.S. 833, 851-853 (1986).

36 (478 U.S. 833, p. 848). A Suprema Corte no caso Schor então articulou uma série de fatores para determinar se um sistema de resolução de disputas específico ultrapassa ou não a linha do Artigo 3º: (1) se os "atributos essenciais do Poder Judiciário" estão reservados às cortes do Artigo 3º, (2) qual é a origem e a importância dos direitos a serem adjudicados e (3) quais são as preocupações que levaram o Congresso a afastar-se dos requisitos do Artigo 3º. (478 U.S. 833, p. 851).

> disponibilizar um mecanismo quase-judicial por meio do qual as partes interessadas podem, a seu critério, decidir resolver suas diferenças.

Na minha visão, essa passagem do caso *Schor* – tão central para a posição tradicional que explica a compatibilidade da arbitragem com o Artigo 3º – é profundamente problemática em três aspectos. Em primeiro lugar, por uma questão teórica: há um argumento razoável de que o caso *Schor* erra ao concluir que os direitos do Artigo 3º são passíveis de renúncia.[37] O caso *Schor* não fornece praticamente nenhuma análise que apoie sua ousada afirmação de que os direitos do Artigo 3º são pessoais.[38] Talvez isso não seja surpreendente:

---

37 *Ver* BATOR, Paul M. "The Constitution as Architecture: Legislative and Administrative Courts under Article III". *Indiana Law Journal*, vol. 65, 1990, pp. 233 e 259 ("Os ideais de separação de poderes parecem-me ideais estruturais e políticos; está longe de ser claro que eles foram projetados para produzir um sistema de direitos privados").

38 *Ver Schor*, 478 U.S. pp. 848/849 (que descreve o papel do Artigo 3º na preservação da estrutura tripartite de governo e na proteção dos direitos pessoais dos litigantes). A análise da Corte consiste em nada mais do que a afirmação de que o Artigo 3º confere um "direito pessoal" juntamente a uma citação de uma série de precedentes não análogos de direito criminal – votos em *Northern Pipeline Construction Co. v. Marathon Pipe Line Co.*, 458 U.S. 50 (1982) (voto de pluralidade) e decisões anteriores que não enfrentaram a questão dos "direitos pessoais". O caso *Schor* também cita um artigo do professor David Currie ao propor que os direitos do Artigo 3º são sobretudo "pessoais". 478 U.S. p. 848 (citando CURRIE, David P. "Bankruptcy Judges and the Independent Judiciary". *Creighton Law Review*, vol. 16, 1983, pp. 441 e 460).

Essa citação, no entanto, na melhor das hipóteses distorce o argumento de Currie e, na pior, está simplesmente errada. A imunidade soberana é, por definição, um tipo de privilégio pessoal próprio do litigante (nomeadamente, do Estado); o objetivo principal da doutrina é proteger um litigante privado e, nos casos em que o litigante, por qualquer motivo, não deseje essa proteção, a renúncia ao direito faz sentido. Currie argumenta que as disposições sobre estabilidade de emprego e salário têm uma função análoga para o litigante privado. Mas ele não argumenta que as garantias jurisdicionais previstas no Artigo 3º são

todas as fontes constitucionais apontam precisamente na direção oposta. Textualmente, é difícil argumentar que o Artigo 3º confere um direito pessoal. Nada na Constituição fala em termos de um "direito" a uma decisão em um foro federal. Em vez disso, o que se apresenta é uma definição – a definição do "Poder Judiciário dos Estados Unidos".[39] O Artigo 3º trata das matérias por ele abrangidas e as cortes de justiça por ele investidas. Como alguns observaram, o uso de termos como "abrangerá" e "todos os Casos" poderia ser lido como algo obrigatório, pelo menos para algumas superiores.[40]

Além do texto, a estrutura da Constituição também não permite a leitura do Artigo 3º em termos de direitos pessoais. Os artigos iniciais da Constituição tratam principalmente da organização estrutural de nosso sistema de governo; a maior parte da discussão sobre direitos aparece nas emendas. Algumas passagens dos artigos iniciais, como a garantia do Artigo 3º, Seção 2 a um júri em casos criminais, tratam de direitos. Mas essas passagens apenas provam que, mesmo antes da redação e ratificação da Declaração de Direitos, os constituintes sabiam como redigir a Constituição em termos de direitos pessoais. À luz dessa linguagem contrastante, o fato de não

---

elas próprias direitos pessoais, como o voto no caso *Schor* sugere. Em outro lugar, ele reconhece que, como vários de nossos juízes mais ponderados argumentaram, a exigência de um tribunal independente serve a propósitos além da proteção das partes imediatamente envolvidas...". (CURRIE, David P. "The Distribution of Powers after Bowsher". *The Supreme Court Review*, 1986, pp. 19 e 39). Mesmo que o caso *Schor* interpretasse a tese de Currie corretamente, fica claro, conforme explico, que o Artigo 3º, além das disposições sobre estabilidade de emprego e salário, atende a propósitos públicos adicionais que não se limitam aos interesses dos litigantes individuais.

39 U.S. CONST. art. III, § 2.

40 STORY, Joseph. *Commentaries on the constitution of the United States*. Boston: Hilliar, 1833, §§ 166-177; AMAR, Akhil Reed. "A Neo-Federalist View of Article III: Separating the Two Tiers of Federal Jurisdiction". *Boston University Law Review*, vol. 65, 1985, pp. 205 e 211. Para uma crítica às interpretações originalistas do Artigo 3º, ver WELLS, Michael L.; LARSON, Edward J. "Original Intent and Article III". *Tulane Law Review*, vol. 70, 1995, pp. 75 e 93-121.

terem redigido a assim chamada Cláusula do Poder Judiciário em termos de um direito "pessoal" a um foro federal apoia a inferência de que essa cláusula nunca teve a intenção de conferir um direito pessoal.

Por fim, a história do Artigo 3° não sustenta uma teoria dos "direitos pessoais".[41] É verdade que a prova da intenção dos constituintes responsáveis pelo Artigo 3° é fragmentária e gerou muito debate sobre seu significado. A maior parte desse debate não é relevante para meus propósitos. O que é relevante são os termos nos quais o debate é travado – a maioria dos doutrinadores concentra-se em questões de distribuição vertical e horizontal de poder, na necessidade de cortes federais inferiores, nos chefes de jurisdição federal e no alcance do poder do Congresso para controlar a jurisdição da Suprema Corte e das cortes federais inferiores. As fontes primárias não sugerem que os constituintes redigiram o Artigo 3° a fim de conferir um direito pessoal a alguém.[42] A defesa clássica de Alexander Hamilton dos valores que sustentam o Artigo 3°, no Federalista 78, discute a disposição principal em termos estruturais:

> Aquela adesão inflexível e uniforme aos direitos da Constituição e dos indivíduos, que entendemos ser indispensáveis nas cortes de justiça, certamente não pode ser esperada de juízes que mantêm seus funcionários por um comissionamento temporário.[43]

---

41 Para uma discussão exaustiva sobre a história do desenvolvimento e adoção do Artigo 3°, ver CLINTON, Robert N. "A Mandatory View of Federal Court Jurisdiction: a Guided Quest for the Original Understanding of Article III". *University of Pennsylvania Law Review*, vol. 132, 1984, p. 741.

42 *Ver*, *e.g.*, FARRAND, Max. *The Records of the Federal Convention of 1787*. vol. 2. New Haven: Yale University Press, 1911, pp. 37-49 e 422-433; WARREN, Charles. *The Making of the Constitution*. Boston: Little, Brown and Company, 1928, pp. 325/326 e 531-548.

43 THE FEDERALIST N° 78 (Alexander Hamilton). Embora a passagem citada acima refira-se a "direitos... dos indivíduos", seria equivocado inferir dela que os direitos do Artigo 3° são passíveis de renúncia. Em

Ele argumenta também que

> nunca podemos esperar ver realizada na prática a separação completa entre Poder Judiciário e Poder Legislativo em qualquer sistema que torne o primeiro dependente de recursos pecuniários provenientes de concessões ocasionais do último.[44]

O fato de os constituintes terem deixado de incluir o direito a um julgamento por um júri civil no Artigo 3º estava entre as maiores reclamações dos antifederalistas sobre o artigo durante o debate de ratificação (se o Artigo 3º incluísse tal direito, a inclusão teria fornecido demonstrações importantes a favor de uma teoria da renúncia).

O caso *Schor* em nenhum ponto lida de fato com essa história. Além disso, se o caso *Schor* foi decidido de maneira equivocada, isso teria implicações substanciais para a compatibilidade entre Artigo 3º e arbitragem. As partes privadas não teriam capacidade para renunciar a seu direito a um foro do Artigo 3º, pois tal direito não existiria! Assim, o primeiro problema com a teoria da renúncia é que ela se baseia em fundamentos textuais, estruturais e históricos questionáveis.

O segundo problema da teoria da renúncia é que ela confunde erroneamente arbitragem com autocomposição. Por um lado, em caso de autocomposição, as partes conhecem os termos substantivos de sua negociação antes de seu acordo se tornar obrigatório. Em contraste, no caso da arbitragem, as partes estão vinculadas ao que foi negociado entre elas (*i.e.*, uma convenção de arbitragem) antes de conhecerem os termos substantivos do pacto. Assim, a arbitragem envolve menos autonomia das partes do que a autocomposição. Além disso, a maioria das formas de autocomposição envolve maior escrutínio judicial do que sentenças arbitrais. De modo geral,

---

vez disso, a referência é mais bem compreendida no sentido de que salvaguardar os direitos individuais é um propósito, entre muitos, de um Judiciário independente – não de que o próprio Judiciário independente seja um direito pessoal e renunciável.

44 THE FEDERALIST Nº 79 (Alexander Hamilton).

transações são simplesmente uma espécie de contrato; antes de ser executadas, estão sujeitas à revisão judicial típica que precede uma decisão de execução.[45] As sentenças arbitrais recebem tratamento muito diferente. A FAA determina que as cortes de justiça federais devem dar efeito à sentença arbitral, com exceções muito limitadas. Tais cortes praticamente não têm poder para revisar o mérito da sentença, limitando-se a revisar os procedimentos seguidos pelo árbitro. Qualquer revisão de mérito é praticamente inócua. Se não estiverem presentes os estritos fundamentos para a revisão de mérito, a corte deve conceder efeito jurídico à sentença e tratá-la como se fosse uma sentença judicial executável.

O terceiro e último problema da teoria da renúncia é que ela não enfrenta os sérios problemas estruturais postos pela arbitragem. As raízes desse problema não estão somente no caso *Schor*. Nele, a Corte reconheceu que, além de seu componente pessoal, o Artigo 3º envolve também uma preocupação pública com a estrutura de governo.[46] Como foi explicado no caso, "quando essas limitações do Artigo 3º estão em questão, as noções de consentimento e renúncia não podem prevalecer, porque as limitações atendem a interesses institucionais que não cabe às partes proteger".[47] No entanto, apesar do reconhecimento da Suprema Corte desse caráter inalienável do Artigo 3º, muitas cortes de justiça rejeitaram ataques à arbitragem fundamentadas no Artigo 3º com uma declaração simples sobre renúncia e citando superficialmente o caso *Schor*.

Essa confiança conclusiva no caso *Schor* é muito simplória. Embora a execução judicial de sentenças arbitrais não amplie diretamente o poder de um ramo coordenado do governo, ela diminui o poder do ramo judiciário. Ao ordenar a execução da sentença e controlar o escopo da revisão do Artigo 3º, em particular a extensão

---

45 *Ver*, *e.g.*, WEISBURST, Sanford I. "Judicial Review of Settlements and Consent Decrees: an Economic Analysis". *The Journal of Legal Studies*, vol. 28, 1999, p. 55 (que descreve os diferentes graus de deferência judicial a composições iniciadas pelas partes).

46 478 U.S. 833, 850 (1986).

47 478 U.S. 833, p. 851.

da revisão de mérito em questões federais, o Congresso está efetivamente despojando as cortes de justiça federais do poder de interpretar o significado da legislação federal e erigindo um sistema no qual outros – nomeadamente os árbitros – podem defini-lo. Também é obrigatório que as cortes federais tratem o resultado desse sistema privado de resolução de disputas como um julgamento de uma corte federal, com todas as vestes que acompanham tais julgamentos.

Esse problema da separação de poderes pode ser comparado aos limites constitucionais da interferência federal na atividade de funcionários executivos estaduais em casos como *Printz v. Estados Unidos*.[48] Por analogia, o Congresso interfere nas cortes de justiça federais quando determina que elas reduzam método de resolução de disputa extrajudicial a um mero julgamento. Certamente, os problemas não são idênticos – enquanto o caso *Printz* envolvia questões de separação vertical de poderes, o problema abordado aqui envolve questões horizontais. No entanto, o caso *Printz* fornece uma analogia potencialmente útil, que demonstra como os princípios de separação de poderes geralmente proíbem a interferência de outro ramo do governo.

Casos na linha do *Bonner Mall* também fornecem uma analogia útil.[49] Nesses casos, a Suprema Corte considerou que as partes que se  auto compõem em um caso cuja apelação está pendente de apreciação não têm automaticamente direito a anular o julgamento. Essa visão reforça a ideia de que pode haver interesse público na preservação do precedente mesmo que os interesses privados das partes sejam favorecidos por seu encerramento. De maneira análoga, uma exigência do Congresso de que o Poder Judiciário reduza as sentenças arbitrais a julgamentos sem revisão judicial significativa de mérito obsta a criação de precedentes valiosos. Mas a analogia aqui é imperfeita. No *caso Bonner Mall*, as partes buscavam anular uma sentença já proferida; na arbitragem, o Congresso exige apenas que as cortes executem a resolução extrajudicial da disputa entre as partes. No entanto, o caso *Bonner Mall* apoia a noção de

48 521 U.S. 898 (1997).

49 U.S. Bancorp Mortgage Co. v. Bonner Mall P'ship, 513 U.S. 18 (1994).

que existe um interesse público em uma disputa que vai além dos interesses imediatos das partes, bem como a ideia de que o interesse público pode ser prejudicado por esforços que visem minar o papel do Judiciário.

A identificação de um problema mais significativo de separação de poderes não quer dizer necessariamente que a arbitragem viole o Artigo 3º. Em vez disso, mostra que a análise da renúncia realizada pela Suprema Corte no caso *Schor* (e invocada por outras cortes de justiça) é excessivamente simplória. Ela não enfrenta adequadamente os problemas constitucionais apresentados pela arbitragem. É possível construir uma teoria que salvaguarde os componentes essenciais da arbitragem e que, ao mesmo tempo, forneça a ela bases constitucionais mais seguras em relação ao Artigo 3º?

## 1.1 Uma teoria mais estável da relação entre arbitragem e o Artigo 3º

Os acadêmicos que estudam o Artigo 3º há muito debatem até que ponto esse artigo tolera decisões de atores não incluídos nele em casos que, de outro modo, estariam sob jurisdição das cortes de justiça federais. Quem se aventurar nesse campo, será por sua própria conta e risco. Como observou certa vez Paul Bator:

> A Suprema Corte não foi capaz, em 150 anos, de encontrar uma teoria coerente e satisfatória para justificar a existência de cortes legislativas e administrativas... Os votos dedicados ao assunto... são tão problemáticos, herméticos, confusos e desconcertantes quanto se poderia imaginar.[50]

Alguns adotaram uma interpretação literal, segundo a qual os juízes do Artigo 3º, e somente eles, podem resolver os casos ou

---

50 BATOR, Paul M. "The Constitution as Architecture: Legislative and Administrative Courts under Article III". *Indiana Law Journal*, vol. 65, 1990, p. 239.

controvérsias que surjam sob as jurisdições especificadas nele.[51] A teoria da interpretação literal pode muito bem ser atraente à primeira vista. Mas, como vários estudiosos notaram, muita água passou sob a ponte dos precedentes para que tal teoria seja viável.[52] Como James Pfander explicou sucintamente em uma pesquisa exaustiva sobre a questão do Artigo 3º: "Enquanto os estudiosos continuam a sustentar uma interpretação literal do Artigo 3º como uma meta a que a lei deve aspirar, essa abordagem sofre de sérios problemas de adequação institucional".[53] Em algumas áreas, o Congresso proibiu a revisão judicial nas cortes de justiça citadas no Artigo 3º. Os exemplos incluem determinações administrativas da Administração dos Veteranos, do Departamento de Saúde e Serviços Humanos e do Departamento de Justiça.[54] A Corte tem aprovado esses esforços de maneira consistente.[55] A adoção de uma teoria da interpretação

---

51 *Ver* CLINTON, Robert N. "A Mandatory View of Federal Court Jurisdiction: A Guided Quest for the Original Understanding of Article III". *University of Pennsylvania Law Review*, vol. 132, 1984, pp. 749/750; CURRIE, David P. "Bankruptcy Judges and the Independent Judiciary". *Creighton Law Review*, vol. 16, 1983.

52 *Ver* FALLON JUNIOR, Richard H. "Of Legislative Courts, Administrative Agencies and Article III". *Harvard Law Review*, vol. 101, 1988, pp. 915 e 918-926; *ver também* PFANDER, James E. "Article I Tribunals, Article III Courts, and the Judicial Power of the United States". *Harvard Law Review*, vol. 118, 2004, pp. 643 e 656-660; WELLS, Michael L.; LARSON, Edward J. "Original Intent and Article III". *Tulane Law Review*, vol. 70, 1995, pp. 76-78.

53 PFANDER, James E. "Article I Tribunals, Article III Courts, and the Judicial Power of the United States". *Harvard Law Review*, vol. 118, 2004, p. 656.

54 *Ver* CHEN, Jim C. "Appointments with Disaster: the Unconstitutionality of Binational Arbitral Review under the United States-Canada Free Trade Agreement". *Washington and Lee Law Review*, vol. 49, 1992, pp. 1473/1474.

55 *Ver* Webster v. Doe, 486 U.S. 592, 601 (1988) (que sustenta que a decisão do diretor da CIA de demitir um funcionário não estava sujeita à revisão judicial); Block v. Cmty. Nutrition Inst., 467 U.S. 340, 348 (1984) (que sustenta que os consumidores de produtos lácteos não têm direito à revisão judicial dos ordenamentos do mercado de leite); Morris v. Gressette, 432 U.S. 491, 501/502 (1977) (que conclui que a ausência

literal exigiria a invalidação de vários esquemas não previstos no Artigo 3º, incluindo a adjudicação por agências administrativas. Nesse raciocínio, a arbitragem não poderia sobreviver se a teoria da interpretação literal prevalecesse – a teoria impediria os árbitros, como atores não incluídos no Artigo 3º, de resolver casos ou controvérsias abrangidas pelas jurisdições do Artigo 3º.

Uma posição alternativa enfatiza a distinção do Artigo 3º entre "casos" e "controvérsias" – essa posição foi originalmente desenvolvida pelo Juiz Story e posteriormente formalizada por Akhil Amar.[56] De acordo com a posição de Story/Amar, uma corte do Artigo 3º deve ter jurisdição para decidir "casos" (inclusive questões federais), mas não precisa necessariamente ter jurisdição para decidir "controvérsias" (como controvérsias de diversidade).[57] Embora essa teoria "tenha apoio histórico substancial",[58] ela também carece de valor explicativo adequado à luz do precedente da Suprema Corte. A adoção dessa abordagem exigiria a invalidação de regimes de agências administrativas federais que permitem que julgadores não listados no Artigo 3º interpretem a lei federal e que as cortes de justiça do Artigo 3º acatem essas decisões, desde que

---

por parte do Procurador-Geral de objeções oportunas com base na Lei de Direito ao Voto de 1965 não estava sujeito a revisão judicial); Johnson v. Robinson, 415 U.S. 361, 367 (1974) (que impede a revisão judicial de certas determinações da Administração dos Veteranos).

56 *Ver* AMAR, Akhil Reed. "A Neo-Federalist View of Article III: Separating the Two Tiers of Federal Jurisdiction". *Boston University Law Review*, vol. 65, 1985, pp. 210-219.

57 AMAR, Akhil Reed. "A Neo-Federalist View of Article III: Separating the Two Tiers of Federal Jurisdiction". *Boston University Law Review*, vol. 65, 1985.

58 CHEN, Jim C. "Appointments with Disaster: the Unconstitutionality of Binational Arbitral Review under the United States-Canada Free Trade Agreement". *Washington and Lee Law Review*, vol. 49, 1992, pp. 1467/1468; *ver também* WELLS, Michael L.; LARSON, Edward J. "Original Intent and Article III". *Tulane Law Review*, vol. 70, 1995, pp. 91-93.

a lei seja ambígua e a interpretação da agência seja razoável.[59] Por analogia, a teoria de Story/Amar exigiria a invalidação de regimes arbitrais, pelo menos no que diz respeito a reivindicações decorrentes de lei federal. Dado o grande número de litígios federais arbitráveis decorrentes do declínio da doutrina da não arbitrabilidade, os custos institucionais dessa posição são grandes demais.

Reconhecendo as limitações práticas das posições literalistas e de Story/Amar, a teoria da revisão judicial em grau recursal[60] busca, tanto quanto possível, preservar os fundamentos textuais e históricos dessas posições sem perturbar a doutrina existente.[61] Ela tem sua gênese em um artigo seminal de Richard Fallon e finca suas raízes na decisão da Suprema Corte do caso *Crowell v. Benson*.[62]

> A alegação central da [teoria da revisão de apelação] é que a revisão suficientemente minuciosa das decisões de uma corte legislativa ou de uma agência administrativa por uma corte constitucional sempre satisfará os requisitos do Artigo 3º.[63]

Fallon derivou a teoria de uma consideração conjunta sobre os valores que sustentam a competência dos tribunais que não estão previstos no Artigo 3º e sobre os valores subjacentes ao próprio Artigo 3º. De modo geral, os valores que sustentam a competência dos tribunais não previstos no Artigo 3º incluem:

---

59 *Ver* CHEN, Jim C. "Appointments with Disaster: the Unconstitutionality of Binational Arbitral Review under the United States-Canada Free Trade Agreement". *Washington and Lee Law Review*, vol. 49, 1992, p. 1468.

60 N.T. No original em inglês, *appellate review theory*.

61 *Ver* FALLON JUNIOR, Richard H. "Of Legislative Courts, Administrative Agencies and Article III". *Harvard Law Review*, vol. 101, 1988, p. 933 (que introduz a teoria da revisão de apelação).

62 *Ver* FALLON JUNIOR, Richard H. "Of Legislative Courts, Administrative Agencies and Article III". *Harvard Law Review*, vol. 101, 1988; 285 U.S. 22, 62-65 (1932).

63 FALLON JUNIOR, Richard H. "Of Legislative Courts, Administrative Agencies and Article III". *Harvard Law Review*, vol. 101, 1988, p. 933.

1. Experiência – fazer o melhor uso da experiência substantiva de julgadores não previstos no Artigo 3º;
2. Funções governamentais – manutenção da eficiência e da ordem no desempenho das funções governamentais;
3. Flexibilidade – flexibilidade na adaptação de um regime de administração e adjudicação às mudanças de necessidades e às prioridades políticas;
4. Justiça – produzir resultados mais justos e consistentes;
5. Imunidade soberana – os princípios da imunidade soberana advogam a capacidade do governo de controlar o escopo dos procedimentos não previstos no Artigo 3º dos quais ele é parte.

Segundo Fallon, esses valores têm de ser contrabalançados por outros que sustentam a necessidade dos tribunais do Artigo 3º:

1. Separação de poderes – a revisão com base no Artigo 3º promove a separação de poderes ao garantir decisões de questões jurídicas com base em princípios por instituições imunes a pressões políticas.
2. Justiça – a revisão com base no Artigo 3º ajuda a garantir justiça aos litigantes por meio de uma combinação da independência de um julgador vitalício e das garantias do devido processo.
3. Integridade judicial – esse termo capta a ideia de que os juízes, por meio de sua imunidade à pressão política, podem oferecer seu *imprimatur* de legitimidade e fazer frente a agências que têm um "*status* híbrido e problemático em nosso sistema constitucional".[64]

---

64 FALLON JUNIOR, Richard H. "Of Legislative Courts, Administrative Agencies and Article III". *Harvard Law Review*, vol. 101, 1988, pp. 937-942.

Na visão de Fallon, "a busca adequada da revisão em grau recursal" de uma ação judicial federal por um tribunal não previsto no Artigo 3º reconcilia suficientemente esses valores e é razoavelmente consistente com o texto constitucional, a intenção dos constituintes, os precedentes e os propósitos subjacentes ao Artigo 3º.

Com base nesse equilíbrio de valores, Fallon argumenta que a necessidade e o escopo da "busca adequada da revisão de apelação" dependem do tipo de decisão. No que diz respeito a questões estritas de Direito Constitucional, a teoria da revisão em grau recursal exige uma revisão *de novo* pelas cortes de justiça do Artigo 3º.[65] De acordo com Fallon, a revisão do Artigo 3º é necessária por duas razões: para proteger os princípios de separação dos poderes; e para garantir justiça aos litigantes individuais, em particular quando seus direitos constitucionais estiverem em jogo.[66] Fallon explica que a revisão deve ser feita *de novo* a fim de verificar as questões de separação de poderes quando "outra agência do governo ultrapassou os limites constitucionais".[67]

No que diz respeito a questões puramente de direito infraconstitucional, Fallon argumenta que a teoria da revisão em grau recursal também exige uma revisão *de novo*.[68] Fallon justifica tanto a necessidade quanto o escopo dessa revisão em termos de um "[freio] necessário contra a arbitrariedade e o auto engrandecimento das cortes legislativas e especialmente das agências administrativas".[69] Na visão de Fallon, essas agências não são responsabilizáveis eleitoralmente

---

65 FALLON JUNIOR, Richard H. "Of Legislative Courts, Administrative Agencies and Article III". *Harvard Law Review*, vol. 101, 1988, p. 976.

66 FALLON JUNIOR, Richard H. "Of Legislative Courts, Administrative Agencies and Article III". *Harvard Law Review*, vol. 101, 1988, pp. 975/976.

67 FALLON JUNIOR, Richard H. "Of Legislative Courts, Administrative Agencies and Article III". *Harvard Law Review*, vol. 101, 1988, p. 976.

68 FALLON JUNIOR, Richard H. "Of Legislative Courts, Administrative Agencies and Article III". *Harvard Law Review*, vol. 101, 1988, pp. 977/978.

69 FALLON JUNIOR, Richard H. "Of Legislative Courts, Administrative Agencies and Article III". *Harvard Law Review*, vol. 101, 1988.

nem estão isoladas de pressões políticas, mas são suscetíveis a serem capturadas por "grupos privados poderosos" e "também podem ter uma tendência burocrática a expandir seu próprio poder".[70]

Por fim, no que diz respeito a constatações de fatos, Fallon distingue entre dois tipos de fatos. Em relação às contatações ordinárias de fatos, Fallon não acredita que a revisão seja necessária, já que tais decisões por um tribunal não previsto no Artigo 3° não envolvem separação de poderes nem questões de justiça.[71] No entanto, no que diz respeito a questões de fato constitucionais ou jurisdicionais, Fallon afirma que as cortes do Artigo 3° devem ter o poder, embora não a obrigação, de revisar a determinação de outro tribunal.[72] Na visão de Fallon, essa abordagem garante que as cortes de justiça do Artigo 3° sejam capazes de corrigir decisões suspeitas, evitando "a custosa repetição de litígios na vasta gama de casos".[73]

Comparada com a interpretação literalista e com a posição de Story/Amar, a teoria da revisão em grau recursal é mais compatível com o precedente existente, levando James Pfander a observar que ela "se sai melhor" entre as posições modernas sobre o Artigo 3°.[74] Em cada um dos casos em que a Suprema Corte rejeitou uma contestação do Artigo 3°, o esquema de revisão judicial preservou total ou parcialmente a possibilidade de revisão judicial das conclusões jurídicas dos julgadores não previstos no Artigo 3°. Por exemplo, sob vários esquemas que a Corte revisou, as conclusões jurídicas de julgadores não previstos no Artigo 3° foram sujeitadas à revisão *de*

---

70 FALLON JUNIOR, Richard H. "Of Legislative Courts, Administrative Agencies and Article III". *Harvard Law Review*, vol. 101, 1988, p. 978.

71 FALLON JUNIOR, Richard H. "Of Legislative Courts, Administrative Agencies and Article III". *Harvard Law Review*, vol. 101, 1988, p. 989.

72 FALLON JUNIOR, Richard H. "Of Legislative Courts, Administrative Agencies and Article III". *Harvard Law Review*, vol. 101, 1988, p. 990.

73 FALLON JUNIOR, Richard H. "Of Legislative Courts, Administrative Agencies and Article III". *Harvard Law Review*, vol. 101, 1988.

74 PFANDER, James E. "Article I Tribunals, Article III Courts, and the Judicial Power of the United States". *Harvard Law Review*, vol. 118, 2004, p. 666.

*novo*.[75] Em suma, a teoria da revisão judicial em grau recursal oferece a melhor ferramenta disponível para avaliar a compatibilidade entre o Artigo 3º e um regime de resolução de disputas.

Antes de aprofundar a teoria da revisão acima referenciada, vale a pena fazermos uma pausa para considerar uma questão óbvia. Mesmo aceitando as duas premissas postuladas até agora – (1) que a arbitragem apresenta um problema em relação ao Artigo 3º e (2) que a teoria da renúncia é inadequada para lidar com esse problema – por que deveríamos olhar para uma teoria desenvolvida no contexto do Direito Administrativo em busca de uma estrutura para uma teoria mais coerente para conciliar a arbitragem e o Artigo 3º?

Dois pontos respondem a essa questão e justificam a ponte entre o Direito Administrativo e a arbitragem. O primeiro é reconhecer, como Lon Fuller fez há quase meio século, que a arbitragem e a adjudicação administrativa são simplesmente diferentes "formas" de resolução de disputas.[76] Ou seja, elas fazem parte de um mesmo espectro, apenas se situam em pontos diferentes. O segundo é reconhecer que a arbitragem, assim como a adjudicação administrativa, envolve as preocupações estruturais discutidas anteriormente. Para sermos claros, as preocupações estruturais podem não ser as mesmas, mas ambas implicam a diminuição do poder do Judiciário. Na medida em que a teoria da revisão em grau recursal procura estabelecer limites para a diminuição desse poder, ela fornece pelo menos um ponto de partida para uma teoria (embora, como explicarei mais tarde, a arbitragem lance luz sobre como essa teoria deve ser modificada).

---

75 *Ver*, *e.g.*, CFTC v. Schor, 478 U.S. 833, 853 (1986); United States v. Raddatz, 447 U.S. 667, 673/674 (1980).

76 *Ver* FULLER, Lon L. "The Forms and Limits of Adjudication". *Harvard Law Review*, vol. 92, 1978, pp. 354-356 e 389. Os paralelos entre os dois sistemas não se esgotam na questão da revisão judicial. *Ver* WHITE, Rebecca Hanner. "Arbitration and the Administrative State". *Wake Forest Law Review*, vol. 38, 2003, pp. 1283 e 1323-1326 (que explica que os dois campos também compartilham sinergias sobre até que ponto as cortes de justiça devem acatar a decisão de um julgador extrajudicial, seja um árbitro ou uma agência).

Apesar de aceitar a relevância da teoria da revisão em grau recursal para a arbitragem, Fallon não tenta aplicar sua teoria a esse contexto particular. Sua análise, no entanto, oferece duas sugestões. Infelizmente, essas sugestões estão em tensão substancial uma com a outra e tornam complicado um esforço para analisar a constitucionalidade da arbitragem nos termos da teoria da revisão judicial em grau recursal.

Em primeiro lugar, Fallon sugere que a constitucionalidade de um regime arbitral abre a oportunidade para que cortes federais conduzam revisões *de novo* de questões de direito.[77] De acordo com esse padrão, o caso *Thomas v. Union Carbide Agricultural Prods. Co.*[78] foi decidido equivocadamente. Na visão de Fallon, o defeito central do regime usado no caso *Thomas* era que:

> As decisões relativas a direito federal foram confiadas a um árbitro, cujas decisões estavam sujeitas à revisão judicial somente em caso de fraude ou má conduta. Na ausência de revisão judicial, a investidura de autoridade para decidir questões de direito a um julgador não previsto no Artigo 3º invade muito profundamente os valores de justiça e separação de poderes que o Artigo 3º incorpora.[79]

A segunda sugestão da análise de Fallon é que a constitucionalidade da arbitragem gira em torno de se as partes renunciaram de maneira válida a seu direito a um tribunal do Artigo 3º. Essa sugestão pode ser inferida da análise de Fallon sobre o caso *Schor*:

> [O caso *Schor*] sugere então uma questão – que teria sido apresentada diretamente se a revisão em grau recursal completa não tivesse sido garantida – sobre a legitimidade e a

---

77 FALLON JUNIOR, Richard H. "Of Legislative Courts, Administrative Agencies and Article III". *Harvard Law Review*, vol. 101, 1988, p. 976.

78 473 U.S. 568 (1985).

79 FALLON JUNIOR, Richard H. "Of Legislative Courts, Administrative Agencies and Article III". *Harvard Law Review*, vol. 101, 1988, p. 991.

> eficácia das renúncias dos direitos do Artigo 3º na ausência de revisão. Contanto que a renúncia não seja obtida por qualquer forma de pressão ilegítima, ela deve ser considerada admissível pela teoria de revisão de apelação. A renúncia alivia substancialmente qualquer preocupação de injustiça entre as partes. Além disso, quando ambas as partes estão convencidas de que o sistema adjudicatório as trata de maneira justa, há uma garantia substancial de que a agência, de modo geral, não esteja se comportando de forma arbitrária ou ofendendo os valores da separação de poderes.[80]

Infelizmente, as duas sugestões de Fallon oferecem orientações conflitantes sobre a constitucionalidade da arbitragem. Se sua análise tivesse terminado com a discussão do caso *Thomas*, as implicações de sua teoria seriam bastante claras, mas também bastante fatais para a arbitragem. Segundo o caso *Thomas*, as cortes federais de justiça estão impedidas de conduzir revisões *de novo* das conclusões jurídicas do árbitro. Em vez disso, as cortes federais de justiça devem, no máximo, revisar as sentenças arbitrais por manifesto desrespeito à lei (*manifest disregard of the law*) – um padrão altamente deferente que gerou poucas sentenças arbitrais reformadas.[81] Além disso, embora a doutrina do manifesto desrespeito parecesse arraigada no direito doméstico dos EUA, a recente decisão da Suprema Corte no caso

---

80 FALLON JUNIOR, Richard H. "Of Legislative Courts, Administrative Agencies and Article III". *Harvard Law Review*, vol. 101, 1988, pp. 991/992.

81 *Ver* POSER, Norman S. "Judicial Review of Arbitral Awards: Manifest Disregard of the Law". *Brooklyn Law Review*, vol. 64, 1998, pp. 471 e 506 ("Consequentemente, embora a maioria das cortes de justiça dos circuitos tenha adotado o 'manifesto desrespeito à lei' como fundamento infralegal para anular ou modificar uma sentença, até recentemente havia poucos casos em que uma corte anulou uma sentença arbitral com base nesse fundamento"); RUBINS, Noah. "'Manifest Disregard of the Law' and Vacatur of Arbitral Awards in the United States". *American Review of International Arbitration*, vol. 12, 2001, pp. 363 e 366 (descrevendo essa doutrina como "o fundamento extralegal mais amplamente reconhecido pelo qual as cortes de justiça podem anular sentenças arbitrais de acordo com a lei federal dos EUA").

*Hall Street Associates L.L.C. v. Mattel, Inc.* questionou seriamente a viabilidade desse argumento defensivo.[82] Embora a Suprema Corte tenha deixado a questão sem solução, é difícil conciliar a doutrina do manifesto desrespeito com a decisão da Suprema Corte de que os fundamentos legais da FAA para anula uma sentença arbitral são exclusivos.[83] Desde o caso *Hall Street*, houve uma divisão entre as cortes de justiça sobre se a doutrina do manifesto desrespeito ainda seria válida, e entre os que responderam de maneira afirmativa, há outra divisão sobre se o fundamento para a revisão seria legal ou infralegal.[84]

Em contraste, a segunda sugestão de Fallon potencialmente garante a arbitragem em muitos contextos. Conquanto as partes de uma arbitragem, como no caso *Schor*, submetam voluntariamente sua disputa a um julgador não previsto no Artigo 3º, as preocupações com a separação de poderes diminuem. Conforme observado na Parte I.A, a maioria – mas não todas – das arbitragens são voluntárias. Portanto, respeitadas as exceções discutidas, e desde que a convenção arbitral seja realmente "voluntária", a arbitragem não apresenta nenhum problema relativo ao Artigo 3º.

Como reconciliar as inferências aparentemente conflitantes na análise de Fallon? Em minha visão, seu ponto fraco reside no fato de a segunda premissa estar subdesenvolvida – na noção de que o consentimento em realizar a disputa fora de um tribunal do Artigo 3º soluciona o problema da separação de poderes e alivia a necessidade de "busca adequada por uma revisão em grau recursal".

Por que esse último aspecto da teoria da revisão de apelação de Fallon é frágil? Em primeiro lugar, ele é inconsistente com sua avaliação

---

82 552 U.S. 576 (2008); BORN, Gary. *International Commercial Arbitration*. 3ª ed. Alphen aan den Rijn: Kluwer Law International, 2009, p. 2640.

83 BORN, Gary. *International Commercial Arbitration*. 3ª ed. Alphen aan den Rijn: Kluwer Law International, 2009, pp. 2640/2641.

84 SIMS, MyLinda K.; BALES, Richard A. "Much Ado about Nothing: the Future of Manifest Disregard after Hall Street". *South Carolina Law Review*, vol. 62, 2010, pp. 407 e 424.

do caso *Thomas*. Pode-se dizer igualmente que os requerentes de registro de pesticidas no caso *Thomas* participaram voluntariamente do regime de arbitragem da FIFRA quando decidiram protocolar o pedido de registro. De acordo com o argumento inferido da análise do caso *Schor* por Fallon, a atividade voluntária deveria ter eliminado qualquer problema relativo ao Artigo 3º (desde que não houvesse qualquer pressão indevida, e não havia evidência de qualquer tipo de pressão no caso). Como, então, Fallon pode concluir que o caso *Thomas* foi decidido de maneira equivocada? Ou sua análise do caso *Thomas* ou seu argumento sobre a renúncia é problemático; ambos não podem coexistir no campo teórico.

Porém, mais fundamentalmente, Fallon não explica por que a renúncia ao direito a um foro do Artigo 3º aborda adequadamente as questões de separação de poderes. Conforme salientado anteriormente, tais preocupações podem surgir mesmo em casos de renúncia. Ao definir os padrões de revisão de maneira estreita, o Congresso está restringindo o poder das cortes federais de justiça, apesar do compromisso voluntário inicial das partes.

Um exemplo mais extremo prova a fragilidade do argumento de Fallon. Suponhamos que o esquema no caso *Schor* não tivesse previsto nenhuma revisão federal da decisão da CFTC – essencialmente tornando a decisão da CFTC na reconvenção da Conticommodity final e irrecorrível.[85] Se Fallon estivesse correto, qualquer preocupação com a separação de poderes seria descartada uma vez que Conticommodity e Schor haviam optado voluntariamente por esse sistema. No entanto, nessas circunstâncias, o Congresso está no mínimo diminuindo o poder das cortes federais de justiça inferiores ao privá-las da competência para revisar um caso que, de outra maneira, estaria sob sua jurisdição. Mesmo que a Suprema Corte no caso *Schor* pudesse não tolerar tal resultado porque ele seria análogo (embora reconhecidamente não idêntico) a uma

---

85 Esse exemplo não é tão fantasioso. Alguns países, como a Bélgica, adotaram leis de arbitragem que impedem qualquer revisão judicial. Code Judiciaire [C. Jud.] art. 1704(1) (Belg.).

> tropa de choque de tribunais não previstos no Artigo 3º equipados para tomar conta de todos os negócios das cortes de justiça do Artigo 3º sem nenhuma supervisão ou controle do Artigo 3º e sem evidência de necessidades legislativas válidas e específicas.[86]

A revisão federal limitada apresenta os mesmos problemas de diminuição de qualidade, embora talvez não de maneira tão extrema quanto nesse exemplo. Isso mostra, no entanto, que problemas de separação de poderes podem existir mesmo em um sistema que resulte de opções das partes.

Assim, apesar de suas contribuições significativas para as discussões acadêmicas sobre o Artigo 3º, a teoria da revisão em grau recursal de Fallon não fornece um modelo completamente viável para testarmos a constitucionalidade da arbitragem. Pelo menos alguns refinamentos da teoria são necessários para determinar a relevância (se houver) do consentimento para essa análise e se existem outras características únicas da arbitragem que poderiam justificar a modificação do significado de "busca adequada por uma revisão em grau recursal".[87]

O próprio Fallon planta as sementes para tal refinamento. Quando optou por um conjunto único e inflexível de regras que regem a revisão do Artigo 3º, independentemente das circunstâncias subjacentes, Fallon rejeitou uma abordagem alternativa que adapta o grau de constitucionalidade exigido para a revisão do Artigo 3º à reinvindicação específica. Ele admite que tal abordagem seria consistente com a teoria da revisão em grau recursal:

> Um modo alternativo de análise, que seria consistente com os principais pressupostos da teoria [da revisão em grau recursal], responderia a questões sobre a necessidade e o

86 CFTC v. Schor, 478 U.S. 833, 855 (1986).

87 FALLON JUNIOR, Richard H. "Of Legislative Courts, Administrative Agencies and Article III". *Harvard Law Review*, vol. 101, 1988, p. 918.

> escopo necessário da revisão judicial somente depois de pesar os valores do Artigo 3º contra os interesses governamentais concorrentes caso a caso.[88]

Essa abordagem mais ágil tem duas vantagens sobre o padrão uniforme de Fallon. Em primeiro lugar, ela reflete o fato de que diferentes reivindicações e diferentes regimes de resolução de disputas envolverão diferentes conjuntos de valores. Tomemos, por exemplo, a imunidade soberana – um dos valores previamente indicados e centrais para a teoria da revisão em grau recursal. Em algumas arbitragens, como as arbitragens comerciais entre empresas puramente privadas, essas considerações desaparecem. Em outras, como aquelas regidas pelo NAFTA ou por tratados bilaterais de investimento ("BITs"), essas considerações desempenham um papel muito mais proeminente. Variar o padrão de revisão exigido constitucionalmente a partir da presença ou ausência de um fator como a imunidade soberana calibraria melhor as regras constitucionais em vista dos valores reais em jogo em um caso particular. Em segundo lugar, um padrão de revisão mais matizado também oferece uma esperança de melhor harmonização da jurisprudência existente. Em contraste, a teoria original de Fallon – uma vez que se aceite que seu argumento sobre o consentimento não é válido – seria fatal para a constitucionalidade da maioria das arbitragens.

Fallon rejeitou essa abordagem principalmente com base no fato de que "uma prescrição de ponderação *ad hoc* oferece muito pouca orientação sobre como as ponderações devem ser realizadas".[89] Assim, sua escolha eleva a clareza e a previsibilidade acima de outros valores que poderiam servir de sustentação para o padrão mais nuançado que procuramos descrever.

---

88 FALLON JUNIOR, Richard H. "Of Legislative Courts, Administrative Agencies and Article III". *Harvard Law Review*, vol. 101, 1988, p. 975.

89 FALLON JUNIOR, Richard H. "Of Legislative Courts, Administrative Agencies and Article III". *Harvard Law Review*, vol. 101, 1988.

A escolha por Fallon da regra categórica no lugar do teste de ponderação é familiar nos anais da jurisprudência.[90] Em resumo, "regras" oferecem a vantagem da clareza, mas muitas vezes ela vem à custa de rigidez. Por exemplo, se uma regra dispõe que "é proibida a entrada no parque depois das 22h", ela fornece clareza, mas pode impedir resultados desejáveis (como um acampamento no parque). Por outro lado, os testes de ponderação multifatorial oferecem a vantagem da adaptabilidade, mas muitas vezes são vagos. Por exemplo, se uma regra prevê "dirija na velocidade requerida pelas circunstâncias", poucas pessoas serão capazes de discernir o limite de velocidade apropriado, mas a regra é flexível o suficiente para acomodar tanto o viajante diário quanto o homem que corre para o hospital enquanto sua esposa está em trabalho de parto. A lição desse debate simples – que Fallon inexplicavelmente ignora – é a necessidade de elaborar uma regra com suficiente clareza para permitir sua fácil aplicação, mas também com flexibilidade suficiente para permitir sua adaptação a diferentes circunstâncias.

Nesse contexto, a teoria da revisão em grau recursal não força ninguém a escolher entre uma regra claríssima e rígida (como Fallon faz) e um teste de ponderação *ad hoc* totalmente amorfo (a única outra escolha que Fallon visualiza). Em vez disso, tal teoria da revisão fornece um meio-termo – que permanece fiel às suas origens, é suficientemente claro para capturar os benefícios do conjunto original de regras de Fallon e é matizado o suficiente para refletir os valores distintos que sustentam um determinado regime de resolução de disputas.

Como exatamente, então, tal sistema funcionaria? Lembremos que a teoria da revisão em grau recursal está enraizada em dois conjuntos de valores: um que sustenta os benefícios das cortes de justiça do Artigo 3º e o outro que sustenta os benefícios dos tribunais não

---

90 *Ver* KAPLOW, Louis. "Rules versus standards: an economic analysis". *Duke Law Journal*, vol. 42, 1992, pp. 557 e 621-623 (que propõe pesos relativos adequados para "regras" e "padrões"); McADAMS, Richard H. "The Expressive Power of Adjudication". *University of Illinois Law Review*, 2005, pp. 1043 e 1092.

previstos no Artigo 3º. Assim, para determinar como tal sistema funcionaria, torna-se necessário revisitar a ponderação de valores de Fallon e determinar como, no contexto particular da arbitragem, esses valores são traduzidos.

Em certos aspectos, a teoria de Fallon é bem traduzida. Comecemos com os valores que sustentam o uso de tribunais não previstos no Artigo 3º:

1. Experiência – a arbitragem potencialmente oferece a experiência especializada que os árbitros podem trazer à disputa.[91]

2. Funções governamentais – na medida em que a arbitragem envolve disputas puramente privadas, desaparecem as preocupações com o funcionamento eficiente do governo; em contraste, na medida em que a arbitragem envolve disputas públicas (como disputas relativas ao NAFTA), essa consideração ganha importância.

3. Flexibilidade – a arbitragem oferece maior flexibilidade do que um foro do Artigo 3º na adaptação de um regime de

---

91 BENSEN, Bruce L. "An Exploration of the Impact of Modern Arbitration Statutes on the Development of Arbitration in the United States". *Journal of Law, Economics, & Organization*, vol. 11, 1995, pp. 479 e 482 (que observa que os árbitros especializados eram uma vantagem amplamente percebida da arbitragem sobre os processos judiciais); BETHEL, Terry A. "Wrongful Discharge: Litigation or Arbitration?" *Journal of Dispute Resolution*, 1993, pp. 289 e 298 ("Talvez a vantagem mais pronunciada da arbitragem sobre o processo ordinário seja a competência especial do árbitro"); BRUNET, Edward. "Replacing Folklore Arbitration with a Contract Model of Arbitration". *Tulane Law Review*, vol. 74, 1999, pp. 39 e 43 (que observa que a experiência dos árbitros foi historicamente considerada uma vantagem da arbitragem); BORN, Gary. *International Commercial Arbitration*. 3ª ed. Alphen aan den Rijn: Kluwer Law International, 2009.

administração e adjudicação. As partes geralmente são livres para adaptar os procedimentos da arbitragem às suas necessidades.[92]

4. Equidade – seria controverso afirmar que a arbitragem produz resultados mais equânimes. Como explicaremos detalhadamente no Capítulo V, uma importante vertente da literatura critica a arbitragem, principalmente com a afirmação de que seus procedimentos são injustos e tendenciosos a favor da parte com a posição de negociação mais forte.[93] No entanto, dados empíricos mais recentes põem em dúvida essas críticas.[94]

---

92 Sobre a flexibilidade processual da arbitragem, ver CIRIELLI, Stefano E. "Arbitration, Financial Markets and Banking Disputes". *American Review of International Arbitration*, vol. 14, 2003, pp. 243 e 248 ("Uma das grandes vantagens da arbitragem, de fato, é que as partes podem pactuar sobre inúmeros aspectos substantivos e processuais, bem como optar por um processo informal e flexível, que pode ser especialmente adaptado para atender a uma disputa específica"); METZLOFF, Thomas B. "The Unrealized Potential of Malpractice Arbitration". *Wake Forest Law Review*, vol. 31, 1996, pp. 203 e 208; NELSON, Steven C. "Alternatives to Litigation of International Disputes". *The International Lawyer*, vol. 23, 1989, pp. 187 e 197/198; BORN, Gary. International Commercial *Arbitration*. 3ª ed. Alphen aan den Rijn: Kluwer Law International, 2009.

93 Ver, e.g., BUDNITZ, Mark E. "Arbitration of Disputes between Consumers and Financial Institutions: a Threat to Consumer Protection". *Ohio State Journal on Dispute Resolution*, vol. 10, 1995, p. 267; CARBONNEAU, Thomas E. "Arbitral Justice: the Demise of Due Process in American Law". *Tulane Law Review*, vol. 70, 1996, p. 1945; GORMAN, Robert A. "The Gilmer Decision and the Private Arbitration of Public-Law Disputes". *University of Illinois Law Review*, 1995, p. 635; McGUINNESS, Michael G.; KARR, Adam J. "California's 'Unique' Approach to Arbitration: Why This Road Less Traveled Will Make All the Difference on the Issue of Preemption under the Federal Arbitration Act". *Journal of Dispute Resolution*, 2005, pp. 61 e 84-92; ARAGAKI, Hiro N. "Arbitration's Suspect Status". *University of Pennsylvania Law Review*, vol. 159, 2011, pp. 1233 e 1262.

94 Ver U.S. Gen. Accounting Office, Report to Congressional Requesters (1992), *reimpresso em* SECURITIES ARBITRATION: HOW

5. Imunidade soberana – como acontece com as funções governamentais, a relevância desse fator depende do tipo de disputa. Disputas puramente privadas não implicam imunidade soberana; por outro lado, disputas de caráter público – seja sob o NAFTA ou BITs – envolvem preocupações relativas à imunidade soberana (seja dos Estados Unidos, no caso do NAFTA, ou de uma nação soberana estrangeira, no caso dos BITs).

Agora ponderemos esses valores com aqueles que sustentam a necessidade dos tribunais do Artigo 3º:

1. Separação de poderes – conforme discutido anteriormente, a arbitragem pode criar problemas de separação de poderes

---

INVESTORS FARE, IN SECURITIES ARBITRATION 1992, at 79 (PLI Corp. Law & Practice, CourseHandbook Series No. B4–7006), WL 781 PLI/Corp 19, 79 (que considera não haver viés pró-indústria no contexto da arbitragem de valores mobiliários em foros patrocinados pela indústria); HILL, Elizabeth. "AAA Employment Arbitration: a Fair Forum at a Low Cost". *Dispute Resolution Journal*, vol. 58, 2003, p. 9 (que fornece análises estatísticas de arbitragens trabalhistas AAA que indicam que elas não são sistematicamente tendenciosas a favor do empregador); TIDWELL, Gary *et al. Party evaluation of arbitrators*: an analysis of data collected from NASD regulation arbitrations, 5 ago. 1999 (manuscrito inédito, apresentado no *National Meeting of the Academy of Legal Studies in Business*, arquivo do autor) (que constata que as partes nas arbitragens da NASD acreditam que os foros e os árbitros são justos e imparciais); *ver também Report of the Arbitration Policy Task Force to the Board of Governors of the National Association of Securities Dealers, Inc.* reimpresso em [1995-1996 Transfer Binder] FED. SEC. L. REP. (CCH) ¶ 85,735 (1996) (que constata que a arbitragem de valores mobiliários geralmente "é um foro relativamente eficiente, justo e menos dispendioso para a resolução de disputas que envolvam investidores públicos, sócios de empresas e funcionários"). RUTLEDGE, Peter B. "*Whither Arbitration?*" *Georgetown Journal of Law & Public Policy*, vol. 6, 2008, pp. 549 e 551; KAPLINSKY, Alan S.; LEVIN, Mark J. "Consumer Arbitration: if the FAA 'Ain't Broke', Don't Fix It". *The Business Lawyer*, vol. 63, 2008, pp. 907 e 910. *Searle Civil Justice Institute, Consumer Arbitration before the American Arbitration Association* (2009) Disponível em: http://www.law.northwestern.edu/jep/symposia/documents/JEP CJ 2009 Drahozal2.pdf.

(embora o problema seja tecnicamente de diminuição de poder, em oposição a questões de invasão de competência previstas em situações que envolvem os tribunais do Artigo 1º). Especificamente, o Congresso diminui o poder das cortes de justiça do Artigo 3º ao investir seu poder decisório em outra instituição não prevista no Artigo 3º e ao exigir que as cortes federais de justiça executem essas decisões, sujeitando-as a hipóteses muito limitadas de revisão.

2. Justiça – este é o outro lado do fator de justiça apresentado anteriormente. Dependendo do estado da pesquisa empírica, a arbitragem, em contraste com o contencioso federal, pode apresentar um risco maior de injustiça para os litigantes. Esse é o caso particularmente em áreas nas quais os litigantes têm posições de negociação desiguais e, consequentemente, a parte mais forte pode preferir um foro ou conjunto de regras sistematicamente enviesadas a seu favor.

3. Integridade judicial – a arbitragem não apresenta um problema de "integridade judicial", como conceituado por Fallon, pois os árbitros, ao contrário das agências administrativas, não têm um "*status* híbrido e problemático em nosso sistema constitucional".

Assim, uma análise dos valores que sustentam a teoria da revisão em grau recursal revela que eles se traduzem bem, mas que a ponderação não é a mesma que aquela prevista pelo modelo de Fallon. Especificamente, pelo menos dois valores que justificam a necessidade de tribunais não previstos no Artigo 3º – função governamental e imunidade soberana – são excluídos da arbitragem comercial privada (embora permaneçam presentes na arbitragem comercial e de investimentos envolvendo governos). Do outro lado da escala, um dos valores que justificam a necessidade de tribunais do Artigo 3º – a integridade judicial – não é tão evidente, devido à ausência de agências administrativas problemáticas do ponto de vista constitucional. A lição dessa análise é que o padrão para a "busca adequada por uma revisão em grau recursal" pode ser menos oneroso em arbitragens que envolvam entes soberanos do que em arbitragens entre partes puramente privadas.

A solução, portanto, é identificar um número limitado de fatores com base nos quais o padrão de revisão exigido constitucionalmente pode variar. Esses fatores devem ser robustos o suficiente para capturar os valores parcialmente concorrentes que sustentam a arbitragem e o Artigo 3º. Ao mesmo tempo, devem ser definidos o suficiente para evitar o medo de Fallon de que se caia em um teste vago e imprevisível da "totalidade de circunstâncias". Embora pretenda afirmar isso provisoriamente, creio que os dois valores críticos são a voluntariedade do empreendimento e a presença (ou ausência) de um soberano na disputa.

A voluntariedade funciona aqui como substituto da justiça. Como observado anteriormente, a justiça era um dos valores críticos no esquema de Fallon para justificar o papel das cortes do Artigo 3º. Nos casos administrativos abordados por Fallon, as partes muitas vezes não optaram pelo sistema; em vez disso, frequentemente uma lei federal as direcionou para lá. Em contraste, em uma arbitragem voluntária (como uma arbitragem comercial privada), as partes terão escolhido o foro preferencial para resolver sua disputa. Teoricamente, essa escolha sinaliza uma fé mútua de ambas as partes, antes que qualquer disputa surja, de que o mecanismo de resolução de disputas chegará a um resultado justo. Assim, as preocupações com a justiça diminuem em uma arbitragem voluntária e, consequentemente, diminui também a necessidade da revisão plenária do Artigo 3º. Em diversos contextos, como negócios processuais para seleção de foro, cláusulas de escolha da lei aplicável e de consentimento à jurisdição, as doutrinas demonstram uma tendência do Judiciário a acatar tais escolhas privadas. Contudo, em uma arbitragem verdadeiramente involuntária, como as arbitragens do BIT, as preocupações com a equidade permanecem dominantes e, portanto, também a necessidade da revisão do Artigo 3º.[95]

---

95 *Ver* PFANDER, James E. "Article I Tribunals, Article III Courts, and the Judicial Power of the United States". *Harvard Law Review*, vol. 118, 2004, p. 767.

A doutrina da imunidade soberana reconhece os valores da separação de poderes. Como observado acima, quando um ente soberano é parte em uma disputa, a lei faz grande deferência à jurisdição dos ramos políticos. Na ausência de consentimento, o soberano não pode ser processado em seu próprio foro.[96] A imunidade dos soberanos estrangeiros também permaneceu firmemente sob o controle do Poder Legislativo – pelo menos nos anos recentes.[97] Assim, em qualquer caso envolvendo um ente soberano, os ramos políticos poderiam eliminar quase totalmente a jurisdição do Poder Judiciário (seja recusando a renúncia à imunidade, seja estreitando o escopo da jurisdição sobre soberanos estrangeiros). Esse maior poder de eliminar a jurisdição implica também um menor poder de a regular. Consequentemente, os valores do Artigo 3º incidem, em tais casos, de maneira mínima.[98]

---

96 United States v. Sherwood, 312 U.S. 584, 586 (1941).

97 BORN, Gary B.; RUTLEDGE, Peter B. *International civil litigation in United States Courts*. 5ª ed. Nova York: Wolters Kluwer, 2011, pp. 231-235.

98 Essa consideração explícita da presença do Estado soberano no litígio também ajuda a equacionar a teoria da revisão de apelação modificada com a doutrina do interesse público (ao menos em sua forma original). Como discutido acima, começando com o caso *Murray's Lessee v. Hoboken Land & Improvement Co.*, 59 U.S. 272 (1855), a doutrina do interesse público justificou restrições à jurisdição das cortes de justiça do Artigo 3º em casos em que um ente soberano era parte. O caso *Thomas v. Union Carbide Agricultural Products Co.* rompeu com essa tradição ao classificar certos processos como de "interesse público", embora tivessem surgido entre duas partes privadas. U.S. 568, 589 (1985). Como o próprio Fallon admite, o caso *Thomas* continua sendo um precedente duvidoso se analisado segundo a teoria da revisão de apelação, bem como segundo a forma modificada apresentada aqui. Com exceção do caso *Thomas*, os outros casos envolvendo interesse público são perfeitamente compatíveis com meu modelo.

É claro que o argumento da imunidade soberana pode ser invertido. Seria possível argumentar que a necessidade de supervisão judicial pode estar em seu zênite precisamente quando um ente soberano é parte em um caso. Nessas hipóteses, a supervisão judicial é necessária para contrabalançar o excesso de poder governamental e parar garantir a aplicação imparcial dos princípios jurídicos relevantes. Tal posição,

Pode-se legitimamente questionar se esses são os únicos valores que justificam a variação do escopo da revisão. Em especial, o escopo da revisão deveria depender da nacionalidade do caso (se é internacional ou não)? Esse argumento é fundamentado por pelo menos dois pontos. Pode-se remontar a casos como *Dames & Moore v. Regan.*[99] Nessa linha de argumentação, os tratados regerão a maioria dos casos de arbitragem internacional; como os tratados exigem a cooperação entre os poderes Executivo e Legislativo, as cortes deveriam estar menos inclinadas a interferir. O outro ponto segue a linha de casos que sugerem a necessidade de deferência judicial em questões de relações internacionais ou comércio exterior.[100] Seja qual for o ponto de partida escolhido, ambos os argumentos conduzem à mesma conclusão: de que o escopo da revisão judicial exigida constitucionalmente deveria ser menor em casos internacionais (e, inversamente, deveria ser maior em casos puramente domésticos).

Esse caminho poderia ter sido seguido. Em particular, após a decisão do caso *Scherk v. Alberto-Culver, Inc.*,[101] a Suprema Corte poderia muito bem ter estabelecido uma distinção entre casos de arbitragem internacional e doméstica. No entanto, em meados da década de 1980, qualquer tentativa de preservar uma distinção doutrinária entre casos domésticos e internacionais foi obliterada. Com casos como *Rodriguez de Quijas v. Shearson/American Express, Inc.*, a Suprema Corte pôs os casos domésticos em pé de igualdade com os internacionais em termos de doutrina.[102] Desde então, não demonstrou nenhuma abertura aos esforços para separar os dois tipos de casos. Assim, embora esse argumento tenha grande apelo

---

embora baseada em princípios, exigiria a reforma de casos de interesse público que remontem ao caso *Murray's Lessee*. Agradeço a Michael Wells por ter compartilhado suas percepções sobre esse assunto.

99 453 U.S. 654 (1981).

100 United States v. Curtiss-Wright Export Corp., 299 U.S. 304, 320 (1936); Made in the USA Foundation v. United States, 242 F.3d 1300, 1311 (11° Circ. 2001).

101 417 U.S. 506 (1974).

102 490 U.S. 477 (1989).

teórico, rejeito-o em última instância porque ele mina o valor explicativo da teoria.

O resultado dessa teoria da revisão em grau recursal modificada é variar o grau de revisão exigido constitucionalmente ao longo de dois eixos. Em um extremo estão as arbitragens privadas involuntárias. Nessas circunstâncias, a necessidade de revisão do Artigo 3º está em seu zênite (ponto mais alto). No outro extremo estão as arbitragens voluntárias envolvendo partes soberanas. Nessas circunstâncias, a necessidade de revisão está em seu nadir (ponto mais baixo). Os casos intermediários são arbitragens privadas voluntárias e arbitragens soberanas involuntárias.

Como isso se traduz nos diferentes tipos de questões que necessitam de revisão? No que diz respeito a questões de Direito Constitucional, a revisão *de novo* ainda não deve ser exigida. Quanto à necessidade de revisão, a arbitragem não afeta a análise básica de Fallon: a revisão de questões constitucionais do Artigo 3º é necessária tanto para promover o princípio de separação de poderes quanto para garantir justiça essencial aos litigantes individuais quando seus direitos constitucionais estão em jogo.[103] Quanto ao escopo da revisão, a análise reconhecidamente não o mapeia perfeitamente. Fallon justifica a revisão *de novo* das questões constitucionais com base no fato de que "os valores da separação de poderes estão profundamente em questão" se "outra agência do governo violou seus limites constitucionais". A arbitragem não representa uma situação na qual uma agência pode agir *ultra vires*. Por isso, a revisão plenária é essencial nesse modelo, sob pena de recairmos em problemas de separação de poderes. Se o Congresso pudesse privar as cortes do Artigo 3º de seu poder de revisar as conclusões de um árbitro em questões de Direito Constitucional, tal regime minaria os princípios da separação de poderes tanto quanto o engrandecimento do poder de uma agência federal. A exigência de revisão plenária de questões constitucionais elimina essa preocupação.

---

103 FALLON JUNIOR, Richard H. "Of Legislative Courts, Administrative Agencies and Article III". *Harvard Law Review*, vol. 101, 1988, pp. 975/976.

Quanto às questões de Direito, traduzir a teoria modificada da revisão em grau recursal é um desafio. Em alguns aspectos, as razões que justificam a revisão plenária de questões legais em casos de cortes de justiça do Artigo 1º ou agências administrativas não se aplicam no contexto da arbitragem. Por exemplo, árbitros não têm a capacidade de expandir seu próprio poder. Ao contrário dos burocratas, os árbitros não são necessariamente atores habituais em um procedimento de solução de controvérsia. Suas decisões não contam com qualquer força prévia que possa ser usada para justificar uma concepção mais ampla de seu poder em um caso posterior. Os árbitros também não estão sujeitos à pressão política de outro ramo do governo, como pode ser o caso de agências administrativas ou casas legislativas.

Ao mesmo tempo, em ao menos três aspectos os árbitros encarnam alguns dos perigos que levaram Fallon a concluir que a revisão em grau recursal exigia a revisão do Artigo 3º de questões legais não constitucionais. Em primeiro lugar, como as agências, os árbitros podem ser arbitrários. Eles podem compreender mal a lei; podem também produzir sentenças de "compromisso" que deixam ambas as partes relativamente satisfeitas, mas que, do ponto de vista principiológico, carecem de base jurídica. Em segundo lugar, embora os árbitros possam não ter a capacidade de ampliar burocraticamente suas competências, a arbitragem como instituição pode, sim, revelar essa capacidade. Árbitros e instituições arbitrais têm um interesse financeiro direto em poder exercer jurisdição sobre determinadas matérias – o que pode dar a eles um incentivo para terem uma visão expandida de sua jurisdição em casos concretos.[104] Em terceiro lugar, a arbitragem corre pelo menos algum risco de ser capturada por entidades políticas poderosas, embora de uma maneira diferente daquela que ocorre no ambiente da burocracia estatal. Como expliquei em outra ocasião, os árbitros, ao contrário dos burocratas ou juízes, muitas vezes são nomeados pelas partes

104 As cortes de justiça têm algum poder para controlar essa tendência de expansão por meio da revisão judicial da jurisdição do árbitro, seja na fase pré-arbitral, seja na fase de execução. First Options of Chi., Inc. v. Kaplan, 514 U.S. 938, 942-947 (1995).

para resolver uma disputa e sua remuneração está vinculada de maneira crítica ao serviço prestado.[105] Ao menos teoricamente, esse procedimento de nomeação dá ao árbitro um incentivo financeiro para decidir um caso a favor do ator com maior probabilidade de contratá-lo novamente em outro caso, distorcendo assim o resultado em benefício da parte mais poderosa.

Assim, a teoria da revisão em grau recursal modificada justifica pelo menos algum grau de revisão do Artigo 3º quanto às determinações jurídicas de um árbitro, embora talvez não de modo tão abrangente quanto o exigido no modelo original de Fallon. Alguns dos valores que justificam a revisão plenária no contexto das agências ou de tribunais legislativos – como pressões políticas ou engrandecimento – ficam de fora aqui. Outros – como arbitrariedade, concepções expansivas de jurisdição ou captura – permanecem relevantes no contexto da arbitragem.

A deferência das cortes de justiça do Artigo 3º às determinações baseadas em legislação federal feitas por outras entidades que não as previstas no Artigo 3º é um conceito familiar.[106] Por exemplo, no Direito Administrativo, várias doutrinas autorizam que uma corte federal conceda a uma agência a competência para interpretar uma lei ambígua.[107] Em processos criminais, as cortes federais geralmente acatam interpretações razoáveis de cortes estaduais sobre questões constitucionais de competência federal.[108] Ao mesmo tempo, essas

---

105 RUTLEDGE, Peter B. "Toward a Contractual Theory of Arbitral Immunity". *Georgia Law Review*, vol. 39, 2004, p. 151.

106 Sou especialmente grato à Laura Appleman por me ajudar a desvendar esse argumento. *Ver também* WHITE, Rebecca Hanner. "Arbitration and the Administrative State". *Wake Forest Law Review*, vol. 38, 2003 (que explora a deferência judicial à adjudicação).

107 *Ver, e.g.*, United States v. Mead Corp., 533 U.S. 218 (2001) (que discute os graus de deferência judicial a interpretações da lei feitas por agências); Chevron U.S.A., Inc. v. Natural Res. Def. Council, Inc., 467 U.S. 837 (1984); Skidmore v. Swift & Co., 323 U.S. 134 (1944).

108 HOFSTADT, Brian M. "The Deconstruction and Reconstruction of Habeas". *Southern California Law Review*, vol. 78, 2005, pp. 1125 e 1168; MARCEAU, Justin F. "Un-Incorporating the Bill of Rights:

duas áreas do Direito garantem às cortes federais alguma liberdade para desconsiderar determinações "irracionais" do julgador anterior. Deixemos claro que as analogias aqui não são exatas – a primeira envolve deferência a outro ramo do governo (garantindo assim algum grau de responsabilidade política), enquanto a última envolve deferência a cortes de um ente soberano diverso (que ocupa uma posição diferente da dos árbitros). No entanto, doutrinas como essas ilustram que nosso regime constitucional pode tolerar um grau limitado de deferência das cortes do Artigo 3° à interpretação da legislação federal por outras entidades quando alguma razão política subjacente a justificar. Portanto, se a experiência de uma agência administrativa, o federalismo ou a finalidade podem justificar certa deferência nesses contextos, o mesmo é válido para a promoção da arbitragem.

Finalmente, quanto à revisão de questões de fato, a arbitragem não altera a análise de Fallon, mas se compatibiliza confortavelmente com ela. As constatações factuais dos árbitros, bem como as de agências administrativas ou casas legislativas, não representam nenhuma ameaça particular aos valores da separação de poderes ou da justiça. Quanto às categorias especiais de fatos que justificam um tratamento separado – constitucional ou jurisdicional – uma abordagem discricionária pondera idealmente entre a necessidade de corrigir constatações suspeitas e o desejo de evitar novos litígios e seus custos.

Neste ponto, vale a pena abordar como a teoria da revisão em grau recursal modificada difere da doutrina atual. Em que medida a doutrina da "voluntariedade" difere da análise da renúncia do caso *Schor*? Em que medida a presença de um ente soberano na disputa difere da questão dos aspectos irrenunciáveis do Artigo 3°

---

the Tension between the Fourteenth Amendment and the Federalism Concerns That Underlie Modern Criminal Procedure Reforms". *Journal of Criminal Law and Criminology*, vol. 98, 2008, pp. 1231 e 1281 (que referencia uma disposição legal no sentido de que, em certas circunstâncias, as cortes federais "devem reformar as decisões de cortes estaduais que aplicam a lei federal incorretamente").

observados no caso *Schor*? As sinergias com a doutrina existente não surpreendem porque, como já observamos, um dos principais benefícios da teoria da revisão em grau recursal (seja em sua forma original, seja em sua forma modificada) é que ela permanece em harmonia com a doutrina existente. Harmonia, porém, não é o mesmo que identidade, e, em pelo menos três aspectos críticos, a teoria da revisão modificada difere do cenário atual.

Em primeiro lugar, essa teoria usa uma métrica totalmente diferente daquela empregada no caso *Schor*. Enquanto o caso *Schor* emprega a renúncia de maneira categórica – ou seja, uma parte renuncia a seu direito a um foro do Artigo 3° –, a teoria da revisão em grau recursal modificada usa o conceito de voluntariedade de modo instrumental. Em outras palavras, embora a submissão voluntária de uma parte à arbitragem possa afetar o grau de revisão exigido constitucionalmente, isso não afeta a sua necessidade. Por outro lado, como observado anteriormente, algumas cortes que se baseiam no caso *Schor* para justificar a constitucionalidade da arbitragem encerram o debate com a análise da renúncia.

Em segundo lugar, a análise estrutural de acordo com a teoria da revisão em grau recursal modificada difere daquela que segue a linha da "irrenunciabilidade" do caso *Schor*. Sobre o componente irrenunciável do Artigo 3°, a Corte avalia a constitucionalidade de um regime de resolução de disputas a partir de um teste de ponderação multifatorial. Em contraste, a teoria da revisão de apelação modificada testa a constitucionalidade de um regime com base em uma única métrica – o grau de revisão do Artigo 3° – e calibra o grau necessário de revisão de acordo com os eixos da voluntariedade e da imunidade soberana.

Em terceiro lugar, a teoria da revisão de apelação modificada transforma a doutrina do interesse público. Algumas cortes têm confiado nessa doutrina para confirmar certos regimes arbitrais e o governo canadense valeu-se dela para defender o regime arbitral do NAFTA na *Coalition for Fair Lumber Exports*.[109] Tradicionalmente, o interesse público dizia respeito àquelas demandas das quais o governo era parte ou nas quais tinha um interesse real em disputa.[110] Em contraste, demandas exclusivamente entre particulares, mesmo quando decorrentes de lei, eram de interesse privado.[111] O

---

109 Brief of Respondents-Intervenors in *Coalition for Fair Lumber Imports Executive Committee v. United States*, No. 05-1366, pp. 27-33.

110 *Ver* Granfinanciera, S.A. v. Nordberg, 492 U.S. 33, 65 (1989) (Scalia, J., que concorda parcialmente e segue o julgamento) ("A meu ver, uma questão de interesse público, cujo julgamento o Congresso pode atribuir a tribunais que não possuem as características principais das cortes do Artigo 3º deve, no mínimo, poder ser levantada em disputas entre o governo e outras partes") (citações internas omitidas). Por exemplo, *Murray's Lessee v. Hoboken Land & Improvement Co.*, o caso que gerou a doutrina do interesse público, dizia respeito ao esforço do governo para cobrar uma dívida de um de seus agentes alfandegários. 59 U.S. 272, 275 (1855). *Ex Parte Bakelite Corp.* dizia respeito a uma disputa entre o governo e um indivíduo privado sobre uma avaliação alfandegária imposta pelo governo. 279 U.S. 438, 447 (1929). Em ambos os casos, a Corte decidiu que se tratava de "interesse público". Bakelite, 279 U.S. p. 452; *Murray's Lessee*, 59 U.S. 283-285. *Crowell v. Benson* procurou fornecer uma lista não exaustiva de exemplos, que incluía questões julgadas conexas ao poder do Congresso, como "comércio interestadual e exterior, tributação, imigração, terras públicas, saúde pública, instalações dos correios, pensões e pagamentos a veteranos". 285 U.S. 22, 51 (1932). Talvez a declaração mais clara tenha vindo do julgamento do caso *Northern Pipeline Construction Co. v. Marathon Pipe Line Co.*: "[Uma] questão de interesse público deve, no mínimo, poder ser levantada em disputas 'entre o governo e outras partes'". 458 U.S. 50, 71 (1982).

111 Por exemplo, no caso *Crowell* a Suprema Corte decidiu que uma demanda de indenização trabalhista movida por um estivador contra seu empregador era de interesse privado, embora tivesse fundamento em uma lei federal. 285 U.S. 22, 51. O voto de pluralidade em *Northern Pipeline* classificou uma demanda por quebra de contrato baseada em lei estadual como de interesse privado, mesmo estando ela relacionada a um sistema de falência criado pelo governo para reestruturar as relações devedor-credor. U.S. 50, 71. Por fim, no caso *Granfinanciera* a Corte classificou o direito do administrador da falência de cobrar por uma transferência fraudulenta como sendo de "interesse privado", mesmo que o poder do administrador de mover a ação derivasse de uma lei de

caso *Thomas* rompeu com essa tradição quando classificou certas demandas como de interesse potencialmente público mesmo quando surgidas entre duas partes privadas. A teoria da revisão de apelação modificada rejeita essa expansão da doutrina do interesse público realizada no caso *Thomas*. Em vez disso, sua ênfase na presença ou ausência de um ente soberano na disputa aproxima-se mais da formulação clássica da doutrina do interesse público presente em casos como *Murray's Lessee* e *Crowell*.

Em suma, a teoria da revisão em grau recursal fornece a base mais promissora para solucionarmos a tensão entre o Artigo 3º e a arbitragem. Tal teoria leva a sério as preocupações textuais, históricas e políticas que estão na base do Artigo 3º ao mesmo tempo que procura agredir o mínimo possível os precedentes existentes. O grau preciso de revisão por uma corte de justiça do Artigo 3º não deve ter um padrão rígido e uniforme, como defendia o propositor original dessa teoria. Em vez disso, deve refletir os distintos valores que sustentam o sistema de resolução de disputas – uma metodologia que Fallon reconhece ser compatível com o espírito subjacente à teoria da revisão em grau recursal, mas que ele acabou rejeitando por razões discutíveis. Uma vez alterado esse aspecto da análise de Fallon, o padrão adequado de revisão deve levar em conta tanto a natureza voluntária da maioria dos casos de arbitragem quanto o *status* jurídico especial de uma sentença veiculada pelo sistema judicial. Na parte final deste capítulo, esboçarei como a teoria da revisão em grau recursal modificada se aplicaria a vários arranjos arbitrais. Seguindo o esquema geral do livro, me concentrarei na arbitragem comercial privada, mas também levarei em conta a arbitragem de investimento.

---

falências criada pelo governo federal. 492 U.S. 33, 55/56. Mais uma vez, o voto de pluralidade no caso *Northern Pipeline* confirmou claramente a tradução: "'A responsabilidade de um indivíduo para com o outro perante a lei' é uma questão de interesse privado". 458 U.S. 50, 69/70 (que cita o caso *Crowell*, 285 U.S. 22, 51).

## 1.2 Arbitragem comercial privada

As sentenças arbitrais estão sujeitas à revisão judicial de acordo com um dos dois modelos principais. Em primeiro lugar, em alguns casos de confirmação (que tornam uma sentença estrangeira ou não doméstica proferida nos Estados Unidos em um julgado nacional) e de execução (que tornam uma sentença proferida no exterior um julgado nacional), um tratado multilateral – normalmente a Convenção de Nova Iorque – estabelecerá o padrão de revisão.[112] Grosso modo, o Artigo V da Convenção de Nova Iorque estabelece que uma sentença pode ter seu reconhecimento ou execução negados quando:

- As partes não tinham capacidade para celebrar a convenção de arbitragem ou tal convenção era inválida.
- A parte vencida não recebeu intimação adequada do processo ou a oportunidade de ser ouvida.
- A sentença diz respeito à matéria que extrapola o interesse das partes.
- A composição do tribunal ou o procedimento arbitral desviou-se da convenção entre as partes ou, na ausência dela, da legislação do foro arbitral.
- A sentença foi anulada.

112 Com menos frequência, outras convenções podem ser aplicadas. Elas incluem a Convenção Interamericana sobre Arbitragem Comercial Internacional (Convenção do Panamá), *aberto para assinatura* em 30 de janeiro de 1975, 104 Stat. 448, 1438 U.N.T.S. 245 (que disciplina sentenças em certas arbitragens latino-americanas), a Convenção sobre Resolução de Disputas de Investimento entre Estados e Nacionais de Outros Estados (Convenção de Washington, também conhecida como Convenção ICSID), *aberta para assinatura* em 18 de março de 1965, 17 U.S.T. 1270, 575 U.N.T.S. 159 (que disciplina sentenças em certas arbitragens de investimento). Os padrões de revisão judicial sob a Convenção do Panamá são praticamente idênticos aos da Convenção de Nova Iorque, de modo que a análise do texto se aplica igualmente a esses contextos especializados.

- A disputa não é arbitrável no foro de execução.
- A sentença viola o interesse público do foro de execução.

Em segundo lugar, em casos de anulação (em que se anula uma sentença proferida nos Estados Unidos) e em casos de confirmação e execução não abrangidos por um tratado, a FAA estabelece o modelo padrão para a revisão judicial. A Seção 10 da FAA dispõe o seguinte:

> [Uma corte distrital] pode emitir uma ordem anulando a sentença mediante solicitação de qualquer uma das partes da arbitragem –
>
> 1. Quando a sentença foi proferida por corrupção, fraude ou meios indevidos;
> 2. Quando houver manifesta parcialidade ou corrupção por parte dos árbitros, ou qualquer um deles;
> 3. Quando os árbitros forem culpados de má conduta por se recusarem a adiar a audiência mediante demonstração de causa plausível, ou por se recusarem a ouvir provas pertinentes e relevantes à controvérsia; ou de qualquer outro comportamento impróprio que prejudique os direitos de qualquer uma das partes;
> 4. Quando os árbitros excederem seus poderes, ou os exercerem de forma tão imperfeita que uma sentença final e definitiva sobre o assunto em questão não tiver sido proferida.[113]

Nem o Artigo 5º da Convenção de Nova Iorque, nem a Seção 10 da FAA preveem expressamente qualquer sorte de revisão do Artigo 3º acerca do mérito da decisão arbitral, seja por fundamentos legais ou constitucionais.[114]

---

113 9 U.S.C. § 10.

114 BORN, Gary. *International Commercial Arbitration*. 3ª ed. Alphen aan den Rijn: Kluwer Law International, 2009, p. 81.

Apesar da ausência de qualquer autorização textual para a revisão de questões legais com base no Artigo 3º, decisões judiciais preencheram parcialmente essa lacuna. As cortes de justiça construíram uma doutrina que, pode-se argumentar, procura mitigar essa dura conclusão. Por várias décadas, a doutrina do "manifesto desrespeito à lei" permitiu que cortes federais de justiça dessem uma olhada rápida no mérito da sentença (mesmo que essa doutrina não encontre fundamento formal no texto da Seção 10).[115] As formulações da doutrina do manifesto desrespeito variam um pouco e seu escopo não está totalmente estabelecido.[116] Na formulação geralmente aceita da doutrina, uma corte federal de justiça pode anular uma sentença quando o árbitro estava ciente da lei aplicável, mas recusou-se a aplicá-la.[117] Deixando de lado a legitimidade da doutrina do manifesto desrespeito (um tópico que explorei em outra ocasião),[118] a questão é se ela sana as questões constitucionais relativas à FAA.

Embora a questão esteja encerrada, concluo que a arbitragem comercial privada ordinária sobrevive ao desafio do Artigo 3º se a interpretarmos segundo a teoria da revisão em grau recursal modificada. As cortes de justiça raramente revisam decisões arbitrais por erros de fato, mas a teoria da revisão em grau recursal modificada sugere

---

115 É claro que o manifesto desrespeito à lei não precisa ser o padrão que disciplina a relação entre a arbitragem e as cortes de justiça. Outros sistemas usam árbitros mais como juízes ou oferecem revisão *de novo* da decisão do árbitro. Sou grato à resposta de Roderick McDonald à minha apresentação na matinê da McGill/Universidade de Montreal sobre esse ponto.

116 Como explorei em outra ocasião, persiste um desacordo entre as cortes federais inferiores sobre se a doutrina do manifesto desrespeito à lei é válida em ações de execução reguladas pela Convenção de Nova Iorque. *Ver* RUTLEDGE, Peter B. "On the Importance of Institutions: Review of Arbitral Awards for Legal Errors". *Journal of International Arbitration*, vol. 19, 2002.

117 BORN, Gary. *International Commercial Arbitration*. 3ª ed. Alphen aan den Rijn: Kluwer Law International, 2009, p. 2641.

118 RUTLEDGE, Peter B. "On the Importance of Institutions: Review of Arbitral Awards for Legal Errors". *Journal of International Arbitration*, vol. 19, 2002.

que isso não representa qualquer violação ao Artigo 3º.[119] Quanto às questões de Direito Constitucional, a revisão prevista pela FAA e pela Convenção de Nova Iorque é suficiente. Em alguns casos, as cortes de justiça podem ventilar questões constitucionais no início da arbitragem ao decidir sobre um pedido relativo ao dever de se submeter à arbitragem ou à suspensão do litígio.[120] Em outros casos, as cortes de justiça podem decidir sobre questões constitucionais ao revisar a sentença arbitral: vários dos padrões da Convenção de Nova Iorque ou da FAA mencionados anteriormente incorporam normas constitucionais. Por exemplo, ambas as legislações estabelecem que uma sentença pode ter sua execução negada (ou ser anulada de acordo com a FAA) em casos nos quais uma parte não tenha sido devidamente intimada do procedimento arbitral. Para avaliar essas demandas, as cortes que aplicam esses padrões geralmente importam as normas do devido processo legal.[121] Assim, de acordo com a teoria da revisão em grau recursal modificada, o regime atual fornece às cortes de justiça indicadas no Artigo 3º poder de supervisão suficiente em questões constitucionais.

O aspecto mais complicado de nossa análise é o papel limitado do Artigo 3º. Essa lacuna seria fatal para a arbitragem se empregássemos a concepção original da teoria da revisão em grau recursal. Uma vez que alguém nega consentimento, as cortes federais de justiça não conduzem à revisão *de novo* de questões infraconstitucionais exigida pela teoria. No entanto, de acordo com a teoria da revisão em grau recursal modificada, a doutrina do manifesto desrespeito à lei sem dúvida fornece o grau necessário de revisão em grau recursal na esfera federal. A voluntariedade do empreendimento justifica um papel reduzido para as cortes federais de justiça. Ao mesmo tempo, a doutrina do manifesto desrespeito preserva um papel limitado

---

119 BORN, Gary. *International Commercial Arbitration*. 3ª ed. Alphen aan den Rijn: Kluwer Law International, 2009.

120 BORN, Gary. *International Commercial Arbitration*. 3ª ed. Alphen aan den Rijn: Kluwer Law International, 2009.

121 BORN, Gary. *International Commercial Arbitration*. 3ª ed. Alphen aan den Rijn: Kluwer Law International, 2009.

para as cortes federais, garantindo assim que os valores do Artigo 3º ainda estejam presentes em arbitragens.

Ironicamente, as origens da doutrina do manifesto desrespeito à lei reforçam essa afirmação. O padrão do manifesto desrespeito não aparece em nenhum lugar da FAA (ou em qualquer outra lei, ou tratado que rege a execução de sentenças arbitrais nos Estados Unidos). Em vez disso, ele origina-se inteiramente de decisões da Suprema Corte, quase como um tipo de *common law* federal que rege a execução de sentenças.[122] Essa genealogia judicial garante à corte maior flexibilidade para modelar a doutrina do que se uma lei restringisse sua interpretação. Embora as cortes geralmente relutem em anular sentenças (ou em negar sua execução) com base nisso, algumas decisões envolvendo demandas federais o fizeram.[123] Essa jurisprudência sugere que a doutrina é maleável o suficiente para garantir os valores do Artigo 3º que sustentam a teoria da revisão em grau recursal nesse contexto. A esse respeito, ela opera quase como um cânone de evasão constitucional para impedir a investigação de questões mais incômodas relativas ao Artigo 3º.[124]

Embora a arbitragem comercial sobreviva ao desafio do Artigo 3º, quando recorremos à teoria da revisão em grau recursal modificada, o mesmo não ocorre com o esquema do caso *Thomas*. Em comparação com o disciplinamento da revisão judicial de sentenças comerciais, a revisão judicial de acordo com o regime da FIFRA foi mais limitada no caso *Thomas*. A FIFRA não reservou absolutamente nenhum papel às cortes de revisão para avaliar a sentença do árbitro, mesmo quando o árbitro incorre em manifesto desrespeito à lei. A

---

122 *Ver* First Options of Chi., Inc. v. Kaplan, 514 U.S. 938, 942 (1995); Wilko v. Swan, 346 U.S. 427, 436-437 (1953) (que decide que as partes vinculadas pela decisão do árbitro não estavam em "manifesto desrespeito" à lei), *rejeitada por outros motivos pelo caso* Rodriguez de Quijas v. Shearson/Am. Express, Inc., 490 U.S. 477 (1989).

123 *Ver*, *e.g.*, Patten v. Signator Ins. Agency, Inc., 441 F.3d 230, 237 (4º Cir. 2006) (que anula uma sentença em um caso de discriminação etária); Barclays Capital Inc., v. Shen, 857 N.Y.S.2d 873, 880 (Sup. Ct. 2008).

124 *Ver* Ashwander v. Tennessee Valley Authority, 297 U.S. 288, 345-48 (1936) (Brandeis, J., voto concordante).

total ausência de revisão judicial do mérito de uma disputa entre duas partes privadas afeta profundamente os valores da separação de poderes que animam a revisão prevista no Artigo 3º. Assim, do mesmo modo que a teoria da revisão em grau recursal original de Fallon, a teoria modificada defendida aqui rejeitaria a decisão do caso *Thomas*.

A teoria da revisão em grau recursal modificada também oferece algumas percepções sobre os debates a respeito da exequibilidade de acordos das partes para modificar contratualmente o escopo da revisão judicial, um tópico que a Suprema Corte abordou no caso *Hall Street*.[125] Em alguns casos, as partes tentam expandir os fundamentos da revisão judicial (por exemplo, estabelecendo que as decisões de fato do árbitro sejam revisadas quanto a erros claros e que as decisões de direito sejam revisadas *de novo*).[126] De acordo com a lógica da teoria apresentada aqui, tais cláusulas devem ser executadas, pois reforçam os valores da separação de poderes que justificam o papel do Judiciário na revisão de uma sentença. A esse respeito, o caso *Hall Street* pode ter sido decidido de maneira equivocada.

Em outros casos, as partes tentam limitar os fundamentos para a revisão judicial (por exemplo, submetendo a sentença à revisão prevista pela legislação estadual, que pode ter fundamentos mais restritos que os da FAA).[127] A teoria da revisão em grau recursal modificada sugere que essas cláusulas deveriam ser inexequíveis porque corroem o papel residual do Judiciário de policiar as sentenças antes que transitem em julgado.

A questão está bastante estabelecida, mas a doutrina do manifesto desrespeito da lei, a meu ver, exime a arbitragem comercial

---

125 Hall Street Assocs., L.L.C. v. Mattel, Inc., 552 U.S. 576, 582 n. 2 (2008).

126 *Ver, e.g.*, Lapine Tech. Corp. v. Kyocera Corp., 130 F.3d 884, 889 (9º Cir. 1997), *rejeitado por* Kyocera Corp. v. Prudential- Bache Trade Servs., Inc., 341 F.3d 987 (9º Cir. 2003).

127 *Ver, e.g.*, Roadway Package Sys., Inc. v. Kayser, 257 F.3d 287, 293 (3º Cir. 2001).

privada de vício constitucional. Sua ausência do esquema de revisão do caso *Thomas*, no entanto, torna esse esquema inconstitucional. Além disso, a jurisprudência posterior ao caso *Hall Street* sofreu com a falta de orientação da Suprema Corte sobre o *status* da doutrina do manifesto desrespeito e seu papel na ordem constitucional. Tanto o Primeiro quanto o Quinto Circuitos decidiram que a doutrina é inválida,[128] enquanto vários outros decidiram que ela ainda serve como fundamento para recurso, embora esses Circuitos discordem sobre se o fundamento para anulação é de caráter legal ou infralegal.[129]

Embora a Suprema Corte ainda não tenha enfrentado essa divergência entre os Circuitos, sua decisão recente no caso *Stolt-Nielsen S.A. v. Animalfeeds International Corp.* abre outra possibilidade de defesa no lugar da doutrina do manifesto desrespeito à lei. Nesse caso, a Corte anulou a decisão arbitral porque o árbitro havia "excedido [os] poderes" a ele previstos pelo §10(a)(4) da FAA ao "simplesmente impor sua própria visão em relação à arbitragem coletiva".[130] Esse fundamento legal para a anulação parece capaz de preencher qualquer lacuna criada pela Suprema Corte no caso *Hall Street*, quando deixou em aberto o debate sobre a doutrina do manifesto desrespeito à lei. Embora a Suprema Corte tenha citado suas próprias decisões para apoiar a ampliação do §10(a)(4),[131] ainda não se sabe como os Circuitos da justiça dos EUA aplicarão essa regra e até que ponto ela pode servir como alternativa à doutrina do manifesto desrespeito à lei.

---

128 Ramos-Santiago v. United Parcel Serv., 524 F.3d 120, 124 n.3 (1º Cir. 2008); Citigroup Global Mkts., Inc. v. Bacon, 562 F.3d 349, 354 (5º Cir. 2009).

129 REUBEN, Richard C. "Personal Autonomy and Vacatur after Hall Street". *Penn State Law Review*, vol. 113, 2009, pp. 1103 e 1145/1146; SIMS, MyLinda K.; BALES, Richard A. "Much Ado about Nothing: the Future of Manifest Disregard after Hall Street". *South Carolina Law Review*, vol. 62, 2010, pp. 425/426.

130 130 S. Ct. 1758, 1767/1768 (2010).

131 Major League Baseball Players Ass'n v. Garvey, 532 U.S. 504, 509 (2001); Steelworkers v. Enterprise Wheel & Car Corp. 363, U.S. 593, 597 (1960).

## 1.3 NAFTA

De acordo com os Capítulos 11 e 19 do NAFTA, os países signatários concordam em submeter disputas sobre leis de tratamento discriminatório, expropriação, anti*dumping* e direitos compensatórios (após a determinação inicial de uma agência) a um painel binacional de árbitros.[132] Com relação a disputas sobre importações para os Estados Unidos, o NAFTA exige que os painéis binacionais escolham a lei dos EUA como fundamento substantivo da decisão. Caso uma parte discorde da decisão do painel, ela poderá apelar para um comitê recursal extraordinário. Após a revisão desse comitê (ou no caso de não haver convocação do comitê), o único acesso que uma parte tem a uma corte federal é apresentar um recurso constitucional. O caso *Canadian Softwood Lumber*, resolvido após argumentação oral no Circuito de D.C., envolveu esse tipo de recurso.[133] Assim, embora a interpretação do NAFTA seja indubitavelmente uma questão federal, uma parte não pode buscar a revisão de mérito da decisão de um tribunal do NAFTA em uma corte do Artigo 3º, exceto quando houver questões constitucionais.

---

132 Para discussões sobre o procedimento de resolução de disputas do NAFTA, ver BRADLEY, Curtis A. "International Delegations, the Structural Constitution, and Non-Self-Execution". *Stanford Law Review*, vol 55, nº 5, 2003, pp. 1557 e 1575-1577; CHEN, Jim C. "Appointments with Disaster: the Unconstitutionality of Binational Arbitral Review under the United States-Canada Free Trade Agreement". *Washington and Lee Law Review*, vol. 49, 1992, pp. 1465-1479; KARAMANIAN, Susan L. "Dispute Resolution under NAFTA Chapter 11: a Response to the Critics". *In*: ROMANO, Cesare. *The Sword and the Scales*: The United States and International Courts and Tribunals. Cambridge: Cambridge University Press, 2008; MONAGHAN, Henry Paul. "Article III and Supranational Judicial Review". *Columbia Law Review*, vol. 107, 2007, pp. 837-839; PFANDER, James E. "Article I Tribunals, Article III Courts, and the Judicial Power of the United States". *Harvard Law Review*, vol. 118, 2004, pp. 766-768.

133 *Ver* Coal. for Fair Lumber Imps. v. United States, 471 F.3d 1329, 1330 (D.C. Cir. 2006).

A arbitragem do NAFTA também está de acordo com a teoria da revisão em grau recursal.[134] Com relação a dois tipos de fundamentos, a análise é bastante direta. Uma disposição da legislação de implementação do NAFTA concede expressamente ao Circuito de D.C., uma Corte do Artigo 3º, jurisdição originária para recursos constitucionais das decisões do painel binacional de revisão do NAFTA.[135] Além disso, a Corte Internacional de Comércio tem jurisdição sobre questões constitucionais decorrentes de determinações de agências dos EUA que implementam decisões de painéis binacionais relativas a direitos compensatórios e a casos envolvendo antidumping.[136] Embora nem o NAFTA, nem sua legislação de implementação autorizem a revisão do Artigo 3º das decisões de fato de um painel binacional, tais resultados são compatíveis com a teoria da revisão em grau recursal – tanto em sua forma original proposta por Fallon quanto na forma modificada proposta aqui.

O aspecto mais problemático do sistema do NAFTA é a completa ausência de revisão judicial federal de quaisquer decisões de painéis

134 Embora não seja central para minha tese, também acredito que ela seguiria válida de acordo com a teoria do interesse público articulada pela Corte. Jim Chen fez um ataque contundente ao NAFTA argumentando, entre outras coisas, que seu sistema de resolução de disputas viola o artigo 3º. (CHEN, Jim C. "Appointments with Disaster: the Unconstitutionality of Binational Arbitral Review under the United States-Canada Free Trade Agreement". *Washington and Lee Law Review*, vol. 49, 1992, pp. 1463-1479). É decisiva para o argumento de Chen sobre o artigo 3º sua alegação de que as demandas baseadas no NAFTA constituem questões de interesse privado. Embora poderoso, o argumento de Chen, em última análise, não pode superar a afirmação, clara no caso *Ex Parte Bakelite Corp.*, de que litígios contra o governo decorrentes de determinações alfandegárias constituem interesse público fundamental, a favor dos quais o Congresso pode interromper completamente a revisão do Artigo 3º. 279 U.S. 438, 460/461 (1929). De fato, até 1979, as Cortes do Artigo 3º não tinham jurisdição sobre quaisquer determinações alfandegárias. *Ver* EHRENHAFT, Peter D. "Judicialization of Trade Law". *Notre Dame Law Review*, vol. 56, 1981, pp. 595 e 608

135 19 U.S.C. § 1516a(g)(4)(A).

136 19 U.S.C. § 1516a(g)(4)(B).

binacionais. Isso seria claramente fatal para o regime do NAFTA de acordo com a teoria original da revisão em grau recursal proposta por Fallon.[137] De acordo com a teoria da revisão em grau recursal modificada defendida aqui, no entanto, esse limite não é fatal. Se analisada segundo a ponderação flexível discutida na Parte II, as demandas do NAFTA envolvem princípios de imunidade soberana. O caso *Canadian Softwood Lumber*, por exemplo, envolve tecnicamente uma ação de empresas dos EUA contra o governo dos EUA (e interventores canadenses). Salvo em caso de renúncia, os princípios de imunidade soberana impediriam qualquer ação, um resultado totalmente consistente com o Artigo 3º.[138] Assim, um regime que exclua a revisão judicial das determinações de direito de painéis binacionais não viola o Artigo 3º.

## 1.4 Arbitragem de investimentos

Para facilitar o fluxo de capital para países menos desenvolvidos, os Estados Unidos e outras nações ocidentais firmaram mais de 2.800 BITs com países importadores de capital.[139] Uma característica

---

137 PFANDER, James E. "Article I Tribunals, Article III Courts, and the Judicial Power of the United States". *Harvard Law Review*, vol. 118, 2004, p. 767.

138 *Dep't of the Army v. Blue Fox, Inc.*, 525 U.S. 255, 260 (1999) ("Na ausência de renúncia, a imunidade soberana protege o Governo Federal e suas agências contra processos") (citando FDIC v. Meyer, 510 U.S. 471) (1994).

139 RYAN, Christopher M. "Meeting Expectations: Assessing the Long-Term Legitimacy and Stability of International Investment Law". *University of Pennsylvania Journal of International Law*, vol. 29, 2008, pp. 725 e 736. Para discussões de arbitragens fundamentadas em BIT, ver BORN, Gary. *International Commercial Arbitration*. 3ª ed. Alphen aan den Rijn: Kluwer Law International, 2009, pp. 107/108; REDFERN, Alan *et al. Law and Practice of International Commercial Arbitration*. 4ª ed. Reino Unido: Sweet & Maxwell, 2004, pp. 474-501; BJORKLUND, Andrea K. "Reconciling State Sovereignty and Investor Protection in Denial of Justice Claims". *Virginia Journal of International Law*, vol. 45, 2005, p. 809; FRANCK, Susan D. "The Legitimacy Crisis in Investment Treaty Arbitration: Privatizing Public International Law

crítica desses tratados é que eles protegem o investidor estrangeiro contra expropriação ou outras condutas. Para consubstanciar essa garantia, muitos BITs incluem ofertas do país importador de capital de arbitrar qualquer demanda de expropriação, muitas vezes administradas sob os auspícios do *International Center for the Settlement of Investment Disputes* do Banco Mundial ("ICSID"). Ao contrário da arbitragem comercial, a arbitragem de BIT não requer uma convenção de arbitragem. Em vez disso, as obrigações contraídas pela nação importadora de capital no tratado são suficientes para sujeitar o país à jurisdição de um tribunal arbitral. Em uma arbitragem administrada pelo ICSID, um painel de anulação revisa a decisão do painel inicial. A partir daí, a revisão judicial é disciplinada pela Convenção de Nova Iorque ou pela Convenção de Washington de 1965. Segundo esta última, "as sentenças são, em teoria, diretamente executáveis nos Estados signatários, sem qualquer método de revisão por cortes nacionais".[140]

A arbitragem de investimentos tem algumas das qualidades da arbitragem comercial internacional ordinária, mas com três diferenças marcantes. Em primeiro lugar, ao contrário da arbitragem comercial internacional, a arbitragem de investimentos não envolve um acordo voluntário entre as partes de submeter sua disputa à arbitragem. Em vez disso, a submissão surge do acordo preexistente do país importador de capital ou da entidade estatal com a qual o investidor está fazendo negócios.[141] Em segundo lugar, ao contrário da

---

through Inconsistent Decisions". *Fordham Law Review*, vol. 73, 2005, p. 1521; FRANCK, Susan D. "The Nature and Enforcement of Investor Rights under Investment Treaties: do Investment Treaties Have a Bright Future". *University of California, Davis*, vol. 12, 2005, p. 47.

140 BORN, Gary. *International Commercial Arbitration*. 3ª ed. Alphen aan den Rijn: Kluwer Law International, 2009.

141 Para uma discussão sobre a Convenção de Washington, ver BORN, Gary. *International Commercial Arbitration*. 3ª ed. Alphen aan den Rijn: Kluwer Law International, 2009. Se um dos países não for signatário da Convenção de Washington, outra convenção multilateral, como a Convenção de Nova Iorque, ou, alternativamente, a lei de arbitragem do país da execução fornecerá o padrão relevante sobre a execução. *Ver, em geral*, FRANCK, Susan D. "The Legitimacy Crisis in Investment Treaty

arbitragem comercial privada, a arbitragem de investimentos envolve preocupações sobre até que ponto o Estado soberano renunciou à imunidade nos termos das obrigações do tratado. Como observado na seção anterior, tanto a voluntariedade do empreendimento quanto a presença da imunidade soberana pesam na escala de valores que determina o grau necessário de "busca adequada da revisão em grau recursal". Em terceiro lugar, a revisão judicial é muito mais circunscrita do que na arbitragem comercial internacional privada.

No que diz respeito a questões de Direito Constitucional e questões de fato, a análise de tratados bilaterais de investimento não difere materialmente da análise da arbitragem comercial privada ordinária. No que diz respeito a questões legais, no entanto, a análise é sensivelmente diferente. A ausência de relatividade dos efeitos do contrato entre o Estado soberano estrangeiro e o investidor sugere que é necessário um maior escrutínio. Por outro lado, a presença de preocupações com a imunidade soberana reduz a necessidade de revisão plenária do Artigo 3º. Aqui, é claro, não é a imunidade dos Estados Unidos, mas a imunidade do Estado soberano estrangeiro que está em questão. Essa imunidade é objeto de graça legislativa – que o Congresso pode retirar se assim desejar.[142] Aqui, também, a questão está encerrada. Em última análise, o controle do Congresso sobre a imunidade do Estado soberano estrangeiro implica logicamente o poder de decidir o escopo de qualquer ação judicial contra o Estado soberano. Como o Congresso poderia restaurar a imunidade do Estado soberano, segue-se logicamente que ele deveria ser capaz de regular o grau em que o Estado soberano é passível de ser processado em uma corte do Artigo 3º. Dada a predominância dos valores de imunidade soberana, as arbitragens de investimento também são aprovadas constitucionalmente, apesar da revisão limitada a erros legais.

---

Arbitration: Privatizing Public International Law through Inconsistent Decisions". *Fordham Law Review*, vol. 73, 2005, pp. 1545-1557.

142 BORN, Gary. *International Commercial Arbitration*. 3ª ed. Alphen aan den Rijn: Kluwer Law International, 2009.

## 1.5 Conclusão

Apesar das diferenças marcantes entre a arbitragem e outros regimes não previstos no Artigo 3º aprovados pela Suprema Corte, as cortes de justiça rejeitaram mecanicamente os ataques do Artigo 3º à arbitragem. Embora a escassa literatura acadêmica seja mais cética, essas análises também fornecem uma explicação inadequada. Em contraste com esses esforços, a teoria da revisão em grau recursal – fundamentada em uma cuidadosa ponderação de valores – fornece a ferramenta mais útil para avaliarmos a constitucionalidade da arbitragem. A teoria não é perfeita e, em sua formulação original, produz respostas conflitantes para a questão. No entanto, é possível uma abordagem mais flexível, inteiramente consistente com os princípios subjacentes à teoria da revisão em grau recursal. Uma vez refinada para refletir uma ponderação de valores mais flexível, a teoria da revisão em grau recursal produz um sistema mais coerente para avaliar regimes arbitrais – capaz de explicar adequadamente a constitucionalidade da arbitragem internacional pública e privada.

# CAPÍTULO II

## ARBITRAGEM E PODER EXECUTIVO

> "[O Presidente] nomeará, mediante parecer e aprovação do Senado... todos os funcionários dos Estados Unidos cujos cargos criados por lei não têm nomeação prevista nesta Constituição. O Congresso poderá atribuir por lei ao Presidente, às cortes de justiça ou aos chefes das secretarias a nomeação dos funcionários subalternos, conforme julgar conveniente".[143]
>
> "Ele cuidará para que as leis sejam fielmente cumpridas...".[144]

O capítulo anterior introduziu a ideia de que a arbitragem tem implicações para a separação de poderes. O foco recaiu sobre a relação entre arbitragem e Poder Judiciário. Este capítulo continuará a discutir os princípios da separação de poderes, mas os analisará a partir de outro ângulo. Aqui, consideraremos as implicações da arbitragem para o Poder Executivo. Ao contrário dos outros capítulos, este se concentrará principalmente nas áreas de arbitragem comercial e de investimento; a arbitragem comercial, exceto em casos em que os

---

143 U.S. CONST., art. II, § 2. cl. 2.

144 U.S. CONST., art. II, § 3.

Estados Unidos são parte de um contrato (tema que será abordado ao final deste capítulo), geralmente não tem implicações tão extensas para essas questões como no contexto do Poder Judiciário.

Um caso real, apresentado pela primeira vez no capítulo anterior, oferece o melhor modelo a partir do qual discutir essas questões. Em 1989, o Acordo de Livre-Comércio Estados Unidos-Canadá entrou em vigor; pouco tempo depois, o Congresso ratificou o Tratado Norte-Americano de Livre-Comércio, que acrescentou o México à zona de livre-comércio.[145] Uma pedra angular de ambos os acordos, como em muitos outros acordos de livre-comércio e acordos de investimento, é a capacidade de uma "parte interessada" em um Estado signatário de iniciar um procedimento arbitral contra outro Estado signatário quando acredita que ele está agindo de maneira incompatível com suas obrigações previstas pelo tratado. Em 2001, uma associação de produtores de madeira dos EUA peticionou ao Departamento de Comércio dos EUA exigindo medidas antidumping e compensações relativas à importação de madeira macia canadense.[146] Após uma investigação, o Departamento de Comércio descobriu que o governo canadense estava subsidiando sua indústria de madeira macia, e a Comissão Internacional de Comércio decidiu que esses subsídios ameaçavam a indústria madeireira dos Estados Unidos. Após isso, o Departamento de Comércio impôs obrigações antidumping e compensatórias relativas às importações canadenses. Em resposta, o governo canadense e outras partes canadenses invocaram disposições dos acordos de livre-comércio que lhes davam direito à revisão da decisão do Departamento de Comércio por um painel binacional

---

145 *Ver* United States-Canada Free Trade Agreement Implementation Act of 1988, Pub. L. No. 100-449, 102 Stat. 1851 (1988): North American Free Trade Agreement Implementation Act of 1993, Pub. L. No. 103-182, 107 Stat. 2057 (1993).

146 *Ver* Coalition for Fair Lumber Imports Executive Comm. v. United States, 471 F.3d 1329 (D.C. Cir. 2006).

de árbitros.[147] Em cumprimento ao tratado, montou-se um painel binacional, composto por membros indicados pelos governos dos Estados Unidos e do Canadá. Durante o procedimento de arbitragem, o tribunal emitiu várias ordens que, de fato, reenviaram o caso à Comissão de Comércio Internacional dos EUA com instruções expressas para concluir que o feito não oferecia subsídios para a constatação de dano aos produtores estadunidenses.[148] Depois que os Estados Unidos apelaram sem sucesso da decisão do painel binacional para um comitê recursal extraordinário (espécie de órgão recursal composto por indivíduos indicados por ambos os países), as associações madeireiras estadunidenses entraram com uma ação na Corte de Apelações do Distrito de Columbia argumentando que esses aspectos do regime de resolução de disputas dos tratados violavam várias disposições da Constituição dos EUA, inclusive o Artigo 2º.[149]

Os argumentos constitucionais levantados por esse caso incluem uma série de questões importantes que dizem respeito ao Poder Executivo. A ordem de devolução do tribunal – que efetivamente exigia que o Departamento de Comércio chegasse a certas conclusões – viola a disposição do Artigo 2º que investe o Presidente dos EUA do poder de "cuidar" para que as leis dos Estados Unidos sejam "fielmente cumpridas"? Um árbitro constitui um "funcionário dos Estados Unidos" de modo que a atribuição do poder de nomeação a outras entidades que não o Presidente transgride a disposição do Artigo 2º que concede ao Presidente o poder de nomear tais oficiais?

---

147 Coalition for Fair Lumber Imports Executive Comm. v. United States, 471 F.3d 1329 (D.C. Cir. 2006).

148 Coalition for Fair Lumber Imports Executive Comm. v. United States, 471 F.3d 1329 (D.C. Cir. 2006).

149 Uma disposição da legislação de implementação permitiu que tal impugnação fosse apresentada no Circuito de D.C. *Ver* 19 U.S.C. § 1516a(g)(4)(A). Além das alegações constitucionais envolvendo o Poder Executivo, os autores do caso *Softwood Lumber* levantaram questões relativas à Cláusula do Devido Processo Legal e ao Artigo 3º. *Ver* Brief for Petitioner in Coalition for Fair Lumber Imports Executive Committee v. United States (No. 05.1566).

Muito estava em jogo (e, de fato, talvez isso explique o motivo pelo qual as partes relutaram em arriscar uma decisão judicial sobre essas questões constitucionais). Em certo ponto da argumentação oral do caso no Circuito de D.C., o procurador do Canadá explicou que, se a Suprema Corte considerasse essas disposições inconstitucionais, estaria arrancando a pedra angular da arquitetura sobre a qual várias décadas de tratados de comércio e investimentos haviam sido construídas.[150]

Por fim, o caso *Canadian Sofwood Lumber* foi resolvido por autocomposição, o que permitiu que as partes e a corte, pelo menos temporariamente, evitassem a resolução dessas questões constitucionais de alto risco.[151] No entanto, a disputa foi reaberta recentemente, pois os Estados Unidos iniciaram vários procedimentos de arbitragem sob os termos do acordo de autocomposição (conhecido como *Softwood Lumber Agreement* [Acordo sobre a Madeira Macia]).[152] Além disso, os problemas persistiram. Questões sobre a constitucionalidade da arquitetura de resolução de disputas continuam sendo uma questão ubíqua sempre que os Estados Unidos celebram (ou cogitam celebrar) um acordo comercial ou de investimentos. Consequentemente, é essencial ter uma compreensão teórica clara sobre os limites do modelo aceitável, para que um tratado importante do ponto de vista comercial não entre em colapso sob o peso de um mecanismo de resolução de disputas constitucionalmente defeituoso.

Este capítulo expõe uma compreensão sobre esses limites. Ele começa discutindo a relação entre o poder de nomeação e a forma como os árbitros são nomeados em procedimentos de comércio e

150 Unofficial Transcript of Oral Argument in Coalition for Fair Lumber Imports Executive Committee v. United States (No. 05-1366) p. 65 (8 set. 2006) (arquivo do autor).

151 *Coalition for Fair Lumber Imports*, 471 F.3d 1329.

152 *Ver* Press Release, Office of the United States Trade Representative, United States Requests Arbitration with Canada under Softwood Lumber Agreement (Jan. 2011); para as alegações, ver Request for Arbitration in United States v. Canada (No. 111790) (18 jan. 2011).

investimento. Em seguida, considera a relação entre a cláusula de "cuidado" e a cláusula do "Poder Executivo" e as decisões dos tribunais arbitrais, como no caso *Canadian Softwood Lumber*. Por fim, o capítulo examina situações de arbitragem comercial que poderiam envolver essas questões, como quando o governo dos EUA é parte de um contrato que contém uma cláusula arbitral.

## 2.1 A questão das nomeações

A constitucionalidade do mecanismo do NAFTA para a nomeação de árbitros para painéis binacionais tem sido objeto de crítica acadêmica, debate legislativo e litígios. Pesquisadores como Jim Chen e Alan Morrison argumentaram que o mecanismo viola a Cláusula de Nomeações.[153] Nos debates legislativos em torno da aprovação da legislação de implementação do Tratado de Livre-Comércio Estados Unidos-Canadá e, depois, do NAFTA, várias testemunhas e legisladores questionaram se o mecanismo de seleção de membros dos painéis binacionais do NAFTA estava de acordo com a Cláusula de Nomeações.[154] Por fim, na frente litigiosa, peticionários do caso

---

153 CHEN, Jim C. "Appointments with Disaster: the Unconstitutionality of Binational Arbitral Review under the United States-Canada Free Trade Agreement". *Washington and Lee Law Review*, vol. 49, 1992, p. 1455; MORRISON, Alan B. "Appointments Clause Problems in the Dispute Resolution Provisions of the United States-Canada Free Trade Agreement". *Washington and Lee Law Review*, vol. 49, 1992, p. 1299.

154 S. Rep. No. 100-509, Approving and Implementing the United States-Canada Free Trade Agreement, 100th Cong., 2 Sess. Na p. 72 (vistas adicionais pelos Senadores Orrin Hatch, Strom Thurmond e Gordon Humphrey); S. Hrg. 100-1007 pt. 3, United States-Canada Free Trade Agreement – 1988, Hearings Before the S. Comm. on Finance 233-234 (carta dos senadores Hatch, Thurmond e Humphrey); United States–Canada Free Trade Agreement, Hearings Before the Subcommittee on Trade of the Committee on Ways and Means, 100th Cong., 2d Sess. at 252–53 (declaração preparada de Abercrombie Baker); United States-Canada Free Trade Agreement, Hearings Before the Subcomm. on Trade of the Committee on Ways and Means 540 (recomendações do Sindicato dos Agricultores de Dakota do Norte); NAFTA: A Negative Impact

*Canadian Softwood Lumber* argumentaram que o mecanismo de nomeações violava a Constituição.[155]

O ataque baseia-se em duas proposições. Em primeiro lugar, os árbitros dos painéis binacionais do NAFTA são funcionários dos Estados Unidos no sentido da Cláusula de Nomeações. Em segundo lugar, esses árbitros não foram escolhidos da maneira exigida pela Cláusula de Nomeações.

A segunda proposição desse argumento é amplamente inatacável. Sob o NAFTA, os painéis binacionais consistem em cinco árbitros, pelo menos dois dos quais são escolhidos por um governo estrangeiro. Além disso, nenhum dos cinco membros é confirmado pelo Senado dos EUA. Assim, se a primeira proposição estiver correta, o litígio com base na Cláusula de Nomeações é certamente plausível.

Para subsidiar a primeira proposição, os críticos do NAFTA censuram o poder concedido aos árbitros nos painéis binacionais do NAFTA. Eles enfatizam que os árbitros estão revisando decisões de funcionários de primeiro escalão – a saber, secretário de comércio e comissionários do ITC. Eles também argumentam que os árbitros estão decidindo sobre questões da lei estadunidense, ou seja, a compatibilidade entre uma decisão baseada na legislação comercial federal e as obrigações dos EUA sob o NAFTA. Os críticos do NAFTA também enfatizam a falta de um mecanismo estruturado para a remoção de membros do painel binacional. No litígio da *Canadian Softwood Lumber*, o Comitê Executivo da *Coalition for*

---

on Blue Collar, Minority and Female Employment?, Hearing Before the Employment, Housing and Aviation Subcomm. of the H. Comm. on Government Operations, p. 41 (testemunho de Ralph Nader); The Impact of the North American Free Trade Agreement on U.S. Jobs and Wages, Hearing Before the S. Comm. on Banking, Housing and Urban Affairs of the United States Senate 25 (testemunho de H. Ross Perot).

155 Brief of Petitioner Coalition for Fair Lumber Imports Executive Committee, Coalition for Fair Lumber Imports Executive Committee v. United States (No. 05-1266) (D.C. Cir. 17 jan. 2006).

*Fair Lumber Imports Executive Committee* observou que, durante a arbitragem, surgiram alegações sobre a suspeição e a parcialidade de um dos membros do painel arbitral. Quando a coalizão apresentou uma moção de recusa, o painel binacional respondeu que "não tinha autoridade para destituir um de seus membros".[156] Por fim, os críticos enfatizam a finalidade efetiva da decisão de um painel binacional. Embora o NAFTA preveja comitês extraordinários de impugnações (*extraordinary challenge committees* – ECC) para revisar as decisões dos painéis binacionais, esses comitês são obrigados a demonstrar extrema deferência aos painéis binacionais, revertendo apenas decisões que "ameacem a integridade do processo de revisão do painel binacional".[157] Até a época do litígio do caso *Canadian Softwood Lumber*, a revisão por um ECC havia sido solicitada apenas seis vezes, sempre sem sucesso.[158]

Para apoiar seu argumento de que indivíduos com esses poderes devem ser selecionados de acordo com os ditames da Cláusula de Nomeações, os críticos apontam a decisão da Suprema Corte no caso *Buckley v. Valeo*. O caso *Buckley* dizia respeito a um recurso baseado na Cláusula de Nomeações apresentado aos membros da Comissão Eleitoral Federal, seis dos quais haviam sido nomeados pelo Congresso em cumprimento da Lei Federal de Campanhas Eleitorais. Rejeitando o argumento de que o Congresso poderia nomear esses comissionários sem cumprir os requisitos da Cláusula de Nomeações, a decisão do caso *Buckley* afirmou que todas as pessoas "que exerçam autoridade significativa prevista pela legislação dos Estados

---

156 Brief of Petitioner Coalition for Fair Lumber Imports Executive Committee, Coalition for Fair Lumber Imports Executive Committee v. United States (No. 05-1266) (D.C. Cir. 17 jan. 2006), p. 15.

157 NAFTA art. 1904(13).

158 É claro que, a depender da análise constitucional dos painéis binacionais, o mecanismo do ECC pode levantar suas próprias questões. Os membros do ECC não são indicados pelo Presidente nem confirmados pelo Senado. As decisões do ECC também não estão sujeitas à revisão pelas cortes de justiça previstas no Artigo 3º.

Unidos" funcionam como agentes dos Estados Unidos.[159] Esse padrão permitiu que rechaçassem qualquer alegação de que uma impugnação com base na Cláusula de Nomeações exigiria prova de que um ramo do governo está se engrandecendo. Por tais razões, de acordo com os críticos do NAFTA, os membros dos painéis binacionais são tratados como funcionários dos Estados Unidos.

Os defensores do NAFTA oferecem uma concepção muito diferente das características que definem os "funcionários dos Estados Unidos".[160] Em primeiro lugar, eles afirmam que a Cláusula de Nomeações não está em questão porque os árbitros do NAFTA estão agindo de acordo com o direito internacional, não com o direito nacional.[161] Em segundo lugar, afirmam que os árbitros são apenas funcionários de baixo escalão, e não agentes dos Estados Unidos sujeitos à Cláusula de Nomeações. Em vez de discutir o poder dos árbitros para revisar decisões executivas, essa visão enfatiza a duração limitada do serviço, os deveres limitados e a jurisdição limitada dos árbitros do NAFTA.[162] Em terceiro lugar, eles apontam a longa história da arbitragem como mecanismo de resolução de disputas interestatais, na qual a Cláusula de Nomeações não levantou maiores dificuldades. Como esses mecanismos existiam na época da Fundação,[163] os defensores do NAFTA apresentam o argumento originalista de que os Constituintes acreditavam que tais mecanismos

---

159 424 U.S 1, 126 (1976).

160 Para um bom resumo desses argumentos, ver MOYER, Homer E. "Chapter 19 of the NAFTA: Binational Panels as the Trade Courts of Last Resort". *The International Lawyer*, vol. 27, 1993, pp. 707 e 711/712.

161 DAVEY, William J. "The Appointments Clause and International Dispute Settlement Mechanisms: a False Conflict". *Washington and Lee Law Review*, vol. 49, 1992, pp. 1315-1317.

162 Brief of the Respondents//Intervenors Government of Canada in Coalition for Fair Lumber Imports Executive Committee v. United States, p. 37.

163 *Ver* Alexander Hamilton, *The Defense* (No. 37) (6 Jan. 1796) *reprinted in* 20 *The Papers of Alexander Hamilton* 13, 14 (H. Syrett, ed. 1974).

de solução de controvérsias interestatais eram compatíveis com a Constituição.[164] Por fim, eles citam uma tradição geral de deferência ao Presidente em questões de relações internacionais.[165]

Vários desses argumentos são insuficientes para refutar as preocupações com a Cláusula de Nomeações. O último argumento é simplesmente uma petição de princípio. O simples fato de que as cortes de justiça geralmente se submetem ao Presidente em questões de relações internacionais não implica que o Presidente, no exercício de seu poder, possa desconsiderar restrições constitucionais. O terceiro argumento, embora um tanto probatório, não é inteiramente dispositivo.[166] Na melhor das hipóteses, a longa história de emprego pelos Estados Unidos da arbitragem como mecanismo de resolução de disputas interestatais (que aparentemente data do Tratado Jay)[167] dá algum suporte à noção de que os Constituintes acreditavam que a arbitragem era compatível com a Cláusula de Nomeações.[168] Mas esse argumento só convence na medida em que um juiz ou doutrinador olhe somente para a história para formar seu entendimento constitucional. Além disso, a jurisprudência da Suprema Corte sobre a Cláusula de Nomeações nunca foi fundamentada apenas na história. Portanto,

---

164 Ao distinguir o modelo do Tratado de Jay, os críticos do NAFTA observam que, antes do Tratado Estados Unidos-Canadá e do NAFTA, os Estados Unidos nunca exigiram que partes privadas submetessem direitos previstos pela legislação estadunidense a um tribunal estrangeiro sem o consentimento delas.

165 *Ver* Dames & Moore v. Regan, 453 U.S. 654, 686 (1981).

166 *Ver* Bowsher v. Synar, 478 U.S. 714, 723/724 (1986).

167 United States-Canada Free Trade Agreement Implementation Act of 1988, 100th Cong., 2d Sess. at 15 (4 ago. 1988); JACOBS, Zachary. "Note: One of These Things Is Not Like the Other: U.S. Participation in International Tribunals and Why Chapter 19 of NAFTA Does Not Fit". *Columbia Journal of Transnational Law*, vol. 45, 2007, p. 868.

168 Na verdade, vários pareceres anteriores da Procuradoria-Geral explicavam que a nomeação de árbitros para um painel de arbitragem envolvendo o Estado não violava a Cláusula de Nomeações. *Ver* 22 Op. Att'y Gen. 184, 186 (1898); 22 Op. Att'y Gen 313, 315 (1900). A Corte, no entanto, parece nunca ter endossado formalmente tais visões.

ancorar o argumento somente em uma proposição histórica pode ser difícil de conciliar com o precedente da Cláusula de Nomeações que incide sobre o caso. Por fim, o primeiro argumento é apenas parcialmente correto. Os árbitros em painéis binacionais aplicam o direito internacional na medida em que interpretam disposições do tratado. No entanto, como a descrição anterior dos painéis binacionais deixa claro, eles ainda estão avaliando a compatibilidade de uma decisão baseada no direito estadunidense com obrigações previstas em um tratado. Em particular, a terceira ordem de devolução na decisão do caso *Canadian Softwood Lumber* – exigindo que a Comissão de Comércio Internacional concluísse pela inexistência de dano material (especialmente havendo poucas possibilidades de revisão por um ECC) – indica que os painéis binacionais não se limitam à interpretação do direito internacional.

Assim, a questão resume-se a avaliar os árbitros do painel binacional segundo um padrão de diferenciação entre "agentes dos Estados Unidos" e "funcionários de baixo escalão". Sobre esse ponto central, os defensores do NAFTA acabam levando a melhor, pois são mais fiéis à cadeia completa de precedentes da Suprema Corte sobre a Cláusula de Nomeações. Esses precedentes revelam que a preocupação central relativa à Cláusula de Nomeações é o risco de que um ramo do governo exerça o poder de nomeação de maneira a se engrandecer às custas de outro, e não simplesmente avaliar funcionalmente os poderes exercidos por um funcionário específico. A Corte enfatizou essa concepção em sua decisão do caso *Morrison v. Olson*, na qual se lê:

> Uma vez que a Constituição torna difuso o poder para melhor garantir a liberdade, ela também contempla que a prática integrará os poderes dispersos em um governo funcional. Ela impõe a seus poderes a separação, mas também a interdependência, autonomia, mas reciprocidade.[169]

---

169 Morrison v. Olson, 487 U.S. 654, 694 (1988) (que cita o caso Youngstown Sheet & Tube Co. v. Sawyer, 343 U.S. 579, 635 (1952)

Nada no regime do NAFTA de nomeação de árbitros para painéis binacionais viola esse princípio.[170] Ao contrário do regime do caso *Buckley* (e de acordo com o regime do caso *Morrison*), o Congresso não está tentando arrogar poder para si por meio da nomeação de árbitros para painéis binacionais.[171] Em vez disso, o Poder Executivo e o Poder Legislativo do governo estão operando em conjunto para elaborar o mecanismo de resolução de disputas – talvez ambos estejam renunciando a certo grau de poder, mas nenhum deles faz isso em benefício do outro.

O trecho citado do caso *Buckley* no qual os críticos do NAFTA se baseiam não pode suportar o peso depositado sobre ele. Tampouco o caso *Olson* repousava sobre essa linguagem; as principais decisões da Suprema Corte anteriores ao caso *Buckley* também não sugeriam

---

(Jackson, J., voto convergente).

170 KIM, Yong K. "The Beginnings of the Rule of Law in the International Trade System Despite U.S. Constitutional Constraints". *Michigan Journal of International Law*, vol. 17, 1996, pp. 967 e 985-986.

171 (DAVEY, William J. "The Appointments Clause and International Dispute Settlement Mechanisms: a False Conflict". *Washington and Lee Law Review*, vol. 49, 1992, p. 1322). O professor Davey leva o caso *Morrison* um passo adiante para argumentar que o modo de nomeação dos árbitros se enquadra perfeitamente nos critérios invocados nele para defender a maneira como foi nomeado o advogado independente. Esses critérios são (1) possibilidade de remoção por um funcionário de nível ministerial, (2) deveres limitados, (3) jurisdição limitada e (4) nomeação temporária. (DAVEY, William J. "The Appointments Clause and International Dispute Settlement Mechanisms: a False Conflict". *Washington and Lee Law Review*, vol. 49, 1992, pp. 1320/1321). Ao contrário do professor Davey, não acredito que o caso *Morrison* seja conclusivo sobre o assunto. Especificamente, conforme observado acima, os árbitros de painéis binacionais não podem ser removidos por um funcionário de nível ministerial. Na verdade, na arbitragem do caso *Canadian Softwood Lumber*, o Comitê Extraordinário de Recursos sugeriu que o poder de remover um árbitro era bastante limitado. Assim, embora eu concorde com o professor Davey que os princípios que sustentam o caso *Morrison* apoiam a conclusão de que o NAFTA não entra em conflito com a Cláusula de Nomeações, não acredito que essa analogia funcione "de cabo a rabo".

que esse critério fosse tão resolutivo.[172] Sugerir o contrário seria imputar à Suprema Corte a intenção de, no caso *Buckley*, rejeitar *sub silentio* essa longa série de precedentes.[173] De fato, como observado anteriormente nesta seção, o próprio caso *Buckley* era um caso de engrandecimento – o mecanismo de nomeação que a Suprema Corte considerou constitucionalmente problemático investia o Congresso do poder de nomear comissários eleitorais (em detrimento do poder de nomeação do Presidente). Assim, no caso *Buckley*, é o padrão do engrandecimento e não a avaliação sobre o exercício de "autoridade significativa" que oferece a melhor regra para distinguir entre funcionários dos Estados Unidos e funcionários de baixo escalão.[174] Consequentemente, como o mecanismo de nomeação de árbitros para painéis binacionais não engrandece um Poder coordenado do governo, ele não viola a Cláusula de Nomeações.

Mesmo que o argumento do funcionário de baixo escalão no NAFTA não seja hermético, o mecanismo de contingência deve proteger o tratado de qualquer contestação residual pela Cláusula de Nomeações.[175] Tal mecanismo obriga o Presidente a aceitar as decisões dos painéis binacionais e dos comitês extraordinários de recurso. Concebido em resposta às preocupações constitucionais do Presidente e de alguns legisladores,[176] o mecanismo de contingência visava a superar quaisquer preocupações relativas à Cláusula de

---

172 *Ver* Auffinordt v. Hedden, 137 U.S. 310, 326/327 (1890); United States v. Germaine, 99 U.S. 508, 512 (1879); United States v. Hartwell, 73 U.S. (6 Wall.) 385, 393 (1868).

173 *Ver*, *e.g.*, Hohn v United States, 524 U.S. 236, 252/253 (1998).

174 *Ver* BRUFF, Harold H. "Public Programs, Private Deciders: the Constitutionality of Arbitration in Federal Programs". *Texas Law Review*, vol. 67, 1989, p. 441.

175 Embora o mecanismo de contingência possa evitar qualquer problema residual relativo à Cláusula de Nomeações, pode-se argumentar que ele levanta um outro problema, desta vez relativo à Cláusula de Cuidado, que será discutido na próxima seção.

176 H. Rep. No. 100-816, pt. 4, United States-Canada Free Trade Agreement Implementation Act of 1988 pp. 17/18 (4 ago. 1988); S. Rep. No.

Nomeações porque, no caso de haver um mecanismo de contingência, qualquer ação de funcionários com *status* de ministro estaria ocorrendo a mando do Presidente, e não em resposta a uma decisão emitida diretamente por um painel binacional.

Essa lógica por trás do mecanismo de contingência oferece uma percepção importante sobre a relação entre o Direito Arbitral e o Direito Constitucional. Aqui, vemos preocupações sobre possíveis armadilhas constitucionais que influenciam a arquitetura sistêmica da lei. Embora nenhuma corte de justiça jamais tenha afirmado que a Cláusula de Nomeações exigia tal sistema (ou invalidado alguma legislação por não incluir tal disposição), as preocupações com as dimensões constitucionais do mecanismo de resolução de disputas do NAFTA influenciam diretamente o modo como o Direito Arbitral foi moldado no nível legislativo.

## 2.2 A cláusula de cuidado/Poder Executivo

Mesmo que o mecanismo de seleção de membros de painéis binacionais não afronte a Cláusula de Nomeações, os inimigos do NAFTA identificaram um segundo possível defeito constitucional que se refere ao Artigo 2° da Constituição. Eles afirmam ainda que o mecanismo de implementação das decisões dos painéis binacionais viola a Cláusula de Cuidado, citada no início deste capítulo, que atribui ao Presidente o dever de zelar para que as leis dos Estados Unidos sejam fielmente cumpridas. Os desafios relativos à Cláusula de Cuidado são múltiplos e, para fins de clareza analítica, devem ser desmembrados em três temas separados.[177]

---

100-1007, pt. 3, United States-Canada Free Trade Agreement – 1988 pp. 233-24 (carta dos Senadores Hatch, Thurmond, e Humphrey).

177 Intimamente relacionado a isso está o argumento de que o esquema do NAFTA viola a doutrina da não delegação. *Ver* A. L. A. Schechter Poultry Corp. v. United States, 295 U.S. 495 (1935); Carter v. Carter Coal Co., 298 U.S. 238 (1936). De acordo com esse argumento, o Congresso delegou de maneira ilegal o poder de fazer leis federais a

Uma versão do argumento equivale essencialmente a um ataque direto ao projeto do NAFTA e sua legislação de implementação. Essa legislação de implementação orienta as agências federais a agirem de maneira compatível com as decisões dos painéis binacionais.[178] Embora admita que o Congresso poderia, se quisesse, abolir completamente o sistema de direitos compensatórios, os oponentes do NAFTA argumentam que esse poder maior não inclui necessariamente o poder menor de forçar o Poder Executivo a administrar o sistema existente de acordo com os ditames de um painel binacional. Eles fazem uma analogia entre esse mecanismo e a decisão da Suprema Corte no caso *Printz v. Estados Unidos*, mencionado no Capítulo I, no qual a Suprema Corte invalidou um esquema que conferia aos policiais locais o poder de desempenhar uma função executiva (verificação de antecedentes para a compra de armas).[179]

Esse argumento não vai muito longe. Sua fragilidade está na analogia com o caso *Printz*. O caso *Printz* baseou-se na preocupação de que os policiais locais estivessem sendo coagidos a aplicar uma legislação federal. Essa coerção era problemática porque os policiais locais não tinham capacidade de escolha significativa sobre se desejavam assumir essas funções e porque os custos de realizar as verificações de antecedentes imporiam um ônus involuntário ao fisco estadual. A implementação de sentenças proferidas por painéis arbitrais binacionais tem uma base muito diferente. Por um lado, no contexto do NAFTA, o governo federal assumiu voluntariamente essa

---

uma entidade (os painéis binacionais) completamente fora do controle dos poderes políticos. Nem a cláusula de não delegação, nem sua aplicação nesse contexto receberam muito crédito, por isso não explorei o tema de maneira independente aqui. *Ver* Memo from Walter Dellinger, Assistant Attorney General, to John Schmidt, Associate Attorney General, *Constitutional Issues in Federal Arbitration* 13 (7 de setembro de 1995) ("Memorando Dellinger") (que refuta rapidamente uma impugnação à arbitragem vinculante pelos Estados Unidos baseada na doutrina da não delegação).

178 19 U.S.C. § 1516a(g)(7)(A).

179 521 U.S. 898 (1997).

obrigação quando o Presidente assinou (e o Congresso implementou) o tratado. Isso contrasta fortemente com o compromisso involuntário imposto aos policiais locais. Por outro lado, a implementação de sentenças de painéis binacionais não onera o fisco federal da mesma forma que a ordem de verificação de antecedentes. Pode-se argumentar que o litígio da *Canadian Sofwood Lumber* representava ônus ao fisco federal (pois o painel determinou essencialmente que o governo dos EUA revertesse sua constatação de dano material). No entanto, esse ônus, mesmo que tal caracterização seja adequada, foi assumido voluntariamente pelo governo federal ao entrar no regime do NAFTA. Se o ônus for muito pesado, o governo nacional pode simplesmente retirar-se do NAFTA ou alterar a legislação de implementação. Comparativamente, os policiais locais não tinham uma escolha como essa no caso *Printz*.

Uma segunda versão do argumento questiona a conduta específica do painel de arbitragem no caso *Canadian Softwood Lumber*. Depois que o painel reenviou o caso para a Comissão de Comércio Internacional, a Comissão reafirmou sua conclusão de que o tratamento dado pelo Canadá às suas exportações de madeira macia causou prejuízos materiais aos Estados Unidos. Após um segundo procedimento, o painel binacional novamente devolveu o assunto à ITC, deixando-a com pouco tempo para responder e negando seu pedido de prorrogação. A ITC reafirmou sua conclusão. Após um terceiro procedimento, o painel binacional reenviou o caso e ordenou afirmativamente que o ITC "proceda de maneira compatível com a decisão deste Painel de que as evidências não apoiam uma constatação de ameaça de dano material". Durante o processo de revisão perante um Comitê Extraordinário de Recursos, o ECC constatou que o painel binacional não havia aplicado o padrão adequado de revisão exigido pela lei dos EUA, mas recusou-se a considerar esse erro uma justificativa para a anulação da sentença do painel binacional, pois "não se tratava de uma determinação fundamental a ser feita".

Esse argumento tem certo apelo à primeira vista, mas também é problemático. Certamente há algo de perturbador no fato de um juiz não passível de responsabilização política ditar a funcionários de nível ministerial dos EUA quais conclusões eles devem tirar de um caso. No entanto, esse é precisamente o regime no qual os Estados Unidos entraram quando o Presidente assinou o NAFTA e o Congresso promulgou a legislação de implementação. No mínimo, uma vez que a legislação de implementação do NAFTA é uma "lei dos Estados Unidos", um sistema que garante conformidade com seu mecanismo de solução de controvérsias cumpre – em vez de minar – o dever do Presidente de "cuidar" para que as leis sejam fielmente cumpridas. Sugerir o contrário prejudicaria a estabilidade do poder de elaboração de tratados previsto na Constituição. Sob a lógica dos oponentes do NAFTA, os Estados Unidos podem (1) firmar um tratado comprometendo-se com certas obrigações e com um mecanismo de solução de controvérsias que faça cumprir essas obrigações, (2) promulgar a legislação de implementação, tornando tais obrigações domésticas (ou, em termos técnicos, executar o tratado como direito estadunidense),[180] mas, ao mesmo tempo, (3) estar potencialmente isento dessas obrigações sob o argumento de que seu cumprimento de alguma forma enfraqueceria o poder de "cuidado" do Presidente. As implicações desse argumento teriam consequências significativamente deletérias para a capacidade dos Estados Unidos de realizar acordos internacionais. Os outros Estados-nação poderiam perder a confiança de que qualquer obrigação internacional, mesmo após sua promulgação por lei doméstica, permaneceria segura sob a lei dos EUA. O poder de celebrar tratados dificilmente poderia ter sido projetado para produzir um resultado tão instável. Por essa razão, o argumento baseado na cláusula de "cuidado" também não pode prosperar.

---

180 *Ver*, *e.g.*, Sanchez-Llamas v. Oregon, 548 U.S. 331 (2006) (que discute a relação entre tratados autoexecutávais e tratados não autoexecutáveis); RUTLEDGE, Peter B. "Delegation and (Conflicts of) Law". *The George Mason Law Review*, vol. 17, 2009, p. 191 (que discute problemas de delegação no direito internacional).

Uma terceira versão do argumento baseia-se na previsão de um mecanismo de contingência na legislação de implementação do NAFTA. Conforme observado anteriormente, de acordo com esse dispositivo, se o mecanismo de resolução de disputas do NAFTA for declarado inconstitucional, o Presidente deverá aceitar as decisões do painel binacional e do ECC "como um todo". As Ordens Executivas 12662 e 12889, assinadas pelos Presidentes Reagan e Clinton, respectivamente, indicaram sua intenção de seguir esse caminho se necessário.[181] Durante o litígio da *Canadian Sofwood Lumber*, os oponentes do NAFTA argumentaram que esse mecanismo criava suas próprias dificuldades constitucionais, violando os princípios de separação de poderes. De acordo com esse argumento, a condição de "tomá-lo como um todo ou nada feito" permite ao Presidente rever uma decisão de uma corte de justiça prevista no Artigo 3º, violando a decisão da Suprema Corte no caso *Plaut v. Spendthrift Farm.*[182] No caso *Plaut*, a Suprema Corte considerou que os ramos políticos não podem promulgar legislação a fim de desfazer uma sentença civil transitada em julgado; o princípio subjacente estava enraizado na separação de poderes – na ideia de que os ramos políticos não podem exercer seus poderes legislativos para alterar retroativamente o regime jurídico substantivo que rege os direitos e recursos das partes cuja disputa já foi julgada em caráter irrecorrível. Apoiar tal exercício de poder legislativo engrandeceria a função legislativa em detrimento do Poder Judiciário.

Ao contrário da situação do caso *Plaut*, o mecanismo de contingência do NAFTA não altera a regra substantiva na qual se basearia um julgamento civil. Qualquer julgamento civil simplesmente concluiria que algum aspecto da legislação do NAFTA não

---

181 Para uma discussão sobre as ordens executivas, ver KIM, Yong K. "The Beginnings of the Rule of Law in the International Trade System Despite U.S. Constitutional Constraints". *Michigan Journal of International Law*, vol. 17, 1996, pp. 967 e 982/983.

182 514 U.S. 211 (1995).

estava de acordo com a Constituição. Essa decisão, no entanto, não afetaria a regra substantiva que sustenta a decisão nem impediria outros mecanismos de implementação das decisões dos painéis binacionais (por exemplo, por meio de ação executiva direta). Uma ordem executiva que acolhesse as decisões dos painéis binacionais como componente do poder de "cuidado" do Presidente seria apenas um meio de implementar as obrigações dos EUA previstas no tratado como uma questão de direito internacional.

Em vez do caso *Plaut*, a analogia mais próxima com a questão da separação de poderes poderia ser a decisão da Suprema Corte no famoso caso *Steel Seizure*.[183] Nele, o voto convergente do Juiz Jackson (posteriormente adotado pela Suprema Corte) estabeleceu a famosa estrutura tripartite para avaliar as dimensões do Poder Executivo.[184] O Juiz Jackson argumentou que a constitucionalidade das medidas do Poder Executivo variava de acordo com o grau de aprovação do Congresso – quando o Executivo age de acordo com autorização do Congresso, seu poder está no seu zênite (Categoria I); quando age mediante silêncio do Congresso, seu poder está no ponto intermediário (Categoria II); e quando age diante de uma proibição do Congresso, seu poder está no seu nadir (Categoria III).

Se pensarmos no mecanismo de contingência do NAFTA, a estrutura do Juiz Jackson sugere que o poder do Presidente para implementar o mecanismo não deve entrar em conflito com os princípios de separação de poderes. Caso fosse necessário invocar o mecanismo de contingência, o Presidente o faria com a aprovação expressa do Congresso – ou seja, a instrução do Congresso estabelecida na

---

183 Youngstown Sheet & Tube Co. v. Sawyer, 343 U.S. 579, 610/611 (1952).

184 Youngstown Sheet & Tube Co. v. Sawyer, 343 U.S. p. 637 (1952) (Jackson, J., voto convergente). Para uma decisão na qual uma clara maioria da Suprema Corte adota a estrutura estabelecida no voto convergente do Juiz Jackson, ver *Dames & Moore v. Regan*, 453 U.S. 654 (1981).

legislação de implementação do NAFTA. Além disso, o Presidente estaria agindo de modo a efetivar coordenadamente o objetivo de outro ramo do governo, a saber, o Congresso. Assim, sob a lógica da estrutura do caso *Steel Seizure*, o mecanismo de contingência não representa conflito com os princípios da separação de poderes.

A decisão da Suprema Corte no caso *Dames & Moore v. Regan* reforça esse ponto.[185] Nela, a Suprema Corte rejeitou um recurso constitucional ao *United States-Iran Claims Tribunal* mesmo que o Acordo de Argel (que criou o tribunal) tivesse suspendido as ações contra o Irã pendentes nas cortes de justiça estadunidenses. Para apoiar essa conclusão, a Suprema Corte destacou a tradição de longa data do Poder Executivo de celebrar acordos estabelecendo mecanismos de resolução de disputas comerciais e outras disputas de negócios com nações estrangeiras (como o Tratado de Jay).[186]

Comparado ao Acordo de Argel, o mecanismo de contingência do NAFTA apresenta uma possibilidade ainda maior de compatibilidade com os princípios da separação de poderes. De acordo com a estrutura do Juiz Jackson, o *United States-Iran Claims Tribunal* era provavelmente um caso da Categoria II – isto é, uma medida executiva tomada mediante o silêncio (ou inação) do Congresso. Em contraste, no NAFTA, pode-se alegar que o mecanismo de contingência está na Categoria I da estrutura tripartite do Juiz Jackson – isto é, uma medida executiva respaldada expressamente pelo Congresso.[187] Ao implementar as decisões dos painéis binacionais do NAFTA, o Presidente, agindo de acordo com o mecanismo de contingência, estaria

185 453 U.S. 654 (1981).

186 453 U.S. pp. 679-682.

187 *Ver* BOYER, Ethan. "Article III, The Foreign Relations Power, and the Binational Panel System of NAFTA". *Int'l Tax & Bus. L.*, vol. 13, 1996, pp. 101 e 139-141.

dando efeito às posições de um poder político coordenado. Tal ação não violaria os princípios da separação de poderes.[188]

Em suma, o mecanismo de contingência não agride as posições constitucionais do caso *Plaut* nem quaisquer princípios mais gerais de separação de poderes.

## 2.3 Os Estados Unidos como parte

As duas seções anteriores analisaram a relação entre a arbitragem e o Artigo 2º em um contexto específico, a saber, a arbitragem de acordos comerciais bilaterais e multilaterais. Esta seção final avalia se os temas explorados acima, ou seja, a Cláusula de Nomeações e a Cláusula de Cuidado, têm outras implicações além dessas para a arbitragem privada de forma geral.

Na maioria dos casos, a resposta é não. A arbitragem comum entre partes puramente privadas não implica questões relativas ao Poder Executivo. Ao designar um particular para resolver suas disputas contratuais, as partes privadas não estão nomeando um "funcionário dos Estados Unidos". Tampouco a decisão desse particular

---

188 A decisão da Suprema Corte no caso Medellin v. Texas, 552 U.S. 491 (2008), ocorrida após a conclusão do caso *Canadian Softwood Lumber*, não altera essa análise. O caso *Medellin* abordou a questão de se o Presidente poderia, de acordo com as obrigações dos EUA prescritas no Protocolo da Convenção de Relações Consulares, exigir que os governos estaduais flexibilizassem suas regras processuais em casos de *habeas corpus* que contestassem condenações com base no fato de que não havia sido concedido ao estrangeiro o direito de consultar o cônsul nos termos da Convenção. A Suprema Corte considerou que o poder do Executivo não poderia se estender tanto, mas distinguiu esse caso daqueles que envolviam o poder do Executivo de lidar com demandas de países estrangeiros (como o caso *Dames & Moore*). Assim, mesmo reconhecendo que o caso *Medellin* limita uma visão expansiva do Poder Executivo na gestão de relações exteriores, a decisão não altera a análise da separação de poderes do mecanismo de contingência do NAFTA.

interfere no dever do Presidente de "cuidar" para que as leis sejam fielmente cumpridas.

Não obstante a irrelevância geral dessas questões para a arbitragem comercial, elas podem surgir em um cenário específico – as arbitragens comerciais que têm os Estados Unidos como parte. De fato, em várias ocasiões no início da década de 1990 (durante a administração do Presidente George H. W. Bush), o então chefe do Gabinete de Aconselhamento Jurídico, William Barr, testemunhou repetidamente perante o Congresso que a Constituição proibia os Estados Unidos de buscar ou entrar em procedimentos arbitrais vinculantes a menos que os árbitros fossem nomeados de acordo com a Cláusula de Nomeações.[189] Logo após o testemunho do Sr. Barr, o Presidente Bush emitiu a Ordem Executiva 12778, que proibia o procurador do governo de buscar ou entrar em um procedimento arbitral vinculante.[190] Finalmente, em 1992, o Departamento de Justiça (então sob a chefia de Barr como procurador-geral) publicou um manual que anunciava que "o governo não pode entrar em acordos que prevejam a participação em procedimentos de arbitragem vinculantes".[191]

No entanto, apenas alguns anos após esses desenvolvimentos, o Departamento de Justiça (depois de uma mudança de administração) adotou uma abordagem muito diferente. Em um memorando abrangente, o sucessor de Barr no Gabinete de Aconselhamento Jurídico, Walter Dellinger, declarou de maneira confiante que nem

189 *Ver* Hearing Before the Subcomm. on Oversight of Government Management of the S. Comm. on Government Affairs Regarding the Use of Alternative Dispute Resolution by Federal Agencies (19 Set. 1989) (declaração de William Barr); Hearing Before the Subcomm. on Administrative Law and Government Relations of the H. Comm. On the Judiciary Regarding the Use of Alternative Dispute Resolution by Federal Agencies (31 Jan. 1990) (declaração de William Barr).

190 Executive Order 12778, 56 Fed. Reg. 55195 (1991).

191 Guidance on the Use of Alternative Dispute Resolution for Litigation in the Federal Courts 4 (Ago. 1992).

a Cláusula de Nomeações, nem a Cláusula de Cuidado impediam os Estados Unidos de entrar em procedimentos de arbitragem comercial vinculante.[192] Ele fez referência expressa ao testemunho anterior de Barr e às outras autoridades mencionadas acima. Ele desautorizou todos, embora tenha observado que a Ordem Executiva 12778 permanecia em vigor e, portanto, proibia a celebração de acordos de arbitragem comercial por funcionários do governo federal em nome dos Estados Unidos.

Mas o que explica a mudança repentina de visão (além da mudança na administração)? A legislação de implementação do NAFTA fornece a explicação provável. O Memorando Dellinger seguiu o conselho que o Gabinete de Aconselhamento Jurídico havia dado ao procurador-geral adjunto sobre a matéria,[193] e tudo isso ocorreu logo depois que vários membros do Congresso levantaram preocupações sobre a legislação de implementação do NAFTA. Além disso, embora o Memorando Dellinger pretendesse abordar a participação dos Estados Unidos em procedimentos de arbitragem comercial, em vários lugares ele refere-se explicitamente aos acadêmicos e especialistas que questionavam a constitucionalidade da legislação de implementação do NAFTA,[194] de modo que é razoável suspeitar que o Departamento de Justiça estava antecipando as disputas constitucionais que seriam promovidas pelos céticos do NAFTA. Portanto, embora o próprio memorando discuta uma forma de arbitragem bastante distinta daquela em questão no NAFTA, em última análise o debate sobre o NAFTA está presente no segundo plano.

---

192 *Ver*, *em geral*, Memo from Walter Dellinger, Assistant Attorney General, to John Schmidt, Associate Attorney General, *Constitutional Issues in Federal Arbitration* 13 (7 Set. 1995).

193 Memo from Walter Dellinger, Assistant Attorney General, to John Schmidt, Associate Attorney General, *Constitutional Issues in Federal Arbitration* 13 (7 Set. 1995), p. 1.

194 *Ver*, Memo from Walter Dellinger, Assistant Attorney General, to John Schmidt, Associate Attorney General, *Constitutional Issues in Federal Arbitration* 13 (7 Set. 1995), p. 4.

Mais importante: entre o parecer de Barr e o parecer de Dellinger, qual é mais consistente em termos de mérito? A meu ver, o Memorando Dellinger apresenta bases mais sólidas do que o testemunho anterior do procurador-geral adjunto Barr. Em última análise, a arbitragem entre os Estados Unidos e outra parte não difere materialmente da arbitragem perante painéis binacionais, com exceção de dois pontos de destaque. Em primeiro lugar, na arbitragem contratual privada, ao contrário da arbitragem do NAFTA, o governo dos EUA não tem necessariamente o *imprimatur* do Congresso quando adere à convenção de arbitragem. Em segundo lugar, na arbitragem contratual privada, ao contrário da arbitragem do NAFTA, a matéria em disputa pode abranger uma gama muito mais ampla de tópicos (como a violação de uma variedade de disposições contratuais) em oposição ao domínio limitado dos direitos compensatórios e das disputas antidumping previstos pelo NAFTA.

Nenhuma das duas modalidades representa ameaça à Cláusula de Nomeações. A falta de um *imprimatur* do Congresso para entrar em uma arbitragem comercial vinculante não diz respeito à questão de se os árbitros são funcionários dos Estados Unidos. Quanto ao conteúdo das demandas, isso sem dúvida enfraquece o argumento da Cláusula de Nomeações. Em vez de opinar sobre a compatibilidade entre a legislação dos EUA e um tratado, os árbitros em arbitragens comerciais provavelmente estariam decidindo sobre assuntos variados de contratos e responsabilidade civil, questões nas quais os interesses nacionais não são tão significativos.

O precedente apoia a visão de que a arbitragem contratual privada com os Estados Unidos não ofende a Cláusula de Nomeações.[195] Como observa o Memorando Dellinger, no caso *Auffmordt v. Hecklen*, a Suprema Corte rejeitou a alegação de incompatibilidade entre a Cláusula de Nomeações e um regime legal segundo o

---

195 Memo from Walter Dellinger, Assistant Attorney General, to John Schmidt, Associate Attorney General, *Constitutional Issues in Federal Arbitration* 13 (7 Set. 1995), p. 6.

qual importadores insatisfeitos com a avaliação de um bem pelo governo poderiam solicitar a análise por avaliadores, cujo parecer seria vinculante para o governo e para o importador.[196] O ponto central do raciocínio da Suprema Corte foi o fato de que o avaliador foi nomeado sem "mandato, duração, emolumentos fixos ou funções contínuas".[197] Embora o Memorando Dellinger considere que *Auffmordt* resolva a questão, sua leitura provavelmente extrapola as conclusões do caso. O caso *Auffmordt* não envolvia arbitragem contratual privada. Não obstante, o raciocínio que sustenta a decisão apoia fortemente a noção de que as diferenças entre arbitragem comercial e arbitragem contratual privada não justificam um resultado diferente relativamente à Cláusula de Nomeações.

Tampouco a Cláusula de Cuidado representa um impedimento. Aqui, toda a análise gira em torno da presença ou ausência de direito positivo que regule a matéria.[198] Na maioria dos casos, o direito positivo simplesmente não fala sobre se os Estados Unidos podem (ou não) entrar em um procedimento arbitral vinculante. Nesses casos, a cláusula de "cuidado" não incide pela simples razão de que não há lei a ser "fielmente cumprida". Em casos mais raros, nos quais a lei positiva exige que os Estados Unidos entrem em procedimentos arbitrais vinculantes (de modo semelhante, embora não idêntico, ao esquema do NAFTA), então a decisão de fazê-lo descarta as obrigações do Presidente relativas à Cláusula de Cuidado. Por fim, na hipotética situação de que a lei dos Estados Unidos proibisse a celebração de convenções de arbitragem vinculantes, a Cláusula de Cuidado nunca entraria em questão, porque a própria celebração de uma convenção de arbitragem seria ilegal e, portanto, inexequível.

---

196 137 U.S. 310 (1890).

197 137 U.S. pp. 326/327.

198 Memo from Walter Dellinger, Assistant Attorney General, to John Schmidt, Associate Attorney General, *Constitutional Issues in Federal Arbitration* 13 (7 Set. 1995), p. 9.

Assim, a arbitragem contratual com os Estados Unidos não implica quaisquer violações à Cláusula de Cuidado.

Apesar de não haver um único problema constitucional, vale a pena enfatizar um paralelo interessante entre a mudança na posição do Gabinete de Aconselhamento Jurídico e a abordagem adotada pelo Congresso na elaboração da legislação de implementação do NAFTA. Embora o Memorando Dellinger conclua que a participação dos Estados Unidos em arbitragens comerciais não viola a Cláusula de Nomeações, ele reafirma a aplicabilidade da Ordem Executiva 12778. Isso permitiu que essa Ordem funcionasse como uma espécie de mecanismo de evasão constitucional – ao regular estritamente a capacidade dos funcionários dos EUA de entrar em procedimentos de arbitragem vinculante, a Ordem Executiva 12778 garantiu que nenhuma contestação baseada na questão da nomeação pudesse de fato surgir. Aqui também o Direito Constitucional não está operando no nível da doutrina positiva, mas, em vez disso, está influenciando questões infraconstitucionais de desenho do sistema, ou seja, a política dos EUA sobre até que ponto seus funcionários podem (ou não) entrar em procedimentos de arbitragem vinculante.

## 2.4 Conclusão

A arbitragem levanta possíveis questões envolvendo a ação do Poder Executivo em relação ao Artigo 2º. Em última análise, porém, como no caso do Artigo 3º, o Artigo 2º não representa qualquer impedimento. Seja no contexto da arbitragem comercial, seja em outros contextos, a forma de nomeação de árbitros não viola a Cláusula de Nomeações. A prolação de uma decisão por um árbitro também não viola o dever do Presidente de "cuidar" para que as leis dos Estados Unidos sejam fielmente cumpridas.

Embora a Constituição não apresente impedimento direto, seria errado concluir que ela é completamente irrelevante. Como no contexto do Artigo 3º, os valores constitucionais influenciam aqui o desenvolvimento em um nível infra doutrinário. Assim, por exemplo, preocupações com o risco de invalidação do mecanismo de resolução de disputas do NAFTA influenciaram o desenvolvimento da arquitetura da legislação de implementação, levando à criação do mecanismo de contingência. Esse mecanismo permitiu aos Estados Unidos enviar um sinal confiável a seus parceiros comerciais de que honraria suas obrigações com o tratado mesmo que o sistema do painel binacional fosse derrubado. Da mesma maneira, preocupações residuais com as possíveis (ainda que leves) deficiências constitucionais na forma de nomeação dos árbitros em relações comerciais envolvendo os Estados Unidos levaram o governo a emitir uma ordem geral proibindo seus funcionários de celebrar tais acordos. Embora uma análise detalhada das questões constitucionais tenha revelado que tais preocupações eram mínimas, na melhor das hipóteses, elas eram suficientemente palpáveis para levar o Presidente a adotar uma abordagem avessa ao risco em relação a quaisquer questões relativas a contratos celebrados por funcionários do governo em nome dos Estados Unidos.

Os dois primeiros capítulos ilustraram como a Constituição e seus valores subjacentes influenciaram o Direito Arbitral em um nível infra doutrinário, mas não apresentaram um impedimento doutrinário expresso ao seu desenvolvimento. A próxima seção mostra como uma área diferente de intersecção entre o Direito Arbitral e o Direito Constitucional – a saber, o federalismo e a separação vertical de poderes – representa um caso mais clássico no qual a doutrina constitucional molda diretamente o desenvolvimento do Direito nessa área. Vamos a ela.

# PARTE II

## ARBITRAGEM E FEDERALISMO

# CAPÍTULO III

## ARBITRAGEM E DIREITO ESTADUAL

> "Esta Constituição e as Leis dos Estados Unidos que serão feitas de acordo com ela; e todos os Tratados celebrados ou que venham a ser celebrados sob a Autoridade dos Estados Unidos serão a Lei suprema do País; e os Juízes em todos os Estados estarão obrigados por elas, independentemente de qualquer disposição em contrário na Constituição ou nas Leis de qualquer Estado".
> – Constituição dos EUA, Artigo 4°

Os sistemas de arbitragem devem coexistir com os sistemas estatais em que operam. Essa convivência deve funcionar em vários níveis. O primeiro nível diz respeito à regulamentação da própria arbitragem. O segundo diz respeito à interação entre a arbitragem e o Judiciário. A natureza dessa coexistência depende da arquitetura do sistema estatal.

Em sistemas unitários (como a França ou a Áustria), a interação é relativamente fácil de se administrar.[199] Um único legislador nacional (Parlamento) estabelece uma única lei (ou conjunto de leis) que regula questões como a exequibilidade de convenções de arbitragem, certas questões processuais da arbitragem e a revisão judicial das sentenças arbitrais. Essas normas regem os sistemas judiciais nos quais a exequibilidade da convenção de arbitragem será contestada, a assistência judicial em apoio ao processo será solicitada e os litígios posteriores à sentença ocorrerão.

Em sistemas federativos (como os Estados Unidos ou a Argentina), a interação pode ser mais complexa.[200] Vários legisladores (federais e estaduais) podem regulamentar esses tópicos (convenções, assistência judicial e revisão judicial de sentenças). Além disso, surgirão questões sobre qual padrão se aplica em determinada corte de justiça (especialmente quando mais de uma corte puder ter jurisdição sobre a matéria). Esse aumento de complexidade reflete a importância que esses sistemas estatais atribuem à distribuição vertical de poder entre os entes soberanos, tanto no nível da jurisdição prescritiva como no nível da jurisdição judicial.

No entanto, é importante enfatizar que o aumento de complexidade não decorre necessariamente da arquitetura de um sistema estatal específico. Inclusive, um sistema federativo pode empregar um modelo unitário para a política de arbitragem. Pode fazê-lo, por exemplo, quando um Estado conclui que a regulamentação da arbitragem é de competência exclusiva da autoridade nacional, não deixando margem de ação às autoridades estaduais.[201] Um sistema

---

199 FEDERALISM AND POLITICAL PERFORMANCE 192 (Ute Wachendorfer-Schmidt ed., 2000).

200 FEDERALISM AND POLITICAL PERFORMANCE 192 (Ute Wachendorfer-Schmidt ed., 2000).

201 Na Suíça, por exemplo, onde a arbitragem é regulada no nível federal, exceto quando as partes concordam explicitamente em optar por regras estabelecidas. *Ver* Swiss Law on Private International Law, Art. 176.

federativo também pode adotar um sistema unitário, por exemplo, quando o soberano nacional canaliza as disputas relacionadas à arbitragem para um único conjunto de cortes ou exige que as cortes potencialmente competentes apliquem um padrão uniforme às questões de Direito Arbitral que eventualmente surjam.

Os Estados Unidos não seguiram esse caminho. Em vez disso, tanto no nível da jurisdição prescritiva quanto no da jurisdição judicial, a distribuição de poder entre as autoridades federais e estaduais é complexa. Embora o Congresso tenha promulgado a Lei Federal de Arbitragem, praticamente todas as legislaturas estaduais implementaram algum tipo de regulamentação estadual da arbitragem (geralmente modelada por uma lei uniforme),[202] e algumas até aprovaram legislações especializadas para certas áreas, como a arbitragem internacional.[203] Em algumas áreas, como a dos procedimentos de execução sob a Convenção de Nova Iorque ou a Convenção do Panamá, a lei federal reina suprema. No entanto, o Direito Estadual desempenha um papel importante e as cortes estaduais gozam de prerrogativas únicas na área do Direito Arbitral – prerrogativas das quais não desfrutam em outros contextos e das quais, na verdade,

---

*Ver*, *e.g.*, BORN, Gary. *International Arbitration*: Cases and Materials. Alphen aan den Rijn: Kluwer Law International, 2011, pp. 55/56.

202 Estados que adotaram ou a Lei de Arbitragem Uniforme (*Uniform Arbitration Act* – UAA) ou a Lei de Arbitragem Uniforme Revisada (*Revised Uniform Arbitration Act* – RUAA) incluem Alasca, Arizona, Arkansas, Colorado, Delaware, o Distrito de Columbia, Flórida, Geórgia, Havaí, Idaho, Illinois, Indiana, Iwoa, Kansas, Kentucky, Louisiana, Maine, Maryland, Massachusetts, Michigan, Minnesota, Missouri, Montana, Nebraska, Nevada, Nova Jersey, Novo México, Carolina do Norte, Dakota do Norte, Oklahoma, Oregon e Pennsylvania. Estados com legislações similares à UAA ou à RUAA incluem o Mississippi, New Hampshire, Nova Iorque, Ohio e Rhode Island. Estados com legislações diferentes da UAA ou da RUAA incluem Alabama e Califórnia.

203 Estados que têm leis de arbitragem internacional incluem Califórnia, Colorado, Connecticut, Flórida, Geórgia, Havaí, Illinois, Louisiana, Maryland, Carolina do Norte, Ohio e Oregon.

suas contrapartes legislativas não necessariamente desfrutam. Este capítulo discutirá e criticará essas relações complexas.

## 3.1 Federalismo e execução de convenções de arbitragem

Para começar a desvendar essas questões, começaremos abordando o tema das convenções de arbitragem. A Seção 2 da Lei Federal de Arbitragem estabelece o seguinte padrão (aplicável a convenções de arbitragem que não se enquadrem na Convenção de Nova Iorque e, possivelmente, na Convenção do Panamá):

> Uma disposição escrita em qualquer transação marítima ou contrato de negócios que evidencie a intenção de resolver por meio de arbitragem controvérsias porventura decorrentes desse contrato ou transação ou da recusa de cumpri-lo no todo ou em parte, será válida, irrevogável e executável, exceto quando houver motivos legais ou de equidade para a revogação de qualquer contrato.[204]

Do ponto de vista do federalismo, essa linguagem levanta imediatamente duas questões. Em primeiro lugar, quem é responsável pela aplicação desse padrão? Ele vale apenas para a justiça federal ou também para a justiça estadual? Em segundo lugar, independentemente de quem seja responsável por aplicá-lo, o que exatamente a lei quer dizer quando fala de "motivos legais ou de equidade para a revogação de qualquer contrato"?

Comecemos pela primeira questão, cuja resposta tem consequências importantes para o federalismo. A aplicação da Seção 2 nos foros federais e estaduais reduz os riscos de *fórum shopping*.[205]

---

204 9 U.S.C. § 2 (2006).

205 A exigência da FAA de um nexo interestadual ao contrato pode ter fornecido uma restrição de base independente ao exercício do poder federal

Quando há um padrão uniforme, um requerente não pode escapar de uma cláusula de arbitragem entrando com uma ação (e contestando a exequibilidade da convenção) na corte de justiça de um Estado que seja mais cético em relação a convenções de arbitragem. Além disso, sob um padrão uniforme não é possível tentar ampliar a exequibilidade da cláusula de arbitragem buscando remover ou transferir o caso para uma corte ou Estado que sejam mais receptivos à arbitragem. Nesses casos, qualquer corte de justiça (pelo menos em teoria) operaria sob o mesmo padrão.

Essa abordagem, no entanto, agride os valores do federalismo. A aplicação da Seção 2 nos foros federais e estaduais restringe a prerrogativa dos Estados de regulamentar as convenções de arbitragem. A depender da natureza da convenção, o Estado pode ter interesses especialmente relevantes na regulamentação desses acordos (seja para facilitar ou limitar sua exequibilidade).

Vários exemplos ilustram esse ponto. Consideremos em primeiro lugar um Estado com um sistema judicial sobrecarregado. Nessas circunstâncias, o Estado pode muito bem concluir que deseja maximizar a exequibilidade das cláusulas de arbitragem a fim de reduzir essa carga. Por outro lado, consideremos um Estado que tem uma preocupação particular com empresas que exploram seus residentes mais vulneráveis. Para reduzir esses riscos, o Estado pode muito bem querer limitar (ou proibir) o uso de cláusulas de arbitragem. A aplicação universal da Seção 2 inibiria o poder dos Estados tanto de reforçar quanto de restringir a arbitragem.

Apesar de sua importância, a questão da aplicabilidade da FAA em cortes estaduais permaneceu em grande parte sem solução por

---

nessa área. *Ver* 9 U.S.C. §1 (2006). Contudo, a corte optou por estender esse nexo ao máximo permitido pela Constituição, prejudicando assim a oportunidade de promoção de valores baseados no federalismo nesse contexto. *Ver* Circuit City Stores, Inc. v. Adams, 532 U.S. 105 (2001); Allied-Bruce Terminix Cos., Inc. v. Dobson, 513 U.S. 265, 271 (1995).

quase sessenta anos após a sua promulgação. Finalmente, no caso *Southland Corp. v. Keating*, a Suprema Corte enfrentou a questão de maneira direta.[206] O caso *Southland* envolveu uma série de ações de franqueados de lojas de conveniência contra um franqueador. Os franqueados fundamentaram suas demandas tanto no *common law* quanto nas leis da Califórnia (a saber, a Lei de Investimentos em Franquias da Califórnia). Todos os contratos de franquia em questão continham cláusulas de arbitragem. Não obstante essas cláusulas, os franqueados apresentaram suas demandas ao Judiciário estadual da Califórnia e citaram uma disposição da lei de franquias da Califórnia que declarava nula qualquer disposição de um contrato que pretendesse impor a renúncia ao cumprimento de quaisquer disposições da lei de franquias – a Suprema Corte da Califórnia interpretou que isso incluía o acesso à jurisdição estatal para a resolução de demandas decorrentes da lei. A maioria dos processos judiciais estaduais de primeira instância girou em torno da possibilidade de arbitragem de reivindicações fundamentadas em lei, e as cortes também avaliavam se – caso as disposições contrárias à renúncia da lei de franquias fossem aplicáveis – isso estaria de acordo com Seção 2 da FAA. A Suprema Corte da Califórnia decidiu que as disposições contrárias à renúncia eram aplicáveis e que não havia qualquer prevalência da Seção 2 em relação à lei estadual.

Quando o caso chegou à Suprema Corte, a maioria decidiu que a FAA se sobrepunha à lei da Califórnia (conforme interpretada pela suprema corte estadual). No entanto, para chegar a essa conclusão, foi fundamental que a Suprema Corte concluísse que a Seção 2 era aplicável em cortes estaduais de justiça. Essa conclusão baseou-se logicamente em três fundamentos principais. Em primeiro lugar, a Corte lançou mão de precedentes – o caso *Prima Paint*[207] (que aplicou a Seção 2 em um caso de diversidade para fins

---

206 465 U.S. 1 (1984).

207 388 U.S. 395, 404/405 (1967).

jurisdicional) e o caso *Moses Cone*[208] (que declarou, embora como reforço argumentativo, que a Seção 2 criou um conjunto de leis federais substantivas aplicáveis tanto em âmbito federal quanto em âmbito estadual). Em segundo lugar, a Corte deduziu de vários fragmentos da esparsa história legislativa da promulgação da FAA uma intenção de que tal lei fosse aplicada em cortes estaduais. Em terceiro lugar, a Corte baseou-se em argumentos de política pública – a saber, em uma política federal de favorecimento à execução de convenções de arbitragem.

Essa posição da maioria provocou um eloquente voto de dissidência da mais nova integrante da Corte, a Juíza Sandra Day O'Connor (que era proveniente do governo estadual, tendo sido integrante da Assembleia do Arizona e, imediatamente antes de assumir seu cargo na Suprema Corte dos Estados Unidos, juíza estadual). Na parte relevante, a dissidência da Juíza O'Connor sustentava que a FAA só é aplicável em cortes federais de justiça. Para apoiar esse ponto de vista, ela expôs dois fundamentos principais. Em primeiro lugar, citou extensamente a história legislativa, que, em sua opinião, estabelecia de maneira inequívoca e conclusiva que o Congresso pretendia que a FAA fosse aplicada somente em cortes federais. Em segundo lugar, apresentou um argumento estrutural – baseado principalmente nas Seções 3 e 4 da FAA (as quais se referem expressamente a "Cortes Distritais dos Estados Unidos") – para apoiar sua alegação de que a aplicação da Seção 2 em cortes estaduais não é compatível com o regime previsto na própria lei. Depois de expor as bases afirmativas de sua posição, a Juíza O'Connor concluiu contestando a relevância dos precedentes nos quais a maioria havia se baseado.

As críticas à decisão da maioria não estancaram com a dissidência da Juíza O'Connor. Grande parte dos acadêmicos ridicularizaram-na.[209]

---

208 460 U.S. 1, 24 (1983).

209 Para um bom resumo da literatura, ver DRAHOZAL, Christopher R. "In Defense of Southland: Reexamining the Legislative History of the

Além disso, numa série de casos subsequentes, as partes interessadas repetidamente instaram a Corte a mudar de posição, abandonando o precedente do caso *Southland*.[210] Depois de atrair o interesse de alguns juízes, esses esforços acabaram fracassando, e a Suprema Corte reafirmou de modo coerente a posição central do caso *Southland*. Por fim, um dos mais ferrenhos detratores do caso *Southland*, o Juiz Scalia, jogou a toalha, afirmando que a decisão havia alcançado tal grau de solidez como precedente que, sob os princípios do *stare decisis*, sentia-se obrigado a aplicá-la mesmo que não concordasse com ela.[211] Apesar das tendências pró-federalismo da Corte de John Roberts em outros contextos, apenas um juiz, Clarence Thomas, segue defendendo a posição de que o precedente do caso *Southland* deveria ser abandonado.[212]

Portanto, o caso *Southland* pode ser entendido como o responsável por alçar o valor da uniformidade acima dos valores do federalismo. Ao sujeitar as convenções de arbitragem a um padrão uniforme, ele reduz os riscos de *fórum shopping*. No entanto, faz isso às custas das prerrogativas do Estado para aumentar (ou diminuir) a exequibilidade das convenções de arbitragem.

---

Federal Arbitration Act". *Notre Dame Law Review*, vol. 78, 2002, p. 101.

210 *Ver* Doctor's Associates, Inc. v. Casarotto, 517 U.S. 681, 681 (1996) (que argumenta que o caso *Southland* serve de precedente para a limitação da força de preempção da FAA § 2); Allied-Bruce Terminix Cos., Inc. v. Dobson, 513 U.S. 265, 271 (1995) (que reconhece contra-argumentos à expansão do escopo de uma lei que amplia o poder da Cláusula Negocial, mas que reafirma a decisão do caso *Southland*).

211 *Comparar* Doctor's Associates, Inc. v. Casarotto, 517 U.S. 681, 681 (1996), *com* Allied-Bruce Terminix Cos., Inc., v. Dobson, 513 U.S. 265, 271 (1995).

212 *Ver*, *e.g.*, Preston v. Ferrer, 552 U.S. 346 (2008) (Thomas, J. voto dissidente); Buckeye Check Cashing, Inc. v. Cardegna, 546 U.S. 440 (2006) (Thomas, J. voto dissidente); Doctor's Associates, Inc. v. Casarotto, 517 U.S. 681 (1996); Allied Bruce Terminix Cos. v. Dobson, 513 U.S. 265 (1995) (Thomas J., voto dissidente).

A jurisprudência antifederalista da Corte na primeira questão ("quem é responsável pela aplicação") foi contrabalançada, em parte, por suas tendências mais pró-federalismo na segunda questão – ou seja, o que a Seção 2 quer dizer quando fala em "motivos legais ou de equidade para a revogação de qualquer contrato"? Trata-se da lei federal ou da lei estadual?

Assim como na primeira questão, muito está em jogo para os valores do federalismo. Se a frase citada refere-se à lei federal, então os valores da uniformidade novamente superam os valores do federalismo. Por outro lado, se o trecho se referir à lei estadual, então a Seção 2 serve como um contrapeso potencial aos impulsos de uniformidade que animaram a decisão da maioria no caso *Southland*.

Aqui, a Corte manifestou-se a favor do federalismo, mas não totalmente. Ela deixou claro que a lei federal não controla o padrão substantivo (pelo menos no contexto doméstico),[213] Em vez disso, a lei estadual o faz, embora seja um tipo particular de lei estadual: segundo a Corte, as convenções de arbitragem estão sujeitas especificamente a defesas contratuais de aplicação geral.[214] No entanto, elas não estão sujeitas a padrões estaduais que tratem isoladamente ou discriminem convenções de arbitragem (em comparação com outros contratos regulares).

---

213 Esse princípio é válido ao menos para casos domésticos. Por outro lado, o *common law* federal fornece o padrão substantivo para a execução de convenções de arbitragem internacional abrangidas pelas convenções de Nova Iorque ou do Panamá. *Ver* BORN, Gary. *International Arbitration*: Cases and Materials. Alphen aan den Rijn: Kluwer Law International, 2011, pp. 246-260.

214 *Ver* First Options of Chicago, Inc. v. Kaplan, 514 U.S. 938 (1995) (que afirma que "em geral as cortes... devem aplicar os princípios ordinários do Direito Estadual que regem a formação dos contratos"). *Ver, e. g.* Mastrobuono v. Shearson Lehman Hutton, Inc., 514 U.S. 52, 62/63 (1995); Volt Info. Sci., Inc. v. Bd. of Trustees, 489 U.S. 468, 475/476, (1989); Perry v. Thomas, 482 U.S. 483, 492/493 (1987).

Várias decisões da Suprema Corte exemplificam a aplicação desse padrão. Por exemplo, no caso *Southland*, a Corte considerou que a FAA se sobrepunha a uma disposição da lei de franquias da Califórnia que exigia que os litígios fossem resolvidos judicialmente.[215] Da mesma maneira, no caso *Perry v. Thomas*, a Corte reformou a decisão da Suprema Corte da Califórnia e considerou que a Seção 2 da FAA se sobrepunha a uma disposição da lei trabalhista da Califórnia, que afirmava que as ações de cobrança de salários podem ser processadas no Judiciário independentemente da existência de uma convenção privada de arbitragem.[216] No caso *Perry*, um ex-funcionário (Thomas) de uma corretora de valores moveu uma ação contra seu antigo empregador e dois funcionários da empresa alegando quebra de contrato, violação de dever fiduciário, entre outros. Embora Thomas tivesse um acordo para arbitrar litígios com seu ex-empregado, as cortes da Califórnia basearam-se na lei da Califórnia para negar os pedidos dos réus de imposição da arbitragem. A Corte, por sua vez,

> concluiu que uma vez que as alegações de Thomas de [ ] conspiração civil e quebra de dever fiduciário eram conexas a sua reclamação por quebra de contrato, e diferiam apenas em termos dos remédios buscados, elas também deveriam ser julgadas no procedimento arbitral, e não em separado.[217]

No entanto, a Suprema Corte considerou que a lei da Califórnia se sobrepunha claramente à FAA, já que a intenção do Congresso de favorecer a execução de convenções de arbitragem está no âmbito da autoridade negocial do Congresso.[218] Por fim, no caso *Doctors*

215 Southland Corp. v. Keating, 465 U.S. 1, 6-8 (1984).

216 *Perry*, 482 U.S. p. 483.

217 *Perry*, 482 U.S. p. 487.

218 *Perry*, 482 U.S. p. 490 (que afirma que "por contraste, o presente recurso aborda o efeito preferencial da Lei Federal de Arbitragem, uma lei que incorpora a intenção do Congresso de prever a execução de

*Associates v. Casarotto*, a Corte decidiu que a FAA se sobrepunha a uma lei de Montana que impunha requisitos especiais de intimação às cláusulas de arbitragem.[219]

Essas decisões sugerem uma possível divisão entre a retórica e a realidade da Corte. Embora a Corte pretenda preservar espaço para os princípios do federalismo por meio de seu padrão de que as defesas contratuais geralmente aplicáveis previstas em lei estadual se aplicam à FAA, todas as decisões indicadas parecem bastante hostis ao federalismo.

Tudo isso gerou um sério debate acadêmico sobre como dar sentido ao padrão da Corte. Duas principais escolas de pensamento surgiram. Uma escola considerou que a Seção 2 exige que a arbitragem seja colocada em "pé de igualdade" com outros contratos.[220] Em outras palavras, as cortes de justiça são livres para invalidar as convenções de arbitragem, mas devem se basear em um fundamento aplicável aos contratos em geral. De acordo com a outra escola, a FAA incorpora um princípio de não discriminação.

A meu ver, esses debates negligenciam a importância do corpo governamental na articulação do padrão que se almeja. Uma visão alternativa dessa doutrina consideraria o esforço da Suprema Corte de modificar a separação horizontal de poderes a favor dos Estados. Grande parte do Direito Contratual desenvolve-se por

---

acordos de arbitragem dando máxima efetividade à Cláusula Negocial... Essa política federal coloca o §2 da Lei em conflito inequívoco com o requisito do §229 da Califórnia de que os litigantes recebam um foro judicial para resolver suas disputas salariais. Portanto, pela Cláusula de Supremacia, a lei estadual deve dar lugar à lei federal").

219 517 U.S. 681, 687 (1996).

220 Para uma análise útil e recente desse debate, ver ARAGAKI, Hiro. "Equal Opportunity for Arbitration". *UCLA Law Review*, vol. 58, 2011, p. 1189.

meio do *common law* e não pela promulgação de leis.[221] As cortes estaduais são as principais construtoras desse ramo do Direito.[222] Consequentemente, por meio do exercício de seu poder de produzir *common law*, as cortes estaduais desfrutam de uma prerrogativa única para regular as convenções de arbitragem sob o pretexto de articularem princípios de Direito Contratual geralmente aplicáveis. Os juízes estaduais, como os principais intérpretes das leis estaduais de contratos, efetivamente têm maior autoridade regulatória sobre a exequibilidade das convenções de arbitragem do que o Poder Legislativo em nível estadual.[223]

A doutrina da Suprema Corte não apenas expande o poder das cortes estaduais, mas também limita as ferramentas disponíveis aos legislativos estaduais. Por exemplo, quando uma corte estadual (em particular uma Suprema Corte estadual) conclui que um tipo de cláusula de arbitragem é exequível, as opções do legislador estadual são relativamente limitadas. O Legislativo estadual não pode se sobrepor à corte estadual quanto à exequibilidade da cláusula; isso entraria em conflito com o princípio da não discriminação descrito anteriormente. A única opção efetiva disponível ao Poder Legislativo estadual é modificar os princípios gerais do Direito Contratual

---

221 Para um bom resumo dos trabalhos acadêmicos sobre isso, ver TEEVEN, Kevin. "A History of Legislative Reform of the Common Law of Contract". *The University of Toledo Law Review*, vol. 26, 1994.

222 Mesmo em situações nas quais o Direito Contratual foi codificado, como no Código Comercial Uniforme, os antecedentes dessas codificações baseiam-se em julgados. (PERILLO, Joseph M. *Calamari and Perillo on Contracts*. St. Paul: West, 2009).

223 *Ver* PERILLO, Joseph M. *Calamari and Perillo on Contracts*. St. Paul: West, 2009; FULLER, Lon L.; EISENBERG, Melvin Aron. *Basic Contract Law*. Londres: Thomson, 2006; MEINERS, Roger E.; RINGLEB, Al H.; EDWARDS, Frances L. *The Legal Environment of Business*. Boston: Cengage Learning, 2006, p. 243 (que explica que "o direito contratual é em primeiro lugar direito comum [*common law*] estadual. Ele desenvolveu-se por décadas de decisões judiciais que resolveram virtualmente todo tipo de disputa contratual").

estadual. Isso inevitavelmente teria efeitos colaterais em contratos que nada têm a ver com arbitragem.

Além disso, o Legislativo estadual tem muito mais poder para regulamentar uma decisão judicial anti-arbitragem da qual discorde do que uma pró-arbitragem. Para ilustrar esse ponto, consideremos dois casos. No primeiro caso, a suprema corte estadual interpreta a lei estadual sobre contratos geralmente aplicável e chega a uma conclusão que pode ser caracterizada como pró-arbitragem. Se o Legislativo estadual discordar dessa decisão, a Seção 2 da FAA (conforme interpretada pela Suprema Corte) proibiria o Legislativo de promulgar uma lei que visasse derrubar essa decisão específica. Na melhor das hipóteses, para revogar a decisão da suprema corte estadual, o que o legislador estadual poderia fazer é promulgar uma lei que alterasse os princípios gerais do Direito Estadual sobre contratos. Nesse contexto, o risco seria, é claro, que a alteração dos princípios do Direito Contratual afetasse outras áreas dos negócios do Estado contra a vontade do legislador.

No segundo caso, imaginemos que a suprema corte estadual decida um caso de uma maneira que possa ser caracterizada como anti-arbitragem e da qual o legislador estadual discorde. Aqui, ao contrário, as mãos do Legislativo estadual não estão atadas. Nesse caso, o Legislativo poderia, de acordo com a Seção 2, sobrepor-se à suprema corte estadual sem entrar em conflito com os princípios de preempção previstos na FAA. Mesmo que a lei estadual "trate separadamente" da arbitragem, ela o faz a fim de conceder às convenções de arbitragem um tratamento mais favorável do que aquele que receberiam de acordo com a lei estadual. Nada na Seção 2 da FAA proíbe que uma lei estadual tenha esse efeito.

Levados à sua conclusão lógica, os ingredientes doutrinários anteriores permitem que as cortes estaduais realizem um grau de regulamentação que não está disponível aos Legislativos estaduais de acordo com a interpretação da Seção 2 da FAA pela Suprema Corte. Sobre isso, consideremos um exemplo: suponhamos que as casas de repouso de um Estado exijam rotineiramente que os ingressantes firmem convenções de arbitragem como condição de sua admissão em tais casas. Suponhamos ainda que o Estado tenha motivos para se preocupar com a possibilidade de essas casas de repouso estarem usando tais cláusulas para reduzir seus riscos de responsabilização (ou, inversamente, para limitar a capacidade de ação de pacientes que de alguma forma foram feridos ou maltratados sob os cuidados da casa). Assim, o Legislativo promulga uma lei que proíbe as casas de repouso de condicionarem a admissão ao consentimento do paciente em potencial à cláusula de arbitragem. Tal lei entraria em conflito com a Seção 2, pois isso significaria tratar separadamente a cláusula de arbitragem, conferindo-lhe tratamento discriminatório.

Agora suponhamos que, em vez do Legislativo estadual, a corte estadual entre em ação. Apesar de ter assinado uma convenção de arbitragem, um morador de uma casa de repouso inicia um litígio e argumenta que ela é inexequível. A corte estadual concorda. Ela conclui que a convenção de arbitragem viola a "ordem pública" (o que é uma defesa geralmente aplicável de acordo com a legislação estadual de contratos), e que a preservação do direito de acesso às cortes (ou ao júri) é uma política pública suficientemente forte para exigir a anulação de qualquer cláusula contratual que procure a renúncia prospectiva a tais direitos (conferidos por uma cláusula de júri ou de outro modo). A menos que a Suprema Corte intervenha e revise essa decisão (estatisticamente, algo extremamente improvável), a regra vincularia as cortes de todo o Estado e, portanto, as faria invalidar quaisquer convenções de arbitragem subsequentes em contratos de casas de repouso. De fato, a suprema corte estadual alcançou exatamente o mesmo resultado que o Legislativo procurou alcançar, mas, de acordo com a jurisprudência da Suprema Corte sobre a FAA, estava proibido de fazer.

Consequentemente, o Direito Contratual estadual construído por juízes torna-se o principal veículo para regular as convenções de arbitragem de maneira eficaz. Se essa hipótese estiver correta, então, ao longo do tempo, seria de se esperar que uma parcela crescente das decisões judiciais desenvolvesse o Direito Contratual em nível estadual no contexto das convenções de arbitragem. A literatura empírica disponível sobre esse ponto confirma isso.[224]

Esse estado de coisas deveria nos fazer pensar. Realmente faz sentido projetar um sistema de colcha de retalhos em que os juízes estaduais detêm as rédeas para regulamentar esse importante direito? Essa questão torna-se particularmente espinhosa quando levamos em conta que essa atribuição de poder ocorre independentemente da forma de recrutamento ou do modelo de carreira do juiz estadual. A mesma regra aplica-se independentemente de o juiz estadual ser regularmente eleito, indicado pelo governador ou nomeado de outra maneira. Não faria mais sentido atribuir esse poder a representantes estatais democraticamente responsabilizáveis?

Aqui, é claro, duas respostas são possíveis. Em primeiro lugar, pode-se justificar essa alocação de poder como um tipo de jurisprudência que visa a reforçar direitos. Assim como a famosa nota de rodapé quatro do caso *Carolene Products* previu um papel especial para as cortes de justiça no reforço dos direitos de minorias discretas e insulares, a abordagem da Seção 2 adotada aqui garante que as cortes também desempenharão um papel proeminente em assegurar que as partes que não dispõem de muito poder político sejam protegidas de cláusulas de arbitragem opressivas.[225] Essa hipótese baseia-se

---

224 *Ver, e. g.*, RANDALL, Susan. "Judicial Attitudes toward Arbitration and the Resurgence of Unconscionability". *Buffalo Law Review*, vol. 52, 2004, pp. 185 e 196 (que documenta que em 2002-2003 as cortes estavam duas vezes mais propensas a considerar inexequíveis convenções de arbitragem do que acordos de não-arbitragem).

225 United States v. Carolene Prods. Co., 304 U.S. 144, 153 (1938); BICKEL, Alexander. *The least dangerous branch*: the Supreme Court at the bar of politics. Indianapolis: Bobbs-Merrill, 1962; ELY, John Hart. *Democracy and Distrust*: a theory of judicial review. Cambridge: Harvard University Press, 1980; ACKERMAN, Bruce. "Beyond Carolene Products". *Harvard Law Review*, vol. 98, 1985, p. 713; BRILMAYER, Lea. "Carolene, Conflicts and the Fate of the 'Insider-Outsider'". *University*

na premissa de que os legislativos estaduais não seriam confiáveis para proteger os interesses de tais grupos impotentes no processo arbitral, uma presunção duvidosa à luz dos numerosos exemplos de leis estaduais destinadas a proteger consumidores, trabalhadores e outros grupos sujeitos às cláusulas de arbitragem.

Em segundo lugar, pode-se justificar a linha de raciocínio do caso *Southland* não em termos de uma realocação horizontal de nível estadual, mas, em vez disso, de uma realocação vertical entre as autoridades estaduais e federais. Em outras palavras, a arquitetura forjada pelo caso *Southland* não torna o sistema de regulação da arbitragem totalmente imune ao processo democrático. Em vez disso, ela simplesmente transfere os mecanismos de responsabilidade democrática para o Congresso. Nada impede o Congresso de alterar a Seção 2 e declarar não arbitráveis certos tipos de convenções pré-disputa (como no caso de casas de repouso) ou de impor requisitos processuais maiores às convenções de arbitragem antes que sejam executadas.

Essa última análise, mesmo se estiver correta, permanece problemática por pelo menos duas razões. Em primeiro lugar, é notoriamente difícil conseguir que o Congresso faça alguma coisa.[226] Em segundo lugar, o modelo que enfoca os mecanismos de responsabilização democrática em nível nacional negligencia a necessidade de soluções regionais. Voltando ao nosso exemplo original, consideremos dois Estados. Um tem uma longa história de abusos em casas de repouso, mas também sentenças do júri relativamente

---

*of Pennsylvania Law Review*, vol. 134, 1986, p. 1291; GILMAN, Felix. "The Famous Footnote Four: a History of the Carolene Products Footnote". *South Texas Law Review*, vol. 46, 2004, p. 163; LUSKY, Louis. "Footnote Redux: a Carolene Products Reminiscence". *Columbia Law Review*, vol. 82, 1982, p. 1093; POWELL JR., Lewis F. "Carolene Products Revisited". *Columbia Law Review*, vol. 82, 1982, p. 1087.

226 Ver O'NEILL, Michael E. "A Legislative Scorecard for the United States Senate: Evaluating Legislative Productivity". *Journal of Legislation*, vol. 36, 2010, p. 297.

modestas. O outro praticamente não tem histórico de abusos em casas de repouso e tem uma história de vereditos desproporcionais. Do ponto de vista da política pública, o primeiro Estado é um candidato muito mais forte a ter uma lei que proíba cláusulas arbitrais (ou seja, acordos de arbitragem pré-disputa) do que o segundo, mas a arquitetura da doutrina da preempção da FAA sustenta que tal proibição só poderia ser promulgada (pelo menos legislativamente) em âmbito nacional. Essa consequência pode ser justificada pela política nacional de favorecimento à arbitragem, mas certamente não é isenta de custos.

A recente decisão da Suprema Corte no caso *AT&T Mobility v. Concepcion* altera significativamente o cenário que rege a análise da Seção 2 e talvez sugira certo desconforto da Corte com essa alocação horizontal de poder no nível estadual.[227] Esse caso envolveu uma impugnação a uma regra criada judicialmente na Califórnia que previa que a coexistência de uma cláusula de arbitragem e uma renúncia de ação coletiva era abusiva. Como abusividade era uma defesa de Direito Contratual geralmente aplicável sob a lei da Califórnia, essa regra representava nada mais do que uma aplicação regular daquilo que casos como o *Prima Paint* contemplavam.

Mas uma maioria simples da Suprema Corte discordou disso. Ela sustentou que a Seção 2 se sobrepunha à regra da Califórnia,

---

227 131 S. Ct. 1740 (2011). STIPANOWICH, Thomas J. "The Third Arbitration Trilogy: Stolt-Nielsen, Rent-A-Center, Concepcion and the Future of American Arbitration". *American Review of International Arbitration*, vol. 23, 2012, pp. 110/111 do manuscrito (no prelo). Disponível em: https://papers.ssrn.com/sol3/papers.cfm?abstract_id=1919936. Acessado em: 27.07.2023; RUTLEDGE, Peter B. "Common Ground in the Arbitration Debate". *Yearbook on Arbitration and Mediation*, 2009; NOVOTNY, Ronald W. "Drafting Class Action Waivers after AT&T Mobility v. Concepcion". *Disp. Resol. J.*, vol. 66, 2012; SMIT, Hans. "AT&T Mobility v. Concepcion: Can Class Actions Be Brought in Arbitration?" *American Review of International Arbitration*, vol. 20, 2009, p. 469.

apesar de a regra ser abusiva. Na visão da Corte, a regra da Califórnia efetivamente confrontava as partes com uma escolha irracional – elas poderiam arbitrar, mas somente se concordassem com a possibilidade da arbitragem coletiva (mecanismo que a Corte havia criticado bastante em decisão proferida anteriormente).[228]

Embora o caso *Concepcion* se limitasse formalmente à regra da Califórnia e à renúncia à ação coletiva, suas implicações são muito mais significativas. A linguagem abrangente empregada na decisão da Suprema Corte revela um ceticismo geral quanto a certas doutrinas contratuais sobre leis estaduais geralmente aplicáveis, especialmente abusividade e políticas públicas, como fundamento para invalidar convenções de arbitragem. De fato, em um ponto da decisão da Corte, ela se esforça para criticar a confiabilidade da defesa com base em políticas públicas, embora a questão tecnicamente não estivesse em discussão.[229]

Do ponto de vista da discussão do federalismo realizada neste capítulo, o caso *Concepcion* pode ser entendido como uma decisão que reestruturou fundamentalmente o equilíbrio federal/estadual que rege a regulamentação das convenções de arbitragem. Antes desse caso, a lei estadual de contratos podia ser entendida como um porto seguro para a regulamentação estadual.[230] Desde que a regra estadual

---

228 *Ver* Stolt-Nielsen S.A. v. AnimalFeeds Int'l Corp., 130 S. Ct. 1758 (2010).

229 131 S. Ct. p. 1747. Posteriormente, a Corte estendeu os efeitos do caso *Concepcion* e reverteu a decisão da Suprema Corte estadual que se baseava na doutrina da política pública para invalidar convenções de arbitragem. *Ver* Marmet Health Care Center, Inc. v. Brown, 132 S. Ct. 1201 (2012).

230 Uma possível exceção é a decisão da Suprema Corte em Perry v. Thomas, 482 U.S. 483 (1987). Essa decisão baseou-se no caso *Southland* e definiu que cortes estaduais não podem interpretar que leis estaduais preveem "políticas públicas" que, de acordo com o argumento defensivo baseado em políticas públicas contra a execução de contratos, possam servir como base para a invalidação de cláusulas de arbitragem.

fosse compatível com uma das doutrinas geralmente aplicáveis, a lei federal não se intrometeria. Após o caso *Concepcion*, o porto deixou de ser seguro. Em vez disso, o fato de uma regra anti-arbitragem se enquadrar em uma doutrina estadual sobre contratos geralmente aplicável fornece apenas uma condição necessária – *mas não mais uma condição suficiente* – para que essa regra não seja posta de lado pela Seção 2. Em vez disso, a regra deve passar por um segundo nível de revisão federal.

Qual é exatamente a natureza dessa revisão? O caso *Concepcion* não esclarece o assunto. É possível entender que a decisão exige que as cortes perguntem se a aplicação da regra estadual resultaria em uma arbitragem em termos diferentes daqueles acordados pelas partes. Se essa for a abordagem, é difícil prever o alcance da decisão da Corte. Praticamente qualquer regra de Direito Estadual que coloque em dúvida a exequibilidade de um termo de arbitragem (como uma disposição de transferência de custos ou uma limitação de *discovery*), se aplicada, efetivamente imporia às partes uma arbitragem em termos diferentes daqueles com os quais concordaram. Por outro lado, se, em vez disso, a Corte pretende simplesmente que se verifique se a doutrina contratual de aplicação geral não é, na verdade, uma regra anti-arbitragem disfarçada, então talvez o alcance da decisão da Corte não seja tão grande. No entanto, nesse caso, a decisão da Corte é muito insuficiente em termos de fornecer às cortes estaduais, juízes e partes uma orientação clara sobre as características definidoras da regra.

Embora a jurisprudência da Corte sobre a Seção 2 possa ser compreendida nesses termos – isto é, um delicado equilíbrio entre os valores unitários que sustentam a aplicação da Seção 2 nas cortes estaduais e os valores do federalismo (pelo menos antes do caso *Concepcion*) que sustentam a legislação substantiva que rege a defesa da Seção 2 –, é importante ressaltar que nem a Corte, nem o Congresso articularam expressamente esse equilíbrio. Isso está relacionado à falta de reflexão profunda da Corte sobre os valores constitucionais subjacentes que abordamos na discussão do Capítulo

I relativa à separação vertical de poderes. No entanto, apesar da falta de reflexão profunda, as decisões da Corte continuam a produzir efeitos importantes e, por vezes, incompatíveis com o equilíbrio de poderes entre os governos federal e estaduais.

## 3.2 Federalismo e Direito Processual Arbitral

Embora os pontos de vista da Corte sobre a exequibilidade de convenções de arbitragem reflitam uma atitude mista em relação aos princípios do federalismo, sua visão do Direito Processual Arbitral, novamente com exceções limitadas, inclina-se mais fortemente a favor do federalismo. De fato, além da exequibilidade do acordo arbitral, a FAA fornece aos Estados uma saída para regular a arbitragem.

Definamos brevemente Direito Processual Arbitral. Ele refere-se especificamente à legislação processual que rege a arbitragem, normalmente estabelecida na forma de lei do foro arbitral. Isso pode incluir questões como a nomeação de árbitros, designação de foro, descoberta e obtenção de provas e prolação de sentença. Embora as regras arbitrais muitas vezes regulem tais questões e as deixem a critério do árbitro, sujeito a amplas restrições, a legislação nacional de arbitragem desempenha um papel residual, às vezes somente preenchendo lacunas. Por exemplo, a FAA rege questões como nomeação de árbitros,[231] designação de foro[232] e intimação de testemunhas,[233] mas silencia sobre muitos outros aspectos.

Isso cria as condições para que a lei estadual desempenhe um papel no processo arbitral. Isso remonta a uma característica estrutural da FAA que foi central para a dissidência da Juíza O'Connor da Suprema Corte no caso *Southland*: a saber, muitas seções da FAA, além da Seção 2, falam explicitamente em termos de comandos ou

---

231 9 U.S.C. §§ 5, 206 (2006).

232 9 U.S.C. §§ 4, 206, 303 (2006).

233 9 U.S.C. § 7 (2006).

do poder das cortes distritais dos EUA. Por exemplo, consideremos a Seção 4 ("[uma] parte prejudicada pelo alegado descumprimento, negligência ou recusa de outra de realizar uma arbitragem prevista em convenção escrita pode peticionar a qualquer corte distrital dos Estados Unidos"),[234] ou a Seção 7 ("qualquer pessoa [intimada] ou pessoas convocadas para testemunhar podem recusar-se a cumprir tal convocação mediante petição à corte distrital dos Estados Unidos... pode obrigar a presença de tal pessoa ou pessoas perante o referido árbitro ou árbitros, ou punir a referida pessoa ou pessoas por desacato").[235] Interpretar que essa linguagem da lei tem como finalidade controlar as atividades das cortes estaduais seria simplesmente uma leitura implausível. Assim, a arquitetura da FAA deixa espaço significativo para a lei estadual reger os processos de arbitragem, pelo menos quando a controvérsia é levada a uma corte estadual.

As limitações à remoção aumentam as possibilidades de a lei de arbitragem estadual desempenhar um papel importante em questões processuais arbitrais. A Corte deixou claro repetidas vezes que os casos que envolvem arbitragem, seja em relação à exequibilidade de um acordo, seja em relação a um pedido de assistência judicial, não estão sob a guarida da lei federal apenas porque podem subsumir-se a alguma disposição da FAA.[236] Em vez disso, para que o caso suba à corte federal, deve haver alguma outra base de Direito Material que mobilize tal jurisdição. Podem ser casos relacionados às Convenções de Nova Iorque ou do Panamá,[237] casos relacionados à jurisdição de diversidade ou daquela que se refere ao estado de ser

---

234 9 U.S.C. § 4 (2006).

235 9 U.S.C. § 7 (2006).

236 Vaden v. Discover Bank, 556 U.S. 49, 59 (2009); Hall Street Assocs., L.L.C. v. Mattel, Inc., 552 U.S. 576, 582 (2008); Allied-Bruce Terminix Cos. v. Dobson, 513 U.S. 265, 271/272 (1995); Volt Info. Sci., Inc. v. Bd. of Trustees, 489 U.S. 468, 476/477 (1989); Moses H. Cone Mem. Hosp. v. Mercury Constr. Corp., 460 U.S. 1, 24-27 (1983).

237 9 U.S.C. §§ 2-3 (2006).

estrangeiro (*alienage*),[238] ou casos que envolvam uma causa de pedir federal.[239] Se um caso de arbitragem estiver fora dessas três categorias, qualquer processo relacionado à arbitragem permanecerá na corte estadual. Essa jurisdição residual deu aos Estados um incentivo para desenvolverem uma variedade de mecanismos processuais de apoio à arbitragem, como congelamento de ativos, autoridade de *discovery* e de intimação, uso de liminares, capacidade de nomear árbitros e prolação de ordens de proteção.

Em alguns casos, os direitos processuais prescritos na lei estadual estão acima daqueles previstos pela lei federal. A lei estadual pode alterar significativamente o papel da assistência judicial em casos envolvendo o procedimento de *discovery* com terceiros, bem como fornecer caminhos mais vantajosos para medidas provisórias e de descoberta disponíveis às partes de acordo com a lei estadual. Sob a *Uniform Arbitration Act*, os árbitros têm o poder de solicitar que os depoimentos de quaisquer testemunhas incapazes de testemunhar na audiência arbitral sejam tomados com total apoio do poder do Estado.[240] Além disso, no Colorado, os árbitros têm o poder de determinar remédios provisórios, como cautelares "conforme o árbitro julgar necessário para proteger a eficácia do procedimento de arbitragem e promover a resolução justa e rápida da controvérsia".[241]

---

238 *Ver* Republic Fin. v. Cauthen, 343 F. Supp. 2d 529, 532 (N.D. Miss. 2004) (que decide que "esta ação tem como base a jurisdição de diversidade e não é possível argumentar que falte a ela diversidade e direito ao contraditório"); Rio Grande Underwriters, Inc. v. Pitts Farms, Inc., 276 F.3d 683, 685 (5º Cir. 2001) (que raciocina que "a FAA não é uma fonte independente de jurisdição. Uma parte pode obter guarida em uma corte federal com base na FAA somente quando a ação civil subjacente estiver sujeita a corte federal ou à jurisdição de diversidade"); Jumara v. State Farm Ins. Co., 55 F.3d 873, 877 (3º Cir. 1995) (que decidiu que "os Jumaras cumpriram perfeitamente os requisitos de diversidade do § 1332(a)" e obrigou à realização da arbitragem).

239 Vaden v. Discover Bank, 556 U.S. 49 (2009).

240 *Ver* A.R.S. § 12-507; MCA 27–5-215.

241 C.R.S.A. § 13-2-208.

Essas ferramentas não estão disponíveis apenas nos casos em que a jurisdição federal não se aplica. Em alguns casos, as partes podem recorrer a esses dispositivos por meio de processos estaduais paralelos, mesmo quando têm a opção de ajuizar a ação em uma corte federal. A história da lei de congelamento de ativos de Nova Iorque é um bom exemplo. A lei federal não autoriza explicitamente as cortes a expedir ordens determinando o congelamento de ativos em procedimentos arbitrais, e as decisões da Suprema Corte[242] restringiram ainda mais a autoridade das cortes federais. A lei estadual começou a preencher essa lacuna, mas inicialmente algumas cortes estaduais, como a de Nova Iorque, consideraram que as leis estaduais de arbitragem não permitiam tais espécies de ordens.[243] O Legislativo de Nova Iorque alterou sua lei em 1985 para autorizá-las, mas mesmo assim as cortes de Nova Iorque interpretaram tal lei como estritamente limitada a procedimentos arbitrais realizados em Nova Iorque. Em 2005, o Legislativo de Nova Iorque alterou novamente a lei, desta vez para deixar claro que ela se aplica a arbitragens internacionais sujeitas à Convenção de Nova Iorque, independentemente de onde o procedimento arbitral ocorra.[244] Após a promulgação, as cortes de apelação de Nova Iorque confirmaram que essa nova lei autorizava suas cortes a congelar ativos localizados no Estado em procedimentos arbitrais situados em outro lugar (e mesmo quando tal procedimento envolve duas partes estrangeiras). A disponibilidade de tais remédios e sua compatibilidade com um regime federal

---

242 Grupo Mexicano de Desarrollo S.A. v. Alliance Bond Fund, Inc., 527 U.S. 308 (1999).

243 Cooper v. Ateliers de la Montobecane, SA, 442 N.E.2d 1239 (1982).

244 *Ver* N.Y. C.P.L.R. § 7502(c) (McKinney 2005) (que emenda a lei para dispor que "a suprema corte... pode considerar um pedido de penhora ou uma liminar conexo a uma arbitragem que esteja pendente ou será iniciada dentro ou fora deste Estado, esteja ela sujeita ou não à Convenção das Nações Unidas sobre o Reconhecimento e a Execução de Sentenças Arbitrais Estrangeiras..."; Sojitz Corp. v. Prithvi Info. Solutions Ltd., 921 N.Y.S.2d 14 (1º Dep't 2011) (que afirma que sentenças que decidam a conexão prévia em casos de arbitragem internacional são válidas).

significativamente diferente exemplifica como a lei de arbitragem dos EUA promove os valores do federalismo.

O que explica a tolerância comparativamente maior da Corte aos princípios do federalismo no contexto processual da arbitragem em oposição àquele das sentenças arbitrais? Obviamente, o que está em jogo é bem diferente. A existência de um padrão não uniforme para reger a exequibilidade de convenções arbitrais ameaça afundar todo o empreendimento antes mesmo de a arbitragem ter começado; as partes que resistem às convenções arbitrais procurarão contestá-las no foro mais hostil à arbitragem, enquanto as partes que procuram executá-las buscarão refúgio em foros favoráveis à arbitragem. Em contraste, uma vez executada a convenção de arbitragem (e iniciado o procedimento), a necessidade de uniformização diminui e surgem as condições para o crescimento de um "mercado de leis" de Direito Processual Arbitral. Essa diversidade pode de fato beneficiar a arbitragem, pois incentiva as partes a localizar suas disputas em jurisdições cuja combinação de dispositivos processuais melhor atenda aos seus interesses. Assim, a maior tolerância da Corte aos princípios do federalismo no âmbito do Direito Processual Arbitral pode ser compreendida como um esforço para apoiar a arbitragem como instituição.

### 3.3 Federalismo e execução de sentenças arbitrais

A legislação dos EUA que rege a exequibilidade de sentenças arbitrais demonstra uma deferência ao federalismo semelhante àquela apresentada no contexto do Direito Processual Arbitral. Mas, em contraste com as regras que regem o Direito Processual Arbitral, a lei aqui deixa espaço para que os Estados adotem posições anti-arbitragem (novamente com exceções limitadas).

O ponto de partida para a análise é a Seção 10 da Lei Federal de Arbitragem. Assim como as disposições sobre Direito Processual Arbitral, a Seção 10 fala explicitamente em cortes distritais dos

EUA. Mais uma vez, portanto, seria incoerente ler a lei como se ela estabelecesse um padrão aplicável em cortes estaduais.[245] Juntamente com os limites da removibilidade das ações de arbitragem para cortes federais, esse poder reservado aos Estados concede às cortes estaduais (e ao Direito Estadual) uma oportunidade de desempenhar um papel importante nos processos de execução.

A diferença crítica entre execução de sentenças e Direito Processual Arbitral tem a ver com a possibilidade de o Direito Estadual minar a arbitragem. Em comparação com as regras da fase processual de um caso, as normas anti-arbitragem que regem a exequibilidade de uma sentença têm mais força. No âmbito processual, se uma parte não gostar das ferramentas processuais disponibilizadas por um Estado, ela sempre pode buscar valer-se do Direito Processual de outras jurisdições. Em contraste, no caso de sentenças, a parte vencida naturalmente tem o incentivo de buscar a anulação da sentença arbitral[246] no foro mais hostil possível à arbitragem. Na medida em que a lei estadual forneça esse foro, a parte vencida poderá explorar as regras desse foro por meio de uma ação de anulatória a ser proposta de imediato. As restrições à remoção podem impedir a parte vencedora da arbitragem de transferir o caso para uma corte federal (uma vez que o padrão federal poderia ser mais favorável). Se uma corte estadual anular a sentença, os princípios da boa-fé e do crédito sustentam a importância de um padrão estadual. A anulação da sentença pela corte estadual teria um efeito

---

245 Embora a Corte não tenha julgado explicitamente a aplicabilidade da Seção 10 nas cortes estaduais, a maioria das cortes concluíram que ela não é aplicável, deixando as ações de anulação em cortes estaduais sujeitas à legislação estadual. *Ver* Nafta Traders, Inc. v. Quinn, 339 S.W.3d 84 (Tex. 2011); Cable Connection, Inc. v. DIRECTV, Inc., 44 Cal. 4º 1334 (2008).

246 Por *vacatur*, entendo uma ação da parte que obteve uma sentença adversa para privá-la de seus efeitos jurídicos. Alguns comentadores utilizam o termo "anulação" [*annulment*] ou "recusa" [*set aside*] para descrever esse fenômeno.

preclusivo em estados-irmãos e em cortes federais (sujeito a limites ordinários de demanda e preclusão).[247] Consequentemente, a lei que rege a execução de sentenças concede mais espaço para as cortes estaduais e para os legislativos estaduais promoverem uma agenda cética em relação à arbitragem, por meio do desenvolvimento de padrões abrangentes de anulação de sentenças.[248] Retornaremos a esses temas no próximo capítulo.

O que expus até agora é uma análise padrão. Ela está, no entanto, sujeita a duas qualificações importantes, que permitem

---

247 *Ver* Blumberg v. Berland, 678 F.2d 1068 (C.A. Ga. 1982) (que mantém a decisão da Suprema Corte de Nova York que considera a sentença arbitral *res judicata* e merecedora de boa-fé e crédito). *Ver*, *e.g.*, WRIGHT, Charles Alan *et al. Federal practice and procedure.* 2ª ed. 2011, 18B § 4469.

248 Embora isso não seja decisivo para nossa argumentação, vale a pena comparar o tratamento desses princípios em um sistema como o dos Estados Unidos com o tratamento dado a princípios semelhantes no cenário internacional. A depender da jurisdição, a *vacatur* no foro arbitral não garante a recusa de execução da sentença em outro local. *Ver* TermoRio SA v. Electranta SA E.S.P., 487 F.3d 928 (D.C. Cir. 2007); Baker Marine Ltd. v. Chevron Ltd., 191 F.3d 194 (2º Cir. 1999); Omnium De Traitement et de Valorisation S.A. v. Hilmarton Ltd., XXII Y.B. Comm. Arb. 696 (French Cour de cassation 1997); Chromalloy Gas Turbine Corp. v. Arab Republic of Egypt, 939 F. Supp. 907 (D.D.C. 1996). Para comentários sobre o assunto, ver DRAHOZAL, Christopher R. "Enforcing Vacated International Arbitration Awards: an Economic Approach". *American Review of International Arbitration*, vol. 11, 2000, pp. 451 e 462; PAULSSON, Jan. "The Case for Disregarding LSAs (Local Standard Annulments) under the New York Convention". *American Review of International Arbitration*, vol. 7, 1996, p. 99; BERG, Albert Jan van den. "Enforcement of Annulled Awards?" *The ICC International Court of Arbitration Bulletin*, nov. 1998; BERG, Albert Jan van den. *The New York Arbitration Convention of 1958*: Towards a Uniform Judicial Interpretation. Deventer: Kluwe, 1981; PAULSSON, Jan. "Arbitration Unbound: Award Detached from the Law of Its Country of Origin". *International & Comparative Law Quarterly*, vol. 30, 1981, pp. 358 e 373 (que decide que um "um país pode permitir a execução de uma sentença mesmo que ela tenha sido anulada em seu país de origem").

que os interesses federais se sobreponham aos interesses estaduais concorrentes. Em primeiro lugar, as partes podem evitar cortes estaduais (e regimes jurídicos) desfavoráveis à arbitragem ao designar o foro na cláusula de arbitragem. Geralmente, as ações de anulação só poderão ser propostas no foro arbitral,[249] exceto no raro caso em que, talvez, as partes sujeitem a arbitragem a uma lei processual diferente daquela do foro arbitral.[250]

Em segundo lugar, uma análise totalmente diferente aplica-se aos casos decorrentes das Convenções de Nova Iorque e do Panamá. Essas ações são muito mais fáceis de transferir de foro, o que reduz as oportunidades de a corte estadual (e, portanto, a legislação estadual) influenciar a anulação da sentença arbitral. Além disso, esses tratados estabelecem um padrão de exequibilidade comum para todas as sentenças. Assim, mesmo quando o caso permanece em uma corte estadual, as oportunidades de variação dos resultados são diminuídas.[251] Além disso, mesmo quando os padrões de execução não especificam a lei aplicável, a interpretação desses padrões pelas cortes inferiores (implicitamente endossados pela Suprema Corte no caso *Mitsubishi Motors Corp. v. Soler Chrysler-Plymouth, Inc.*) enfatiza a relevância da política federal (e, consequentemente, a irrelevância da política estadual) em sua execução.[252]

249 BORN, Gary. *International Arbitration*: Cases and Materials. Alphen aan den Rijn: Kluwer Law International, 2011, pp. 1040-1045.

250 BORN, Gary. *International Arbitration*: Cases and Materials. Alphen aan den Rijn: Kluwer Law International, 2011.

251 GRAVES, Jack M. "Arbitration as Contract: the Need for a Fully Developed and Comprehensive Set of Statutory Default Legal Rules". *William & Mary Business Law Review*, vol. 2, 2011, pp. 227 e 257-259.

252 473 U.S. 614 (1985).

### 3.4 Conclusão

A legislação de arbitragem lida com a questão do federalismo em todos os três estágios de uma disputa – execução da convenção, Direito Processual de arbitragem, Direito Processual e execução da sentença arbitral. A doutrina desenvolveu-se mais plenamente no contexto da execução da convenção e demonstrou impulsos transversais. Embora a aplicabilidade da Seção 2 da FAA em cortes estaduais corroa os princípios do federalismo, a influência do Direito Contratual em nível estadual sobre o padrão fornece um contrapeso, embora a Suprema Corte tenha começado a corroê-lo por meio de decisões como a do caso *Concepcion*. Conquanto menos desenvolvido, o federalismo desempenha um papel importante tanto no Direito Processual quanto na execução de sentenças. Na área do Direito Processual, a coexistência com direitos federais, como congelamento de ativos e *discovery*, permite que os Estados desempenhem um papel relevante, ainda que focado principalmente na promoção dos interesses da arbitragem. Na área da execução de sentenças, os Estados desfrutam de uma margem ainda maior, sendo capazes de desenvolver padrões tanto mais favoráveis quanto menos favoráveis que os disponíveis na Seção 10 da FAA. É revelador que essa jurisprudência tenha se desenvolvido sem uma consideração extensa de suas implicações mais amplas ou de sua relação com outras doutrinas que promovem (ou desfavorecem) os valores do federalismo. O resultado tem sido uma colcha de retalhos inconsistente de jurisprudência pró-federalismo desprovida de uma base teórica profunda. O próximo capítulo dará prosseguimento ao exame da relação entre arbitragem e federalismo, enfatizando a importância das escolhas das partes.

# CAPÍTULO IV

## ARBITRAGEM E ESCOLHA DA LEI APLICÁVEL

> Em reconhecimento ao principal propósito do Congresso de garantir que as convenções de arbitragem privadas sejam executadas de acordo com seus termos, sustentamos que a FAA prevalece sobre as leis estaduais que exigem um foro judicial para a resolução de demandas que as partes contratantes concordaram em resolver por arbitragem. Mas isso não significa que a FAA impeça a execução de acordos de arbitragem que prevejam regras diferentes daquelas estabelecidas na própria lei. Na verdade, tal resultado seria bastante hostil ao objetivo principal da FAA de garantir que as convenções privadas de arbitragem sejam executadas de acordo com seus termos. Segundo a FAA, a arbitragem é uma questão de consentimento, não de coerção, e as partes geralmente são livres para estruturar suas convenções de arbitragem como bem entenderem. Assim como elas podem limitar por contrato as questões que arbitrarão, também podem especificar por contrato as regras sob as quais essa arbitragem será conduzida.[253]

253 Volt Inf. Sci., Inc. v. Bd. of Trustees, 489 U.S. 468, 478/479 (1989) (citações omitidas).

O capítulo anterior considerou a relação entre a arbitragem e os princípios da separação vertical de poderes. Vimos como a relação entre a Cláusula de Supremacia, a Lei Federal de Arbitragem (FAA) e a lei estadual criou um arranjo estranho de acordo com o qual a lei federal sobrepunha-se a lei estadual que "tratasse separadamente" a arbitragem, mas a lei estadual ainda pôde voltar à análise no caso da aplicação de regras de Direito Contratual geralmente aplicáveis judicialmente. Toda essa discussão baseou-se na suposição de que as partes estavam obrigadas por um sistema vertical de escolha da lei aplicável. Este capítulo relaxa essa suposição e avalia até que ponto as partes podem (e devem ser capazes de) dispor contratualmente sobre essas regras.

Para estabelecer as bases para essa discussão, consideremos estas duas hipóteses:

Hipótese 1: Fulano e Beltrano celebram um contrato com uma cláusula de arbitragem que designa Los Angeles, Califórnia, como o foro arbitral. O contrato também prevê uma cláusula de escolha da lei aplicável especificando que ele será regido pela legislação da Califórnia. Apesar da cláusula de arbitragem, Fulano abre um processo contra Beltrano numa corte estadual da Califórnia, alegando diversas quebras de contrato e que a cláusula de arbitragem não é executável. De acordo com a legislação da Califórnia (mas não de acordo com a legislação federal), uma arbitragem é automaticamente suspensa em casos nos quais uma parte abre um processo numa corte estadual e desafia a exequibilidade de uma convenção de arbitragem.

Hipótese 2: Beta e Delta celebram um contrato com uma cláusula de arbitragem que designa Los Angeles, Califórnia, como o foro arbitral. A cláusula de arbitragem especifica que uma corte que revise a sentença arbitral pode conduzir uma revisão *de novo* da sentença por erro jurídico. O contrato contém uma cláusula de escolha da lei aplicável que especifica que o contrato será regido pela legislação da Califórnia. Delta promove um processo contra Beta e vence. Beta então propõe outra ação para anular a sentença numa corte estadual da Califórnia e argumenta que o árbitro cometeu um erro jurídico. De acordo com a legislação da Califórnia (mas não de acordo com a legislação federal), disposições contratuais que expandam os fundamentos para revisão judicial são executáveis.

Se as lermos essas hipóteses à luz do pano de fundo do capítulo anterior, ambas põem em destaque a questão da autonomia das partes. Na primeira hipótese, se é permitido às partes derrogar o padrão da Seção 2, elas podem (ao menos colateralmente) alterar a distribuição de poder entre as autoridades federais e estaduais relativas à exequibilidade das convenções arbitrais. Na segunda hipótese, se é permitido às partes derrogar o padrão da Seção 10, elas podem alterar a distribuição de poder relativa à exequibilidade das sentenças arbitrais.

Antes de adentrarmos o quadro teórico, vale a pena notar que questões de escolha estão operando aqui em três níveis. O primeiro nível é o da própria cláusula de escolha da lei aplicável. Isso levanta uma série de questões subsidiárias, muitas das quais dizem respeito ao escopo da cláusula. A cláusula designa somente a lei aplicável às obrigações contratuais das partes? Ela também rege alegações não relativas ao contrato (como a exigência de responsabilização civil)? Por fim, a cláusula de escolha da lei aplicável também depende da cláusula de arbitragem? Sob o princípio da separabilidade, a cláusula de arbitragem está fadada a ser um contrato dentro do contrato.[254] Um corolário desse princípio é que a cláusula de arbitragem pode estar sujeita a uma lei diferente daquela prevista pelo acordo substantivo entre as partes.[255] No entanto, as partes raramente, ou nunca, dão

254 Buckeye Check Cashing, Inc. v. Cardegna, 546 U.S. 440, 447 (2006); Prima Paint Corp. v. Flood & Conklin Mfg. Co., 388 U.S. 395, 402-405 (1967).

255 BORN, Gary. *International Commercial Arbitration*. Alphen aan den Rijn: Kluwer Law International, 2009, pp. 411-424 e 2208-2210.

esse passo.[256] E quando não o fazem, a lei escolhida para reger as obrigações substantivas das partes também representa uma escolha implícita das partes de sujeitar questões relativas à cláusula de arbitragem (como escopo, validade, interpretação etc.) à mesma lei?[257]

O segundo nível é a escolha do foro pela parte que contesta ou executa a convenção (ou a sentença). A invocação desse foro sujeita a disputa a um conjunto de princípios conflitantes.[258] Mesmo em casos nos quais as partes designaram a lei aplicável ao contrato (ou à cláusula de arbitragem), a exequibilidade e a interpretação dessa escolha é uma questão que envolve conflito de legislações (ou de legislação internacional privada).[259] Embora muitas jurisdições unam-se em torno de um padrão comum, como o estabelecido na Seção 187 do *Restatement* (Segundo) ou da Regulação de Roma I,

---

256 BORN, Gary. *International Commercial Arbitration*. Alphen aan den Rijn: Kluwer Law International, 2009, pp. 454-459.

257 Telenor Mobile Commc'ns AS v. Storm LLC, 584 F.3d 396, 411 n.11 (2° Cir. 2009); Motorola Credit Corp. v. Uzan, 388 F.3d 39, 50 (2° Cir. 2004) ("Uma cláusula de escolha da lei aplicável em um contrato será aplicável a disputas sobre a existência ou validade desse contrato"); BORN, Gary. *International Commercial Arbitration*. Alphen aan den Rijn: Kluwer Law International, 2009, pp. 454-459; RESTATEMENT (SECOND) OF CONFLICT OF LAWS § 218 (1971) ("Frequentemente, a convenção de arbitragem se referirá somente a disputas relativas a certo contrato e será uma das disposições desse contrato. Se esse for o caso, o Estado cujas leis regem a convenção de arbitragem... será normalmente o mesmo Estado cuja lei seria aplicada para determinar outras questões relativas ao contrato").

258 RESTATEMENT (SECOND) OF CONFLICT OF LAWS § 218 cmt. b (1971); A. EHRENZWEIG, CONFLICT OF LAWS 540 (1962).

259 Klaxon Co. v. Stentor Electric Mfg. Co., 313 U.S. 487, 495 (1941); Mann v. GTCR Golder Rauner, L.L.C., 351 B.R. 685, 695 (D. Ariz. 2006) ("Uma corte federal, baseada no princípio da diversidade, deverá aplicar a legislação de escolha da lei aplicável do Estado... mesmo contra disposições contratuais sobre escolha de lei aplicável, como a expressa aqui, cujo propósito é excluir a realização dessa análise pelos órgãos judiciais").

as variações permanecem.[260] Essas variações podem criar oportunidades para que uma parte se comporte estrategicamente, movendo ações de impugnação e execução em foros cujos princípios relativos ao conflito são mais vantajosos para ela.

O terceiro nível é a escolha do foro arbitral pelas partes. Essa própria designação pode influenciar (ou restringir) a escolha do segundo nível de onde mover a ação de impugnação à convenção ou sentença. Essa designação também guarda relação com o primeiro nível de análise. A designação do foro arbitral, como a escolha da lei substantiva, pode influenciar a visão do julgador sobre a escolha implícita das partes de sujeitar a cláusula de arbitragem a uma lei específica.[261] Por exemplo, quando as partes firmaram um contrato contendo uma cláusula de arbitragem especificando Londres como o foro arbitral e a lei francesa como lei substantiva aplicável, como definir se é a lei inglesa, a lei francesa ou alguma outra lei que rege os assuntos relativos à cláusula de arbitragem?

---

260 RESTATEMENT (SECOND) OF CONFLICT OF LAWS § 187 (1971); Parliament and Council Regulation 593/2008, Law Applicable to Contractual Obligations (Rome I), 2008 O.J. (L 177) 10; SYMEONIDES, Symeon C. "Choice of Law in the American Courts in 2011: Twenty-Fifth Annual Survey". 60 *AM. J. OF COMP. L.* (no prelo 2012); BORN, Gary. *International Commercial Arbitration.* Alphen aan den Rijn: Kluwer Law International, 2009, pp. 432-434, 479-482 e 2112-2114; YACKEE, Jason Webb. "Choice of Law Considerations in the Validity and Enforcement of International Forum Selection Agreements: Whose Law Applies?" *UCLA Journal of International Law and Foreign Affairs*, vol. 9, 2004, p. 43.

261 UNCITRAL Model Law on International Commercial Arbitration, G.A. Res. 40/72, Art. 34(2)(a)(i), U.N. Doc. A/40/17 (7 julho 2006); Convention on the Recognition and Enforcement of Foreign Arbitral Awards New York Convention Art. V(1)(a), June 10, 1958, 330 U.N.T.S. 38; BORN, Gary. *International Commercial Arbitration.* Alphen aan den Rijn: Kluwer Law International, 2009, pp. 2122/2123; RESTATEMENT (SECOND) OF CONFLICT OF LAWS § 218 cmt. b (1971) ("A disposição contratual de que a arbitragem deve ocorrer em certo estado pode fornecer evidência de intenção de que a legislação desse estado reja o contrato em sua totalidade").

Conforme o restante deste capítulo mostrará, todos os três níveis dessa escolha – a cláusula de escolha da lei aplicável, a escolha do foro para quaisquer impugnações e a escolha do foro arbitral – dizem respeito à alocação vertical de poder entre autoridades federais e estaduais.

Para começar a avaliar essas relações, é importante desenvolver uma estrutura analítica. Os estudos acadêmicos sobre regras obrigatórias e padrão fornecem uma estrutura útil para a consideração dessas hipóteses e de questões mais amplas sobre o grau de autonomia das partes para manipular por contrato a distribuição relativa de poder entre autoridades federais e estaduais para a regulação de convenções de arbitragem e sentenças arbitrais.[262] Para os leitores não familiarizados com a bibliografia, regras obrigatórias são aquelas a respeito das quais as partes não podem contratar. Um exemplo de regra obrigatória pode ser a lei do salário-mínimo, segundo a qual as partes (de modo geral) não podem contratar um salário inferior ao estabelecido por lei.

Regras padrão (*default rules*) são aquelas a respeito das quais as partes podem contratar. Um exemplo de regra padrão pode ser a Convenção das Nações Unidas sobre a Venda Internacional de Mercadorias, de 1980.[263] Essa Convenção estabelece várias regras que regem a formação, o desempenho e remédios em contratos de

---

262 DRAHOZAL, Christopher R. "Contracting Around RUAA: Default Rules, Mandatory Rules, and Judicial Review of Arbitral Awards". *Pepperdine Dispute Resolution Law Journal*, vol. 3, 2003, pp. 419-422; WARE, Stephen J. "Default Rules from Mandatory Rules: Privatizing Law through Arbitration". *Minnesota Law Review*, vol. 83, 1999, pp. 703 e 744-753; BARNETT, Randy E. "The Sound of Silence: Default Rules and Contractual Consent". *Virginia Law Review*, vol. 78, 1992, p. 821.

263 United Nations Convention on Contracts for the International Sale of Goods, Abr. 10, 1980, S. Treaty Doc. No. 98-9 (1983), U.N. Doc. A/CONF 97/19. Disponível em: http: //www.uncitral.org/pdf/english/texts/sales/cisg/V1056997-CISG-e-book.pdf [doravante CISG].

vendas internacionais. Ela aplica-se a situações em que as partes de um contrato têm seu estabelecimento comercial em Estados signatários. Mas as partes podem excluir a aplicação da Convenção inserindo uma cláusula nesse sentido em seu acordo.[264]

À medida que passamos do descritivo ao normativo, os estudos acadêmicos sobre regras obrigatórias e regras padrão nos ensinam quando cada dessas formas de regramento é desejável. As regras padrão facilitam a contratação ao liberar as partes da necessidade de tratar exaustivamente de todos os aspectos do acordo; os termos padrão preenchem as lacunas do acerto entre as partes.[265] Assim, as regras padrão fazem sentido quando os custos de contratação são altos e o ganho social da contratação é substancial.[266]

Regras obrigatórias normalmente são explicadas como restrições justificáveis à liberdade contratual. Essas regras obrigatórias podem ser apropriadas quando, por exemplo, as partes do contrato não puderem se proteger.[267] Isso pode resultar de posições de nego-

---

264 United Nations Convention on Contracts for the International Sale of Goods, Abr. 10, 1980, S. Treaty Doc. No. 98-9 (1983), U.N. Doc. A/CONF 97/19. Disponível em: http: //www.uncitral.org/pdf/english/texts/sales/cisg/V1056997-CISG-e-book.pdf [doravante CISG]. Art. 2º, parte 2, B.

265 DRAHOZAL, Christopher R. "Contracting Around RUAA: Default Rules, Mandatory Rules, and Judicial Review of Arbitral Awards". *Pepperdine Dispute Resolution Law Journal*, vol. 3, 2003, p. 420; BARNETT, Randy E. "The Sound of Silence: Default Rules and Contractual Consent". *Virginia Law Review*, vol. 78, 1992, p. 825.

266 AYRES, Ian; GERTNER, Robert. "Filling Gaps in Incomplete Contracts: an Economic Theory of Default Rules". *The Yale Law Journal*, vol. 99, 1989, pp. 87 e 93.

267 GALANIS, Michael. "Vicious Spirals in Corporate Governance: Mandatory Rules for Systemic (Re)Balancing?" *Oxford Journal of Legal Studies*, vol. 31, 2011, pp. 327 e 355-361 (que discute a necessidade de regras obrigatórias como proteção contra desequilíbrios de poder em estruturas de governança corporativa); MANTYSAARI, Petri. *The Law of Corporate Finance*: General Principles and EU Law. vol. 2. Berlim: Springer, 2009, pp. 121/122; WARE, Stephen J. "Consumer

ciação desiguais. Regras obrigatórias também podem ser apropriadas quando forem necessárias para proteger terceiros. Isso pode ocorrer quando o contrato resulta em externalidades para o interesse de terceiros que não podem (ou não devem) ser negociadas de outra forma.[268] Regras obrigatórias geralmente estão baseadas em algum relato normativo subjacente que justifica uma restrição à liberdade contratual.[269]

Essa classificação pode nos ajudar a iluminar nosso tema principal. Toda a análise estabelecida no Capítulo III partiu do pressuposto de que as partes estavam vinculadas às regras que regem a relação entre as leis federal e estadual, conforme estabelecido na FAA e conforme interpretado pela Suprema Corte. Se essas regras fossem rígidas e inflexíveis, elas funcionariam de uma forma não muito diferente das regras obrigatórias. Os leitores familiarizados com essa área do Direito sabem, no entanto, que a Corte não tem sido totalmente inflexível em seus pontos de vista sobre a distribuição

---

Arbitration as Exceptional Consumer Law (with a Contractualist Replay to Carrington & Haagen)". *McGeorge Law Review*, vol. 29, nº 195, 1998 ("A leis de divulgação obrigatória são restrições 'paternalistas' à autonomia"); AYRES, Ian; GERTNER, Robert. "Filling Gaps in Incomplete Contracts: an Economic Theory of Default Rules". *The Yale Law Journal*, vol. 99, 1989, p. 88 ("A imutabilidade justifica-se somente se a contratação não regulamentada for socialmente deletéria porque as partes internas ou externas ao contrato não têm condições de proteger-se adequadamente").

268 MANTYSAARI, Petri. *The Law of Corporate Finance*: General Principles and EU Law. vol. 2. Berlim: Springer, 2009, pp. 121/122; BUXBAUM, Richard C. "Facilitative and Mandatory Rules in the Corporation Law(s) of the United States". *The American Journal of Comparative Law*, vol. 50, 2002, pp. 249 e 250-255 (previsão nos Códigos Corporativos de regras obrigatórias de proteção a terceiros).

269 SCHWARTZ, Alan; SCOTT, Robert E. "Contract Theory and the Limits of Contract Law". *The Yale Law Journal*, vol. 113, 2003, pp. 541 e 609-618; AYRES, Ian; GERTNER, Robert. "Filling Gaps in Incomplete Contracts: an Economic Theory of Default Rules". *The Yale Law Journal*, vol. 99, 1989, p. 88.

de poder entre as autoridades federais e estaduais para regular a arbitragem. Até certo ponto, a Corte permitiu que as partes redefinissem essa alocação por meio do uso afirmativo de cláusulas de escolha da lei aplicável. Esse poder de redefinição exemplifica em que medida os princípios do federalismo estabelecidos no Capítulo III operam mais como "regras padrão".

## 4.1 Federalismo, autonomia e convenções de arbitragem

Desde a decisão do caso *Southland* no sentido de que a Seção 2 da Lei Federal de Arbitragem se aplica a processos judiciais estaduais e substitui leis estaduais que disponham contrariamente a ela, a Suprema Corte luta para estabelecer até que ponto as partes podem dar efetividade à lei estadual pelo uso de uma cláusula de escolha da lei aplicável que determine a sua aplicação. Três casos – *Volt*, *Mastrobuono* e *Preston* – estabeleceram os parâmetros gerais de seu funcionamento.[270]

No caso *Volt Information Sciences, Inc. v. Stanford University*, a noção de que a escolha privada poderia efetivar o federalismo atingiu seu ponto divisor de águas na doutrina da Suprema Corte.[271] O caso *Volt* envolveu um conjunto incomum de fatos. A Volt, uma empresa de construção, firmou um contrato com a Universidade de Stanford. O contrato continha uma cláusula de arbitragem padrão e uma cláusula de escolha da lei aplicável. A cláusula de escolha da lei aplicável estabelecia que o contrato "será regido pela lei do local onde o Projeto está situado" (que nesse caso era a Califórnia).

---

270 *Ver* PARASHAMI, Archis; RANLETT, Kevin. "Supreme Court's Addresses Volt's Choice of Law Trap: Is the End of the Problem in Sight?" *Journal of Dispute Resolution*, vol. 64, 2009, p. 22.

271 489 U.S. 468 (1989).

Surgiu uma disputa entre as partes e a Volt recorreu à arbitragem. Stanford respondeu iniciando um processo na corte estadual da Califórnia contra a Volt e buscando indenização de duas outras empresas que estavam envolvidas no projeto, mas não faziam parte da convenção de arbitragem. Depois que a Volt quis forçar a arbitragem, Stanford invocou uma cláusula da lei de arbitragem da Califórnia que autoriza a corte a suspender a arbitragem quando estiver pendente um processo que possa resultar em "decisões conflitantes sobre uma questão comum de direito ou fato".[272]

A corte de apelações da Califórnia interpretou a cláusula contratual de escolha da lei aplicável no sentido de que as partes pretendiam invocar a lei de arbitragem da Califórnia. Em outras palavras, valendo-se da estrutura tripartite descrita anteriormente, a corte usou sua resposta à questão de primeira ordem (sobre o escopo da cláusula de escolha da lei aplicável) em seu tratamento da questão de terceira ordem (a análise de conflitos que regem a cláusula de arbitragem "separada"). Isso permitiu que a corte de apelações estadual aplicasse as disposições de suspensão e mantivesse a suspensão do processo de arbitragem decidida pela corte de primeira instância.

A Suprema Corte confirmou a decisão em um parecer do Presidente da Corte, William Rehnquist, desdobrando-se em duas etapas.[273] No primeiro estágio, a Corte recusou-se a rever a interpretação da cláusula de arbitragem da corte de apelações da Califórnia, julgando-a uma questão de Direito Estadual e, portanto, fora da sua competência. No segundo estágio, a Corte considerou que a FAA não obstava a aplicação da decisão de suspensão da Califórnia. A Corte recusou-se a defender que as Seções 3 e 4 da Lei Federal de Arbitragem não se aplicam em cortes estaduais. Em vez disso, a Corte reformulou a "política federal que favorece a arbitragem", que era tão crítica para a aplicação da Seção 2 no caso *Southland* na corte

272 CAL. CIV. PROC. CODE §1281.2(c) (1989).

273 Volt Info, Sci., Inc. v. Bd. of Trustees, 489 U.S. 468, 4764/77 (1989).

estadual. Em vez de interpretar essa política no sentido de favorecer a execução generalizada de convenções de arbitragem, o caso *Volt* moldou essa política em termos de execução de convenções de arbitragem "de acordo com seus termos".[274] Firme nessa concepção (e à luz da interpretação da cláusula de escolha da lei aplicável pela corte estadual de apelações), a FAA não se sobrepunha à cláusula de suspensão da lei de arbitragem da Califórnia.

O caso *Volt* é curioso em pelo menos três aspectos. Talvez o mais curioso tenha sido a recusa da Corte em concluir que a FAA simplesmente não cobria o assunto. Como a Corte reconhece, as disposições da FAA sobre o que uma corte deve fazer quando confrontada com uma impugnação à arbitragem – ou seja, as Seções 3 e 4 – provavelmente não se aplicam de modo algum a uma corte estadual. Ambas as disposições referem-se explicitamente às cortes distritais dos EUA no texto, fornecendo fortes evidências de que o Congresso não pretendia dar efeito a essas seções nas cortes estaduais. Além disso, tal abordagem era mais coerente com o voto do Juiz Rehnquist da Suprema Corte no caso *Southland*, juntando-se ao voto divergente da Juíza O'Connor de que a FAA simplesmente não era aplicável em cortes estaduais.[275] Portanto, manter a posição do caso *Volt* enfraqueceria os fundamentos antifederalistas do caso *Southland*: isso teria criado o estranho estado de coisas em que certas disposições da FAA eram aplicáveis em cortes estaduais e outras disposições da mesma lei, promulgadas ao mesmo tempo como parte do mesmo regime, não o eram. Talvez precisamente devido à tensão desconfortável que tal voto criaria com o caso *Southland*, o Presidente da Corte, William Rehnquist, não poderia seguir esse caminho e ele detinha a maioria (especialmente se considerarmos que a Juíza O'Connor se absteve).

---

274 489 U.S. p. 478.

275 Capítulo III.

A segunda estranheza do caso *Volt*, e aquela que atrai mais atenção da literatura, é o tratamento dado pela Corte à cláusula de escolha da lei aplicável. O raciocínio da Corte baseou-se em uma recaracterização da política pró-arbitragem da FAA – que se afastou da promoção da arbitragem em todas as circunstâncias para aproximar-se da promoção da execução dos termos da convenção entre as partes. Esse raciocínio sugere que a Corte poderia ter chegado a um resultado diferente se as partes não tivessem incluído a cláusula de escolha da lei da Califórnia em seu contrato. Nesse cenário, a Corte provavelmente teria que enfrentar a questão da preempção. Se as Seções 3 e 4 fossem aplicáveis, isso prejudicaria os valores do federalismo (mas com uma saída de emergência oferecida pela cláusula de escolha da lei aplicável). Mas se as Seções 3 e 4 não se aplicassem, isso teria feito avançar muito os valores do federalismo (e reduzido a importância da cláusula de escolha da lei aplicável).

A terceira estranheza do caso *Volt*, e provavelmente a mais importante, embora a menos explorada pela literatura, é o tratamento da interpretação da cláusula de escolha da lei aplicável pelo tribunal estadual. Tal movimento não era necessário nem óbvio. Conforme observado anteriormente, a escolha das partes na arbitragem pode operar em vários níveis. A Corte poderia muito bem ter concluído que uma cláusula geral de escolha da lei aplicável opera apenas para estabelecer a lei que rege os direitos e obrigações substantivos das partes: ela deixa intacta a lei que rege a convenção de arbitragem (ou a própria lei processual da arbitragem). De acordo com o princípio da separabilidade, a lei que rege a convenção de arbitragem pode muito bem ser diferente daquela que rege as obrigações substantivas das partes.[276] Além disso, a lei processual que rege a arbitragem pode ser totalmente diferente de qualquer uma das duas anteriores (ou seja, a lei substantiva ou a lei que rege a convenção de arbitragem). Segundo essa visão tripartite, a Corte poderia muito bem ter concluído,

276 BORN, Gary. *International Commercial Arbitration*. Alphen aan den Rijn: Kluwer Law International, 2009, pp. 411-424 e 2208-2210.

como uma questão de *common law* federal, que uma cláusula geral de escolha da lei aplicável rege apenas os direitos substantivos, deixando as outras duas questões inalteradas.

A recusa da Corte em seguir esse caminho alternativo no contexto da interpretação da cláusula de escolha da lei pela corte de apelação estadual é significativa. Sua análise fornece um novo caminho pelo qual as cortes estaduais, em cooperação com particulares, podem promover os valores do federalismo. Elas podem interpretar de maneira liberal as cláusulas gerais de escolha da lei aplicável no sentido de abranger uma escolha implícita de sujeitar a cláusula de arbitragem à lei estadual. Uma vez que essas determinações da lei estadual são imunes à revisão federal (como sugere o caso *Volt*), isso fortalece o poder do Estado de regular a arbitragem. E como a FAA não obsta essas escolhas, o efeito prático é a diminuição do alcance da FAA.

Vendo o caso *Volt* através dessa lente, pode-se entender a decisão subsequente da Corte no caso *Mastrobuono* como parte de um esforço para reduzir o poder estadual concedido pelo caso *Volt*.[277] O caso *Mastrobuono* também envolvia um contrato com uma cláusula de arbitragem e uma cláusula de escolha da lei aplicável (a saber, a lei de Nova Iorque). A extensão dessa cláusula foi importante à luz da decisão do caso *Garrity*, que impedia os árbitros (mas não as cortes) de conceder indenizações punitivas.[278] Apesar da cláusula de escolha da lei aplicável, um painel de árbitros, convocado de acordo com o contrato, concedeu uma indenização punitiva por danos, baseando-se em regras arbitrais que os autorizavam a conceder "indenizações e outras compensações". As cortes federais que revisaram a sentença concluíram que os árbitros excederam seus poderes e, citando a cláusula de escolha da lei e a decisão do caso *Garrity*, anularam a concessão da indenização.

---

277 Mastrobuono v. Shearson Lehman Hutton, Inc., 514 U.S. 52 (1995).

278 Garrity v. Lyle Stuart, Inc., 40 N.Y.2d 354, 357/358 (N.Y. 1976).

A Suprema Corte reverteu e rejeitou a visão das cortes inferiores sobre a exequibilidade da sentença arbitral. Em um aparente esforço para restringir o alcance da decisão do caso *Volt*, a Corte interpretou a cláusula de escolha da lei de Nova Iorque como meramente "abrangendo os princípios substantivos que as cortes de Nova Iorque aplicariam, mas sem incluir regras especiais [de Nova Iorque] que limitam a autoridade dos árbitros".[279] Isso significava que a cláusula de escolha da lei de Nova Iorque não incorporava a regra da decisão do caso *Garrity*, embora, como a cláusula de suspensão em questão no caso *Volt*, fizesse parte da lei de arbitragem de Nova Iorque.

Obviamente, o contraste com o caso *Volt* era nítido. Em um caso, a Corte interpretou uma cláusula substantiva de escolha da lei aplicável de maneira restritiva (a fim de evitar a importação da lei de arbitragem do Estado); no outro caso, a Corte recusou-se a rever a determinação contrária de uma corte estadual sobre a questão. Essa semelhança entre as cláusulas do caso *Volt* e do caso *Mastrobuono* provocou uma dissidência do Juiz Clarence Thomas da Suprema Corte, que considerou os dois casos indistinguíveis.[280] Em resposta, a maioria da Corte justificou o caso *Volt* com base no fato de que ele envolvia deferência à interpretação de uma cláusula de escolha da lei aplicável por uma corte estadual, em oposição ao caso *Mastrobuono*, que foi movido na justiça federal.

Do ponto de vista dos fatos, a distinção era válida, mas criou um estado de coisas ainda mais desconcertante para a relação entre escolha privada e federalismo. Ora, a mesma cláusula poderia ter consequências muito diferentes, dependendo apenas da corte que a julgasse. As cortes estaduais poderiam interpretar que uma cláusula de escolha da lei aplicável incorpora a lei de arbitragem estadual (como no caso *Volt*) e essa determinação seria imune à revisão

279 Mastrobuono, 514 U.S. p. 64.
280 Mastrobuono, 514 U.S. pp. 64-72.

federal. As cortes estaduais teriam um incentivo egoísta para dar tal interpretação a essas cláusulas, a fim de dar efeito às suas próprias leis de arbitragem. Em contraste, seguindo o caso *Mastrobuono*, uma corte federal não poderia interpretar exatamente a mesma cláusula geral de escolha da lei aplicável dessa maneira. Além disso, uma corte federal não teria o mesmo incentivo para dar efeito à lei estadual de arbitragem.

Se retomarmos a matriz desenvolvida no início deste capítulo, os casos *Volt* e *Mastrobuono* demonstram a interação do primeiro e do segundo níveis de análise da "escolha". A escolha privada da lei aplicável (a questão de primeiro nível) pode influenciar a lei que rege a cláusula de arbitragem (e, portanto, o resultado). Mas a natureza dessa influência depende criticamente de onde essas questões estão sendo processadas (a questão do segundo nível), pois há diferentes interpretações da cláusula de escolha da lei aplicável pelas cortes federais e estaduais.

A Corte finalmente procurou desatar esse nó no caso *Preston v. Ferrer*.[281] O caso *Preston* dizia respeito a um contrato entre um ator e um advogado da Califórnia. O contrato, que previa que o advogado representaria os interesses do ator (não muito diferente de um agente de talentos), continha uma cláusula de arbitragem. O problema é que o advogado estava prestando os serviços de gente de talentos sem licença, o que fez incidir uma disposição da Lei de Agências de Talentos da Califórnia. A lei autorizava o Comissário do Trabalho da Califórnia a tomar a decisão preliminar sobre se o advogado estava violando as disposições da referida lei e surgiu a questão de saber se o processo pendente perante o Comissário do Trabalho exigia a suspensão da arbitragem. As cortes da Califórnia determinaram a suspensão, levando à revisão da Suprema Corte.

Normalmente, a Corte poderia facilmente considerar que a alienação da jurisdição do árbitro era incompatível com a FAA. O

---

281 Preston v. Ferrer, 552 U.S. 346 (2008).

que complicava o caso era que o acordo das partes também continha uma cláusula de escolha da lei da Califórnia, ressuscitando o debate entre os casos *Volt* e *Mastrobuono*. Ao contrário do ocorrido no caso *Mastrobuono*, o processo não havia sido protocolado em um foro federal, o que impediu a Corte de se basear na distinção que usou para responder à dissidência do Juiz Thomas. Sem superar o precedente em *Volt*, a Corte considerou que a FAA tinha precedência sobre a disposição da Lei de Agências de Talentos, e, portanto, a jurisdição arbitral tinha prioridade sobre a do Comissário do Trabalho da Califórnia.[282]

A decisão da Corte baseou-se em uma recaracterização de *Volt*. Em vez de lidar com a linguagem do caso *Volt* sobre a execução de convenções de arbitragem de acordo com seus termos, a Corte recaracterizou *Volt* como um caso de silêncio da lei. De acordo com a Corte que julgou o caso *Preston*, o caso *Volt* envolvia litígios paralelos contra não signatários do contrato – um tópico que a FAA não abordava explicitamente –, então era apropriado que a Corte "reconhecesse a lei estadual como apta a preencher as lacunas".[283] Além disso, a maioria em *Preston* enfatizou que a cláusula de arbitragem (uma cláusula AAA padrão) concedia aos árbitros o poder de determinar sua própria jurisdição (incluindo a validade da cláusula arbitral), algo muito parecido com a cláusula do caso *Mastrobuono*, que incorporava regras que concediam aos árbitros o poder de ordenar quaisquer compensações. Nada em *Volt* sugeria que ele girasse em torno do preenchimento de lacunas; longe disso, o objetivo da Corte era dar efeito às escolhas afirmativas das partes. Além do mais, quanto às regras arbitrais, a cláusula também designava um conjunto de regras aplicáveis – um fato negligenciado pela Corte no caso *Preston* –, mas a decisão não sugeria de modo algum que isso

282 Preston, 552 U.S. p. 356; CAL. LAB. CODE §§ 1700.44(a), 1700.45 (West 1986).

283 Preston, 552 U.S. pp. 360-362.

tornasse menos pertinente usar como base a cláusula de escolha da lei estadual para incorporar a aplicação da lei de arbitragem do Estado.

A Corte também recaracterizou o caso *Mastrobuono* e os fatos relevantes para o tratamento de *Volt* por *Mastrobuono* repentinamente tornaram-se irrelevantes para a análise da Corte do caso *Preston*. Conforme observado anteriormente, *Mastrobuono* enfatizou muito o fato de a interpretação da cláusula naquele caso ter se baseado na decisão de uma corte estadual. Essa distinção recebeu pouca atenção no caso *Preston*, sem que se tenha parado para considerar a importância da interpretação da corte estadual de que a cláusula de escolha da lei aplicável invocava as regras da Califórnia sobre a jurisdição primária do Comissário do Trabalho.

Como a última palavra da Suprema Corte sobre a relação entre a preempção da FAA e a escolha da lei aplicável, o caso *Preston* é notavelmente insatisfatório. Ele deixa o leitor se perguntando por qual motivo a Corte se recusou a opinar no debate *Volt/Mastrobuono* em vez de simplesmente enterrar o caso *Volt*, como se especula que a Juíza Ruth Bader Ginsburg da Suprema Corte gostaria de ter feito.

Talvez o caso *Preston* seja melhor entendido como uma tentativa de aplainar a natureza de "padrão" da jurisprudência da Corte sobre a preempção da FAA e, assim, mudar essa jurisprudência na direção de regras obrigatórias que favoreçam a aplicação uniforme da lei federal. *Preston* reduz a capacidade das partes, seja por meio de cláusulas de escolha da lei estadual como aplicável ou de decisões de escolha de foro (que favoreçam a corte estadual), para ampliar a efetividade da regulamentação estadual dos acordos de arbitragem. Notavelmente, porém, *Volt* não foi superado por decisão futura e permanece, pelo menos teoricamente, um caminho viável para reforçar os direitos dos Estados.

Para ecoar um tema que permeou todos os capítulos até este ponto (e pressagia capítulos futuros), a evolução desses princípios do federalismo de um sistema "padrão" para um sistema cada vez mais "obrigatório" ocorreu sem muito exame sistemático ou contribuição dos ramos políticos. Embora os valores do federalismo que sustentam os debates sobre preempção envolvam em grande parte a interpretação sobre a abrangência de decretos das legislaturas federais e estaduais, esses ramos têm estado ausentes do debate sobre a aplicação adequada dos valores. Além disso, as lentes através das quais esses debates são visualizados judicialmente, ou seja, casos particulares que apresentam à Corte cenários fáticos particulares, não são especialmente propícias a um exame sistemático dos primeiros princípios subjacentes à alocação adequada de poder entre agentes federais e estaduais.

## 4.2 Federalismo, autonomia e Direito Processual Arbitral

A lei que rege o processo de arbitragem tem seguido um curso muito diferente da linha dos casos *Volt* e *Preston*. Enquanto essa linha concentra-se principalmente no significado de uma cláusula de escolha da lei aplicável no contrato, a relação entre federalismo, escolha e Direito Processual Arbitral concentra-se principalmente nas escolhas de foros, sejam eles arbitrais ou judiciais. Com isso, quero dizer que a escolha das partes de onde arbitrar e onde buscar assistência judicial desempenha um papel mais significativo na arquitetura do processo arbitral e no papel da lei estadual no desenvolvimento da arbitragem.

Antes de explicar a razão disso, vale a pena notar que não se trata de algo inevitável. As partes poderiam basear-se em escolhas contratuais para influenciar o papel da legislação estadual na arbitragem. Elas poderiam fazê-lo, por exemplo, especificando na cláusula de arbitragem que as regras processuais de um determinado Estado serão aplicáveis.[284] Alternativamente, as instituições arbitrais podem

---

284 *Ver* Dr. Kenneth Ford v. NYLCare Health Plans of Gulf Coast, Inc., 141 F.3d 243, 249 (5º Cir. 1998) (que decidiu que as partes, por meio da cláusula de escolha da lei aplicável, pretenderam que a legislação

influenciar essa escolha estabelecendo diretrizes processuais mais detalhadas em suas regras de arbitragem que as partes incorporam por referência.[285] Nem as partes, nem as instituições arbitrais buscaram essa opção, o que significa que outras escolhas influenciarão o papel da legislação estadual no âmbito processual da arbitragem.[286]

---

do Texas e a Lei Geral de Arbitragem do Texas (TGAA) regessem o escopo da cláusula de arbitragem no contrato de serviços médicos entre o cirurgião e a HMO).

285 As Regras da IBA representam um passo nessa direção. *Ver* IBA Rules on the Taking of Evidence in International Commercial Arbitration. (2010). Disponível em: https://edisciplinas.usp.br/pluginfile.php/300859/mod_folder/content/0/IBA%20Rules%20on%20the%20Taking%20of%20Evidence%20in%20International%20Arbitration.pdf?forcedownload=1. Acessado em: 17.08.2023; 1999 IBA Working Party & 2010 IBA Rules of Evidence Review Subcommittee. "Commentary on the Revised Text of the 2010 IBA Rules on the Taking of Evidence in International Arbitration". 5 *Disp. Resol. Int'l* 45, 2011. Disponível em: https://www.ibanet.org/MediaHandler?id=DD240932-0E08-40D4-9866-309A635487C0. Acessado em: 17.08.2023; ASHFORD, Peter. "Rule Changes Affecting the International Arbitration Community". *American Review of International Arbitration*, vol. 22, 2011, p. 87 (que afirma que "as partes da arbitragem, bem como os tribunais arbitrais, são livres (salvo disposições contratuais em contrário) para adotar as Regras Revisadas (no todo ou em parte) para reger os procedimentos de arbitragem, empregar variações delas ou usá-las como guia para desenvolver seus próprios procedimentos. As Regras Revisadas pretendem limitar a flexibilidade inerente e vantajosa à arbitragem internacional e as partes e tribunais arbitrais estão em geral livres para adaptar as Regras/Regras Revisadas para que se encaixem nas circunstâncias particulares de cada arbitragem"). A aplicação direta das Regras da IBA requer, contudo, uma escolha afirmativa das partes, seja na convenção de arbitragem ou num acordo posterior ao surgimento do litígio. As partes raramente fazem essa escolha. (BORN, Gary. *International Arbitration*: Cases and Materials. Alphen aan den Rijn: Kluwer Law International, 2011, p. 562). Caso contrário, no máximo, as Regras da IBA fornecem um guia relevante, embora não vinculativo, sobre os procedimentos aplicáveis.

286 BORN, Gary. *International Arbitration*: Cases and Materials. Alphen aan den Rijn: Kluwer Law International, 2011, p. 562.

O principal dispositivo utilizado pelas partes tem sido a escolha do foro arbitral. No início deste capítulo, observamos como se pode interpretar que a escolha do foro arbitral implica uma escolha pelas partes da lei que rege a validade ou a interpretação da convenção de arbitragem. Pela mesma lógica, pode-se interpretar que a designação do foro arbitral implica uma escolha da lei que rege a dimensão *processual* da arbitragem. Esse tem sido frequentemente o caso na arbitragem internacional, na qual os árbitros buscam na legislação do foro arbitral a lei processual aplicável.[287]

Quando abandonamos a analogia com a arbitragem internacional, surge a questão de se, nos Estados Unidos, os árbitros consultam a lei do Estado em que se encontram para fazer as determinações processuais relevantes. Tanto as cortes quanto os árbitros deixaram claro que a localização de um procedimento de arbitragem em uma jurisdição específica não autoriza uma parte a utilizar as regras de processo civil dessa jurisdição.[288] Até que ponto, no entanto, a escolha do foro influencia o recurso do árbitro à legislação arbitral daquele Estado?

A lei estadual pode ter essa influência de pelo menos duas maneiras diferentes. Em primeiro lugar, o árbitro pode consultar a lei estadual para determinar quais procedimentos seguir. Em segundo lugar, os fundamentos da lei estadual para anulação de sentenças podem influenciar as decisões processuais do árbitro. Como vários

---

287 BORN, Gary. *International Arbitration*: Cases and Materials. Alphen aan den Rijn: Kluwer Law International, 2011, pp. 715/716.

288 Lessin v. Merrill Lynch, Pierce, Fenner & Smith, Inc., 481 F.3d 813, 817 (D.C. Cir. 2007); Bowles Fin. Group, Inc. v. Stifel, Nicolaus & Co., Inc., 22 F.3d 1010, 1013 (10º Cir. 1994) ("Esta corte não tem poder para impor judicialmente nossas regras probatórias a um procedimento arbitral"); Yasuda Fire & Marine Ins. Co. v. Continental Cas. Co., 37 F.3d 345 (7º Cir. 1994) ("Isso não quer dizer, contudo, que as partes que comparecem perante um painel de arbitragem têm direito à aplicação de todas as normas processuais que acompanham um processo judicial").

doutrinadores observaram, os árbitros têm um incentivo natural para proferir uma sentença exequível e esse incentivo os leva a evitar qualquer decisão que entre em conflito com os padrões de anulação do fórum arbitral. Muitas leis de arbitragem incluem, entre seus motivos de anulação, irregularidades processuais (cujo significado foi posteriormente interpretado pelas cortes estaduais). Para reduzir os riscos de anulação, portanto, os árbitros procuram proferir decisões que garantam o cumprimento dos requisitos processuais da legislação do foro arbitral, conforme interpretado pelas cortes estaduais.

A arbitragem coletiva fornece um bom exemplo. No caso *Bazzle*, a Corte, ao interpretar a construção da cláusula de arbitragem das partes, reconheceu que os principais objetivos dos árbitros era tornar uma sentença exequível sob a lei da Carolina do Sul que dispunha sobre a permissibilidade da arbitragem multipartes.[289] A Corte reconheceu especificamente que a decisão dos árbitros de seguir o raciocínio da corte estadual no caso *Bazzle* (embora não seja um argumento persuasivo sobre a apelação do caso *Bazzle* em si) indicou que um árbitro desejava interpretar a lei estadual da mesma maneira que as cortes estaduais para garantir uma sentença arbitral exequível.[290]

Além da designação do foro arbitral, a escolha das partes pode interseccionar com o federalismo em outro aspecto. As partes podem invocar a assistência da lei processual de um Estado mesmo quando a arbitragem não for realizada nesse Estado. A lei de congelamento de ativos de Nova Iorque, discutida no capítulo anterior, é um bom exemplo. Mesmo que Nova Iorque não tenha absolutamente nenhum interesse na disputa além da presença da propriedade na jurisdição, suas cortes estão disponíveis para apoiar a arbitragem ocorrida fora do Estado. Além disso, conforme discutido anteriormente no Capítulo III, as partes podem valer-se em circunstâncias limitadas das regras

289 Green Tree Fin. Corp. v. Bazzle, 539 U.S. 444, 453 (2003).

290 Green Tree Fin. Corp. v. Bazzle, 539 U.S. 444, 453 (2003).

processuais estaduais para ajudar no procedimento de *discovery*, mesmo quando a arbitragem estiver localizada em outro lugar.[291]

## 4.3 Federalismo, autonomia e sentenças arbitrais

Embora a Corte tenha seguido um caminho inconsistente no que diz respeito à prerrogativa das partes de promover os valores do federalismo por meio do exercício da escolha contratual nas convenções de arbitragem, ela tem seguido um caminho mais consistente no que diz respeito às sentenças arbitrais. Assim como no Capítulo III, vemos a Corte mais tolerante com a variação estadual das leis que regem a execução de sentenças arbitrais, inclusive nos casos em que as partes tentaram manipular as regras legais aplicáveis por contrato.

O caso seminal aqui, que fornece o trampolim para nossa discussão, é a decisão da Suprema Corte no caso *Hall Street v. Mattel*.[292] Conforme discutido no Capítulo I, o caso *Hall Street* surgiu de uma disputa incomum envolvendo um contrato de aluguel comercial. Na primeira fase da disputa, uma corte decidiu que o locatário (Mattel) tinha o direito de rescindir o contrato. Nesse ponto, as partes concordaram em arbitrar a questão de se o locador (Hall Street) poderia buscar indenização pela desocupação do local. Esse acordo, ajustado sob supervisão judicial, previa na parte pertinente:

> A Corte Distrital dos Estados Unidos para o Distrito de Oregon pode decidir sobre qualquer sentença, confirmando-a ou anulando-a, modificando-a ou corrigindo-a. A corte anulará, modificará ou corrigirá qualquer sentença quando (i) as constatações factuais do árbitro não forem apoiadas

291 *Ver* BORN, Gary. *International Arbitration*: Cases and Materials. Alphen aan den Rijn: Kluwer Law International, 2011, p. 53.

292 *Hall Street Associates, L.L.C. v. Mattel, Inc.*, 552 U.S. 576 (2008).

por evidências substanciais (ii) quando as conclusões legais do árbitro forem errôneas.[293]

Efetivamente, o acordo ampliou os fundamentos para a revisão judicial da sentença para além daqueles especificados da Seção 10 da FAA (que não autoriza explicitamente a revisão por erro factual ou legal).

A Corte, no entanto, considerou que os fundamentos da FAA para revisão judicial de sentenças arbitrais eram exclusivos e, portanto, a modificação contratual pelas partes não era executável, pelo menos em cortes federais.[294] No centro do raciocínio da Corte estava a forte política federal de favorecimento da arbitragem. Além disso, o tribunal comparou a linguagem aparentemente obrigatória das Seções 9-11 (que especifica que uma corte "deverá" executar uma sentença, a menos que um dos fundamentos da Seção 10 esteja presente) com outras seções da Lei (como a Seção 5) que garante efeito à escolha das partes de maneira mais explícita. No entanto, no caso *Hall Street* a Corte não chegou a declarar totalmente inexequíveis tais modificações contratuais do padrão de revisão. Em vez disso, a Corte reservou a possibilidade de que tais modificações fossem executadas sob a lei estadual ou como uma questão de Direito Contratual.[295]

O caso *Hall Street* pode ser entendido como reflexo de duas preocupações regulatórias diferentes, talvez conflitantes, sobre o investimento de recursos judiciais. Uma dessas preocupações é evitar o excesso de recursos. A revisão restrita das sentenças arbitrais contemplada pela Seção 10 da FAA pode ser entendida como reflexo de uma determinação implícita do Congresso de que as cortes devem investir relativamente poucos recursos no exame minucioso das sentenças arbitrais. Os fundamentos estabelecidos na Seção 10 da

293 *Hall Street Associates, L.L.C. v. Mattel, Inc.*, 552 U.S. 576 (2008), p. 2.
294 *Hall Street*, 552 U.S. p. 586.
295 *Hall Street*, 552 U.S. p. 590.

FAA geralmente dizem respeito a questões externas à arbitragem, como a relação entre o árbitro e as partes ou se o árbitro excedeu o seu mandato. Mesmo quando a Seção 10 trata da própria arbitragem (como o não adiamento de uma audiência), a premissa factual relevante sobre a qual a questão gira não exige que a corte de revisão se aprofunde muito no registro.

A revisão nos moldes estabelecidos pela cláusula do caso *Hall Street* implica um investimento significativamente maior de recursos judiciais. Se as partes pudessem expandir contratualmente esses padrões, isso aumentaria, em termos relativos, a carga de trabalho das cortes federais. Isso seria particularmente verdadeiro se as partes pudessem autorizar as cortes a examinar as sentenças quanto a erros legais ou factuais. Essa revisão implicaria uma investigação muito mais extensa sobre o registro da arbitragem e a fundamentação jurídica da decisão do árbitro.

A segunda preocupação é regulamentar a execução de sentenças arbitrais. O ato de execução invoca o poder coercitivo do Estado para apreender os bens do devedor para cumprir a sentença. Conforme discutido no Capítulo I, o grau de revisão judicial preservado pela Seção 10 da FAA pode ser entendido como reflexo de uma determinação implícita do Congresso sobre os níveis mínimos de justiça que uma sentença deve satisfazer antes que o poder coercitivo possa ser invocado. Se as partes pudessem modificar contratualmente os fundamentos da revisão judicial de uma sentença, então poderia decorrer logicamente que essas modificações não precisam se limitar a expansões da revisão judicial, mas também podem dispor sobre a sua contração. A diminuição das possibilidades de revisão judicial (ou sua eliminação completa) destruiria o esforço do Congresso para controlar a invocação do poder coercitivo do Estado.[296]

---

296 Conforme os fundamentos da Seção 10 da FAA, praticamente toda a legislação de arbitragem nacional prevê uma revisão judicial limitada. *Ver* BORN, Gary. *International Arbitration*: Cases and Materials. Alphen aan den Rijn: Kluwer Law International, 2011, p. 1094. No entanto, a

Embora qualquer um dos motivos anteriores possa explicar a conclusão do caso *Hall Street* de que a revisão judicial contratualmente expandida de sentenças arbitrais é incompatível com a Seção 10, o que justifica a decisão da Corte de preservar a possibilidade de fazer valer tais direitos fora das cortes federais? O federalismo fornece a melhor lente para visualizarmos essa limitação na decisão da Corte. Se nos lembrarmos das ideias exploradas no Capítulo III, tal oportunidade só é possível se a Seção 10, ao contrário da Seção 2, não for diretamente aplicável a processos judiciais estaduais.[297] (Assim, o caso *Hall Street* pode ser entendido como uma resolução implícita de uma questão que tecnicamente foi deixada em aberto desde o caso *Southland*).

Se a premissa anterior estiver correta, o caso *Hall Street* criou novas oportunidades para a promoção dos valores do federalismo por meio da aplicação da lei de arbitragem estadual. O caso *Hall Street* dá a oportunidade para que a lei estadual desempenhe um importante papel residual ao impor tais modificações contratuais dos padrões de revisão. Embora o Congresso tenha atingido um equilíbrio de interesses regulatórios na FAA, os Estados poderiam atingir um equilíbrio diferente.

Assim como no caso *Volt*, a Corte parece ser motivada por um esforço de promoção dos princípios do federalismo quando há a uma escolha afirmativa das partes, mas a dinâmica difere em vários

---

legislação Belga permite que estrangeiros contratem expressamente cláusulas que protejam suas sentenças contra revisão judicial por tribunais belgas. Belgian Judicial Code, Art. 1717(4) (1999) (que estabelece que "as partes poderão, por declaração expressa na convecção de arbitragem ou por acordo posterior, excluir qualquer ação anulatória da sentença arbitral quando nenhuma delas for pessoa física com cidadania belga ou residente na Bélgica ou pessoa jurídica com sede ou filial no país") (tradução disponível em BORN, Gary. *International Arbitration*: Cases and Materials. Alphen aan den Rijn: Kluwer Law International, 2011, p. 1071.

297 Capítulo III.

aspectos importantes. Em primeiro lugar, os dois casos diferem em termos do método preciso pelo qual as partes privadas promovem o federalismo. No caso *Volt*, as partes promoveram os valores do federalismo por meio da combinação de uma cláusula de escolha da lei aplicável e um esforço para impor essa cláusula em um foro estadual (lembremos da distinção do caso *Mastrobuono* entre os foros estadual e federal em termos das regras de construção para a cláusula de escolha da lei). No caso *Hall Street*, as partes defendem os valores do federalismo de uma forma ligeiramente diferente – uma modificação contratual dos padrões de revisão judicial juntamente com a opção de aplicar esses padrões no foro estadual (em outras palavras, o primeiro e o segundo níveis de escolha, discutidos no início deste capítulo, operam em conjunto).

Em segundo lugar, os modelos de promoção do federalismo do caso *Volt* e do caso *Hall Street* diferem em termos das instituições que podem afetar os padrões de execução. Conforme discutido no Capítulo III, as cortes estaduais desempenham o papel principal na lei que rege as convenções de arbitragem. Isso tanto em relação à construção de defesas contratuais com base na legislação estadual geralmente aplicável (com exceção do caso *Concepcion*) quanto com relação à construção de cláusulas de escolha da lei aplicável (como evidenciado no caso *Volt*). Por outro lado, na área da execução de sentenças, a doutrina deixa espaço para que tanto os legislativos estaduais quanto as cortes estaduais promovam os valores do federalismo. Os legislativos estaduais podem fazê-lo por meio de emendas à lei de arbitragem do Estado que permitam explicitamente uma ampliação das hipóteses de revisão. As cortes estaduais podem fazê-lo por meio de seu poder de criação de direito comum [*common law*] ou por meio de sua interpretação da lei de arbitragem do Estado.

A prática confirmou ambos os modelos.[298] Mesmo antes do caso *Hall Street*, pelo menos um estado (Nova Jersey) incorporou

---

298 Para comentários, ver GILL, Leigh F. "Manifest Disregard after Hall Street: Back from the Dead – The Surprising Resilience of a Non-Statutory

em sua lei estadual de arbitragem a possibilidade de "opção" para expandir a revisão judicial.[299] Embora adote em grande medida a Lei de Arbitragem Uniforme, New Jersey incluiu a seguinte linguagem excepcional: "nada nesta lei impedirá as partes de expandir o escopo da revisão judicial de uma sentença ao prever expressamente tal expansão". A legislação seguiu um debate anterior sobre se uma versão anterior da lei de arbitragem de Nova Jersey permitia (de maneira semelhante ao fundamento de "exceder poderes" da FAA) que as cortes anulassem sentenças por erros legais flagrantes.[300]

---

Ground for Vacatur". *Lewis & Clark Law Review*, vol. 15, 2011, p. 265; DRAHOZAL, Christopher R. "Contracting around Hall Street". *Lewis & Clark Law Review*, vol. 14, 2010, p. 905; BARCELÓ III, John James. "Expanded Judicial Review of Awards after Hall Street and in Comparative Perspective". *In*: HAY, Peter *et al.* (Coord.). *Resolving international conflicts–liboramicorum, Tibor Várady*. Nova York: Central European University Press, 2009; HUBER, Stephen K. "State Regulation of Arbitration Proceedings: Judicial Review of Arbitration Awards *by State Courts*". *Cardozo Journal of Conflict Resolution*, vol. 10, 2009, p. 509.

299 N.J. STAT. ANN. § 2A: 23B-4(c) (West 2003) ("Nada nesta lei impedirá as partes de expandir o escopo da revisão judicial de uma sentença mediante previsão expressa em um registro"). A Califórnia não tem uma lei, mas em Cable Connection, Inc. v. DIRECTV, Inc., 44 Cal. 4th 1334, 1353-1355 (Cal. 2008) fica estabelecido que o precedente do caso *Hall Street* se limita às revisões da FAA. *Ver* BARCELÓ III, John James. "Expanded Judicial Review of Awards after Hall Street and in Comparative Perspective". *In*: HAY, Peter *et al.* (Coord.). *Resolving international conflicts–liboramicorum, Tibor Várady*. Nova York: Central European University Press, 2009. Alabama – Raymond James Fin. Servs, Inc. v. Honea, 55 So. 3d 1161, 1169 (Ala. 2010) ("Temos, portanto, a liberdade de decidir se aplicamos o § 10 em processos judiciais que pretendam anular ou confirmar uma sentença arbitral"); Texas – Nafta Traders, Inc. v. Quinn, 339 S.W. 3d 84, 101 (Tex. 2011) ("A única interpretação razoável dos votos do caso *Hall Street*, em nossa visão, é que a FAA não se sobrepõe à legislação estadual que permite que as partes concordem com uma expansão das hipóteses de revisão das sentenças arbitrais").

300 *Ver* Tretina Printing, Inc. v. Fitzpatrick & Assocs., Inc., 640 A.2d 788 (N.J. 1994); Perini v. Greate Bay Hotel & Casino, 610 A.2d 364 (N.J. 1992).

Várias supremas cortes estaduais, em particular depois do caso *Hall Street*, têm mantido, como uma questão de lei estadual, modificações contratuais dos padrões de revisão de sentenças arbitrais, inclusive modificações que permitem à corte revisar a sentença quanto a erros legais ou factuais. Por exemplo, as cortes superiores do Texas e da Califórnia sustentaram, como uma questão de direito comum, que as expansões da revisão judicial iniciadas pelas partes são executáveis em suas cortes. Em outros casos, estados como Maine e Tennessee aderiram a esse diálogo interpretando suas leis de arbitragem estaduais de acordo com a interpretação da FAA pela Suprema Corte no caso *Hall Street*.[301]

Tais desenvolvimentos promoveram os valores do federalismo na esfera arbitral para além daqueles disponíveis na Seção 2. Em relação aos foros federais, os foros estaduais tornaram-se muito mais receptivos a modificações da revisão judicial via contrato e dão às partes que procuram utilizar tais modificações um incentivo para que tragam suas ações de *vacatur* às cortes estaduais (e não às cortes federais) e para que se baseiem na legislação estadual (e não na federal) para testar a executibilidade da sentença. O resultado foi casar o federalismo com a escolha das partes no contexto da execução das sentenças, assim como o caso *Volt* fez no contexto das convenções.

Esse é um desenvolvimento salutar? Por um lado, do ponto de vista dos valores do federalismo, a resposta parece ser um inequívoco *sim*. Ele permite que as partes, por meio de sua escolha afirmativa, deem efeito a decisões regulatórias estaduais. Certamente, a maior diversidade da prática estadual – e a variação em relação à prática federal – tolerada por essas regras enfraquece as metas de uniformidade que motivaram decisões como a do caso *Southland*. Ainda assim, talvez esse seja um preço sensato – pelo menos nos casos em que os valores do federalismo estão casados com os valores da liberdade contratual (ou seja, dão efeito às escolhas das partes quanto ao escopo da revisão judicial da sentença).

---

301 HL 1, LLC v. Riverwalk, LLC, 2011 ME 29 (2011); Pugh's Lawn Landscape Co. v. Jaycon Dev. Corp., 320 S.W.3d 252 (Tenn. 2010).

Por outro lado, a executibilidade de modificações nas hipóteses de revisão judicial iniciadas pelas partes reforça os valores do federalismo em um segundo e importante aspecto. Elas facilitam a competição jurisdicional entre os Estados que oferecem diferentes regimes para a aplicação de tais modificações iniciadas pelas partes dos padrões de revisão judicial. Por diversas razões, principalmente jurisdicionais, as partes estarão naturalmente inclinadas a propor eventuais ações de *vacatur* no foro arbitral. Consequentemente, as partes que valorizam a "válvula de segurança" da revisão judicial dos méritos de uma sentença têm um incentivo natural para favorecer foros que forneçam essa revisão.

Esse tipo de competição interjurisdicional visível na lei e nas decisões de Nova Jersey e em decisões como as das cortes superiores Califórnia e do Texas exemplifica o "mercado jurídico" descrito em um livro recente de Erin O'Hara e Larry Ribstein.[302] No livro, os autores examinam até que ponto as partes podem explorar (e o fazem) a diversidade de potenciais regras jurídicas que regulam sua conduta, a fim de organizar seus negócios em torno do conjunto de regras mais favorável a eles. Exemplos familiares incluem a decisão de organizar empresas sob a lei de Delaware (dada a simplicidade de fazê-lo, a previsibilidade da lei societária bem desenvolvida do Estado e a reputação de seus juízes de compreender questões de governança corporativa) ou a decisão de muitos emissores de cartões de crédito de organizar suas operações em estados como Dakota do Sul (onde as leis de usura são relativamente brandas e permitem que os bancos cobrem taxas de juros mais altas).

O modelo de O'Hara e Ribstein tem implicações importantes para as questões de escolha e do federalismo que este capítulo explorou. Uma parte que tenha fortes razões para favorecer a arbitragem pode tentar maximizar a executibilidade de qualquer acordo especificando que a cláusula de arbitragem será regida por uma lei substantiva especialmente favorável à arbitragem. Alternativamente,

302 O'HARA, Erin; RIBSTEIN, Larry. *The law market*. Oxford: Oxford University Press, 2009.

a parte pode insistir que qualquer arbitragem ocorra em um foro cujas cortes (ou cuja lei substantiva) estejam especialmente predispostas a fazer cumprir convenções de arbitragem. Por outro lado, uma parte que deseja preservar, na medida do possível, seu direito de impugnar uma convenção ou sentença arbitral pode optar por um sistema projetado para dar efeito a essa escolha privada. Assim como Delaware atraiu negócios corporativos ou Dakota do Sul atraiu negócios de cartão de crédito, um foro pode atrair negócios de "disputa" ao criar condições particularmente propícias a uma parte (ou partes) ao favorecer a arbitragem.

Embora seja muito cedo para dizer se tal competição interjurisdicional entre os Estados ocorrerá, evidências de experiências internacionais sugerem que tal competição jurisdicional facilitada pela escolha privada é possível. Assim como os Estados, as nações podem competir por negócios de arbitragem no "mercado jurídico".[303] Uma maneira pela qual podem se diferenciar dos Estados "concorrentes" é projetar as leis arbitrais para dar maior (ou menor) efeito à escolha das partes. A Bélgica empregou precisamente essa estratégia quando promulgou uma lei que permitia que as partes que não fossem cidadãs belgas especificassem o foro arbitral belga e, em seguida, optassem afirmativamente por não participar de qualquer revisão judicial da sentença.[304] A Suécia também alterou recentemente

303 DRAHOZAL, Christopher R. "Commercial Norms, Commercial Codes, and International Commercial Arbitration". *Vanderbilt Journal of Transnational Law*, vol. 33, 2000, p. 79; McCONNAUGHAY, Philip J. "The Risks and Virtues of Lawlessness: a 'Second Look' at International Commercial Arbitration". *Northwestern University Law Review*, vol. 93, 1999, p. 453; PARK, William W. "National Law and Commercial Justice: Safeguarding Procedural Integrity in International Arbitration". *Tulane Law Review*, vol. 63, 1989, pp. 647 e 680 ("Houve uma luta entre as nações da Europa Ocidental para acomodar suas leis de arbitragem ao que elas percebem ser os gostos dos consumidores, atraindo assim uma parcela maior dos honorários para advogados e árbitros de seus países").

304 Code Judiciare de belgique art. 1717 (1986) or Belgian Judicial Code, art. 1717, reprinted in m11 W.B. Commercial Arb. 369 (1986).

sua lei de arbitragem para permitir essa possibilidade. Esses dois exemplos ilustram como, pelo menos no cenário internacional, os países estão se envolvendo em competição jurisdicional para atrair negócios de arbitragem por meio da criação de "regras padrão" sobre modelos de *vacatur* em torno dos quais as partes podem contratar.

É claro que a experiência europeia difere dos casos dos Estados em um aspecto importante. Enquanto esses casos envolvem expansões da revisão judicial iniciadas pelas partes, os modelos belga e sueco envolvem contrações da revisão judicial iniciadas pelas partes. À primeira vista, este último modelo parece ter maior probabilidade de aumentar o apelo de uma jurisdição no mercado jurídico. Excluir os fundamentos para *vacatur* aumenta a previsibilidade de que a sentença arbitral seja executada, enquanto expandi-los prejudica essa previsibilidade.

Essa distinção está, no entanto, sujeita a duas respostas. Em primeiro lugar, o "valor" do regime jurídico de uma determinada jurisdição (como ela interage com a escolha das partes) depende de maneira crítica da curva de utilidade da parte. Se a parte necessitar de um regime de execução de sentenças que assegure a máxima exigibilidade, então os modelos dos Estados não oferecem muita vantagem comparativa. Por outro lado, se a parte necessitar da "válvula de segurança" da revisão judicial, modelos como os de Nova Jersey dão a ela um incentivo maior para localizar sua arbitragem lá.

O segundo ponto é que a lógica do caso *Hall Street* não foi totalmente testada judicialmente. Dados os fatos, o caso apenas dispôs que a FAA não permitia expansões da revisão judicial iniciadas pelas partes. A Corte não abordou como trataria as contrações da revisão judicial iniciadas pelas partes. A questão raramente surgiu na jurisprudência, e a visão dominante (predominante) é que tais contrações não são executáveis sob a guarida da FAA.[305] O caso *Hall Street* apoia fortemente esse resultado, pois se baseia na

---

305 Bowen v. Amoco Pipeline Co., 254 F.3d 925, 937 (10º Cir. 2001).

proposição de que as partes não podem manipular contratualmente os fundamentos da FAA para revisão judicial de sentenças arbitrais.

No entanto, o caso *Hall Street* repousa implicitamente na premissa pró-federalismo de que a lei estadual pode ir em outra direção, e essa premissa sugere logicamente que os Estados também podem seguir o exemplo da Bélgica e permitir que as partes contraiam os padrões de revisão judicial de uma sentença. Em princípio, um Estado pode optar por seguir uma posição semelhante com relação à arbitragem doméstica e, assim, "atrair" negócios arbitrais da mesma forma que Delaware fez com a lei societária ou Dakota do Sul com a lei de cartões de crédito (como O'Hara e Ribstein explicaram).

## 4.4 Conclusão

Com base no Capítulo III, este capítulo aprofundou a relação entre a lei de arbitragem e o federalismo. Sua premissa central é que, por meio do princípio da autonomia das partes, as noções de federalismo tiveram um efeito poderoso no desenvolvimento do Direito Arbitral. No que diz respeito às convenções de arbitragem, a visão da Suprema Corte evoluiu de uma abordagem definida por regras padrão (que permite que as partes favoreçam os princípios do federalismo por meio da incorporação da lei estadual) para outra caracterizada por algo que se aproxima de regras obrigatórias (que diminui a importância dessas cláusulas de escolha da lei estadual para a execução da convenção de arbitragem). Por outro lado, nas áreas do processo arbitral e da execução de sentenças, a Corte tem sido mais solícita aos esforços das partes de invocar a lei estadual. A decisão do caso *Hall Street* e a jurisprudência subsequente das cortes estaduais sugerem que a área de execução de sentenças continuará especialmente propícia para a experimentação com a lei de arbitragem, a salvo de preempção federal.

# PARTE III

## ARBITRAGEM E DIREITOS INDIVIDUAIS

# CAPÍTULO V

## ARBITRAGEM, AÇÃO ESTATAL E DEVIDO PROCESSO

> "Ninguém... pode ser privado de sua vida, liberdade ou propriedade sem o devido processo legal..."
>
> – Quinta Emenda à Constituição dos Estados Unidos
>
> "Nenhum Estado privará qualquer pessoa de sua vida, liberdade ou propriedade sem o devido processo legal..."
>
> – Décima Quarta Emenda à Constituição dos Estados Unidos

Os capítulos anteriores examinaram a relação entre a arbitragem e os princípios da estrutura de governo. Este capítulo e o próximo mudam o foco para a relação entre arbitragem e liberdades civis. Esse tópico assumiu uma importância renovada desde que a Suprema Corte permitiu a arbitragem de litígios entre empresas e indivíduos (seja no ambiente de trabalho, de consumo ou de valores mobiliários). Desde então, vários congressistas reivindicaram maiores proteções processuais à arbitragem. Esses argumentos assumiram várias formas, desde apelos para que se declarasse a arbitragem uma ação estatal (e, assim, se impusesse diretamente a ela normas de devido processo) até tentativas de desenvolvimento de "protocolos de devido processo" privados.

Os apelos no Congresso pela reforma da arbitragem criaram atenção renovada a essas propostas. Projetos de lei apresentados nos últimos anos tentaram impor essas proteções por lei. Um projeto de lei apresentado pelo senador Jeff Sessions exigiria que as arbitragens observassem certas proteções processuais. Outro projeto de lei acrescentaria um novo Capítulo IV à Lei Federal de Arbitragem e exigiria que qualquer arbitragem observasse os princípios de certos protocolos privados desenvolvidos na década de 1990.

Embora esses debates tenham gerado muita discussão sobre *se* os princípios do devido processo devem ser incorporados à arbitragem, muito pouca atenção foi dada às questões daí decorrentes sobre o *modo* adequado pelo qual essas proteções processuais podem se desenvolver e evoluir. Pelo menos quatro modos são possíveis – regras constitucionais, mudança da lei, interpretação judicial de esquemas legais existentes sem ação adicional do Congresso e normas privadas, como os protocolos de devido processo legal. Neste capítulo, me concentrarei nessa questão pouco explorada do *modo*.

A teoria jurisprudencial ajuda a informar nossa análise. Como os debates clássicos entre Austin, Hart e outros deixam claro, o Direito pode operar de várias maneiras. Ele pode ser entendido como um conjunto de ditames do Estado aos quais os particulares devem obedecer.[306] Alternativamente, pode operar como um comando moral, que indivíduos privados observam.[307] Visto nessa perspectiva, a linha entre a lei, como um ato positivista do Estado, e outros conjuntos de regras desenvolvidos por organizações privadas pode começar a

306 AUSTIN, John. *The province of jurisprudence determined*. Londres: Murrayt, 1832.

307 HART, Herbert. *The concept of law*. 2ª ed. Oxford: Clarendon Press, 1994 [ed. bras.: HART, Herbert. *O conceito de Direito*. Trad. Antônio de Oliveira Sette-Câmara. São Paulo: WMF Martins Fontes, 2009].

se confundir. Às vezes, as regras privadas podem operar de forma ainda mais poderosa do que as regras públicas.

Assim como as regras (seja na forma do direito, normas ou algum outro arranjo privado) podem assumir várias formas, elas podem também ser articuladas por várias instituições. Assim, a lei pode assumir a forma de um comando constitucional anunciado por uma corte que interpreta uma disposição geral em um documento constitucional ou, alternativamente, de uma norma contratual privada desenvolvida por particulares e por eles observada sem qualquer necessidade de execução pública.

## 5.1 Modos de desenvolvimento jurídico

Para começarmos a desvendar como as regras jurídicas – e as instituições que as moldam – tomam forma, peguemos um exemplo simples, como uma regra que proíbe a execução de indivíduos por crimes cometidos antes de completarem dezoito anos. Tal regra poderia surgir com uma decisão da Suprema Corte que interpreta a Oitava Emenda, e seria instantaneamente aplicável nos Estados em virtude da doutrina da incorporação.[308] Ela também poderia surgir como resultado de uma proibição prevista em lei promulgada por órgãos legislativos. Uma corte poderia interpretar uma lei existente – que não proíbe explicitamente a pena de morte nessas circunstâncias – para que tivesse esse efeito. Finalmente, a "regra" pode surgir como resultado de comportamento privado se, por exemplo, os promotores simplesmente pararem de buscar a pena de morte nessas circunstâncias (ou os júris pararem de condenar réus capitais nessas circunstâncias).

Embora o resultado em todos os casos seja o mesmo, as quatro formas diferem em vários aspectos materiais. Em primeiro lugar, diferem em termos de rigidez. Por exemplo, regras jurídicas que se

---

308 *Ver* Roper v. Simmons, 543 U.S. 551 (2005).

desenvolvem por meio da interpretação da Constituição pela Suprema Corte são especialmente rígidas. Isso porque há relativamente poucos caminhos para desfazê-las – somente uma emenda constitucional ou uma revisão da decisão (que a restrinja ou revogue) da Suprema Corte pode fazê-lo. Por outro lado, as regras elaboradas legislativamente podem ser modificadas de outras formas (ou seja, interpretação judicial ou reforma pelo processo legislativo), embora o número de pontos de veto no sistema legislativo possa complicar a mudança legislativa.[309] Por fim, o desenvolvimento de normas jurídicas privadas pode ser relativamente menos rígido, a depender da identidade e do número de partes envolvidas no processo de articulação das regras, bem como dos métodos de tomada de decisão empregados por essas entidades.

Em segundo lugar, as regras jurídicas diferem em termos dos estímulos que podem moldá-las. Por exemplo, as regras criadas judicialmente frequentemente estão vinculadas a evidências nos "registros" do caso, bem como a quaisquer informações das quais uma corte possa tomar conhecimento judicial adequadamente.[310] Em contraste, as regras desenvolvidas de forma legislativa e privada não operam sob restrições tão estritas. Os tomadores de decisão podem consultar uma variedade de fontes para determinar a regra jurídica ideal para reger uma situação.[311]

---

309 KINGDON, John W. *Agendas, Alternatives and Public Policy*. Nova York: Harper Collins, 1984.

310 *Ver* Sherrer v. Sherrer, 334 U.S. 343, 365–66 (1948) (Frankfurter, J., voto dissidente).

311 *Ver* McWHINNEY, Edward. "The Supreme Court and the Dilemma of Judicial Policy-Making". *Minnesota Law Review*, vol. 39, 1955, pp. 837 e 844 (*citando Sherrer*, 334 U.S. pp. 365/366); *ver também* REBELL, Michael A. "'Judicial Activism' and Public Policy". 50 *JUDGES' J*. 9, 10 (2011); GRYNBERG, Michael. "The Judicial Role in Trademark Law". *Boston College Law Review*, vol. 52, 2011, pp. 1283 e 1301. Essa proposição, no entanto, não está isenta de controvérsias. *Ver, e.g.*, DAVIS, Kenneth. "Facts in Lawmaking". *Columbia Law Review*, vol. 80, 1980, pp. 931 e 934 ("A [Suprema] Corte é perfeitamente capaz

Em terceiro lugar, os modos de criação de regras diferem em termos do método pelo qual o tomador de decisão chega a uma conclusão. Por exemplo, a tomada de decisão judicial simplesmente exige que um juiz articule uma decisão (ou que um painel de juízes concorde com um julgamento e talvez um voto comum que apoie esse julgamento). Por outro lado, as decisões legislativas geralmente requerem algum tipo de consenso sobre a linguagem de um projeto de lei.

Esforços para incorporar os princípios do devido processo na arbitragem assumiram várias dessas formas. Os litigantes em alguns dos primeiros casos argumentaram que a arbitragem constituía uma forma de ação estatal[312] e, portanto, os princípios processuais do devido processo deveriam ser aplicados automaticamente com base na Décima Quarta Emenda. Embora a maioria das cortes tenha

---

de, num caso concreto, ir além do registro para chegar a fatos que são cruciais à decisão... e, num caso concreto, permanecer em silêncio sobre a possibilidade de que um procedimento justo possa exigir que a parte vencida tenha uma chance de responder aos fatos extrarregistro da Corte antes da decisão").

312 Sobre a origem da exigência de ação estatal, *ver, e.g.*, CHEMERINSKY, Erwin. "Rethinking State Action". *Northwestern University Law Review*, vol. 80, 1985, p. 503.

rejeitado essa visão,[313] ela atraiu muita atenção da academia que discute arbitragem.[314]

---

313 *Ver*, *e.g.*, Perpetual Securities, Inc. v. Tang, 290 F.3d 132, 138 (2º Cir. 2002); D. L. Cromwell Invs. v. NASD Regulation, 279 F.3d 155, 161-63 (2º Cir. 2002); Desiderio v. NASD, 191 F.3d 198, 206 (2º Cir. 1999); Koveleskie v. SBC Capital Markets, Inc., 167 F. 3d 361, 368 (7º Cir. 1999); Duffield v. Robertson Stephens & Co., 144 F.3d 1182, 1202 (9º Cir.1998)., *superada posteriormente com base em outros fundamentos*, E.E.O.C. v. Luce, Forward, Hamilton & Scripps, 345 F.3d 742 (9º Cir. 2003); Gallus Investments, L.P. v. Pudgie's Famous Chicken, Ltd., 134 F.3d 231, 234 (4º Cir. 1998); Davis v. Prudential Sec. Inc., 59 F.3d 1186, 1190-1192 (11º Cir.1995); FDIC v. Air Florida Sys., Inc., 822 F.2d 833, 842 (9º Cir. 1987); InterChem Asia 2000 Pte. Ltd. v. Oceana Petrochemicals AG, 373 F. Supp.2d 340, 359 n.16 (S.D.N.Y. 2005); Lawrence v. Wilder Richman Sec. Corp., 359 F. Supp.2d 161, 166 (D. Conn. 2005); Mesdag v. MBNA Am. Bank, N.A., No. CV 04–1321-MO, 2005 WL 418549 (D. Or. 17 fev. 2005); Yonir Tech., Inc. v. Duration Sys. (1992) Ltd., 244 F. Supp.2d 195, 208 (S.D.N.Y. 2002); Century Aluminum of West Virginia, Inc. v. United Steelworkers of Am., 82 F. Supp. 2d 580, 583 n. 4 (S.D. W. Va. 2000); Martens v. Smith Barney, Inc., 190 F.R.D. 134, 140 (S.D.N.Y. 1999); Porush v. Lemire, 6 F. Supp. 2d 178, 186 (E.D.N.Y. 1998); Sanders v. Gardner, 7 F. Supp. 2d 151 (E.D.N.Y. 1998); Cremin v. Merrill Lynch, Pierce, Fenner & Smith, Inc., 957 F. Supp. 1460, 1466 (N.D. Ill. 1997); Illyes v. John Nuveen & Co., Inc., 949 F. Supp. 580, 584 (N.D. Ill. 1997). *Mas ver* R.J. O'Brien & Assoc., Inc. v. Pipkin, 64 F.3d 257, 262 (7º Cir. 1995) (que sustenta que a Associação Nacional de Futuros funcionou como um ator estatal quando desempenhou a função de registro delegada pelo governo federal).

314 *Ver* COLE, Sarah Rudolph. "Arbitration and State Action". *BUY Law Review*, 2005; REUBEN, Richard C. "Constitutional Gravity: a Unitary Theory of Alternative Dispute Resolution and Public Civil Justice". *University of Missouri School of Law Scholarship Repository*, vol. 47, 2000, p. 949; STERNLIGHT, Jean R. "Rethinking the Constitutionality of the Supreme Court's Preference for Binding Arbitration: a Fresh Assessment of Jury Trial, Separation of Powers, and Due Process Concerns". *Tulane Law Review*, vol. 72, 1997.

## 5.2 A arbitragem é ação estatal?

A questão da ação estatal merece uma consideração cuidadosa, pois os riscos são enormes. Se a arbitragem constituísse uma ação estatal, poderiam decorrer várias consequências. As regras processuais do devido processo poderiam ser aplicadas a arbitragens. O direito ao júri previsto na Sétima Emenda poderia incidir. Impugnações aos árbitros poderiam estar sujeitas à revisão do caso *Batson*.[315] Por fim, os árbitros poderiam estar sujeitos à responsabilização prevista na Seção 1983 (a menos que tenham imunidade oficial).[316]

Em minha visão, a arbitragem, no geral, não constitui uma ação estatal. Embora as tipologias possam variar um pouco, a Suprema Corte tem decidido que uma entidade privada pode ser considerada um ator estatal em duas situações principais: (1) quando o ator privado está exercendo um poder tradicionalmente reservado exclusivamente ao Estado; e (2) quando o Estado forneceu "incentivo significativo"

---

315 *Ver* COLE, Sarah R.; SPITKO, E. Gary. "Arbitration and the Batson Principle". *Georgia Law Review*, vol. 38, 2004, p. 1145 (que avalia se a contestação a árbitros motivada por propósitos discriminatórios viola os princípios do caso *Batson*); Smith v. Am. Arbitration Assoc., Inc., 233 F.3d 502 (7º Cir. 2000) (que rejeita a contestação ao tribunal arbitral baseada no caso *Batson*).

316 *Ver*, *e.g*, Weinraub v. Glen Rauch Sec., Inc., 399 F. Supp.2d 454 (S.D.N.Y. 2005) (que se baseia na falta de ação do Estado para rejeitar a reivindicação da Seção 1983 contra o árbitro com base em alegadas privações do devido processo). Sobre o alcance da responsabilidade e da imunidade do árbitro, ver RUTLEDGE, Peter B. "Toward a Contractual Approach for Arbitral Immunity". *Georgia Law Review*, vol. 39, 2004, p. 151; WESTON, Maureen A. "Reexamining Arbitral Immunity in an Age of Mandatory and Professional Arbitration". *Minnesota Law Review*, vol. 88, 2004, p. 449; FRANCK, Susan D. "The Liability of International Arbitrators: a Comparative Analysis and Proposal for Qualified Immunity". *Articles in Law Reviews & Other Academic Journals*, vol. 20, 2000; GUZMAN, Andrew T. "Arbitrator Liability: Reconciling Arbitration and Mandatory Rules". *Duke Law Journal*, vol. 49, 2000, p. 1279.

para a conduta do ator privado.[317] Esta parte do capítulo abordará cada uma dessas teorias separadamente.

*Função tradicional do Estado*: em decisões anteriores, a Corte reconheceu que um ator privado pode se engajar em uma ação estatal quando o Estado delegou a ele "poderes tradicionalmente reservados exclusivamente ao Estado".[318] Por exemplo, no caso *Marsh v. Alabama*, a Corte considerou que o fornecimento completo de serviços municipais por uma empresa privada em uma "cidade privada" constituía ação estatal e, portanto, sujeitava os regulamentos da empresa sobre a distribuição de literatura religiosa às restrições da Primeira Emenda.[319] Da mesma forma, no caso *Terry v. Adams*, a Corte considerou que a eleição pré-primária realizada de maneira privada, que efetivamente determinou o vencedor de uma eleição primária e geral, constituiu ação estatal e, portanto, sujeitava um partido político organizado de maneira privada às restrições da Décima Quinta Emenda.[320]

Com base nessa linha de precedente, alguns estudiosos, principalmente Richard Reuben, construíram um argumento elegante de que a arbitragem constitui uma ação estatal. A primeira premissa do argumento de Reuben é que a resolução de disputas é um "poder tradicionalmente reservado exclusivamente ao Estado". A segunda premissa é que o Estado, ao garantir as convenções de arbitragem, delegou efetivamente esse poder a atores privados. No silogismo de Reuben, essas duas premissas apoiam a conclusão

317 *See* CHEMERINSKY, Erwin. *Constitutional law*: principles and policies. 2ª ed. Nova York: Aspen Law, 2002, §6.4.4; ROTUNDA, Ronald D.; NOVAK, John E. *Treatise on constitutional law*: substance and procedure. 3º ed. St. Paul: West Group, 1999, § 16.

318 *Ver*, *e.g.*, Am. Mfrs. Mut. Ins. Co. v. Sullivan, 526 U.S. 40, 55 (1999); Jackson v. Metropolitan Edison Co., 419 U.S., a345, 352 (1974).

319 326 U.S. 501 (1946).

320 345 U.S. 461 (1953).

de que a arbitragem privada constitui ação estatal.[321] Ao permitir a arbitragem, o Estado delegou seu poder tradicional de resolver disputas a entidades puramente privadas, assim como o Estado no caso *Marsh* delegou a administração da cidade ou no caso *Terry* as eleições a grupos privados.

Como explicou a professora Sarah Cole, analisado nesse nível de generalidade, esse argumento é problemático.[322] A Corte enfatizou repetidamente que a teoria da delegação exige que a entidade privada exerça uma função pública *exclusiva*.[323] No caso *Flagg Brothers v. Lefkowitz*, por exemplo, a Corte declarou que "a resolução de disputas entre devedores e credores não é tradicionalmente uma função pública *exclusiva*".[324] É claro que o caso *Flagg Brothers* não precisa ser lido de maneira tão ampla quanto Cole sugere. O caso poderia ser facilmente lido de forma mais restrita para se aplicar a sistemas de "garantia", como os que estão em questão no caso *Flagg Brothers*, em vez de se aplicar a todas as formas de resolução de disputas. Uma leitura tão restrita do caso *Flagg Brothers* deixaria em aberto a questão mais ampla de saber se a resolução de toda uma disputa comercial (em vez da invocação de um remédio de garantia mais limitado) constitui uma função pública tradicionalmente exclusiva.

---

321 REUBEN, Richard C. "Constitutional Gravity: a Unitary Theory of Alternative Dispute Resolution and Public Civil Justice". *University of Missouri School of Law Scholarship Repository*, vol. 47, 2000, pp. 994-999.

322 COLE, Sarah Rudolph. "Arbitration and State Action". *BUY Law Review*, 2005, p. 48.

323 *Ver* San Francisco Arts & Athletics, Inc. v. U.S. Olympic Comm., 483 U.S. 522, 544 (1987); Rendell-Baker v. Kohn, 457 U.S. 830, 842 (1982).

324 436 U.S. 149, 161 (1978) (ênfase do autor). *Ver também* 436 U.S. p. 173 ("Há uma série de funções estaduais e municipais não cobertas por nossos casos nem regidas pelo raciocínio do caso *Marsh* que foram administradas com maior ou menor grau de exclusividade por Estados e municípios que têm a função do que se chama de 'resolução de disputas'").

Mesmo admitindo que o caso *Flagg Brothers* não pode ser lido de forma tão restrita, Cole analisa a questão no nível errado de generalidade. O argumento de Cole pressupõe que a "resolução de disputas" abrange uma ampla gama de atividades, desde dois vizinhos que resolvem uma disputa sobre uma cerca com um aperto de mãos até duas empresas que batalham em um caso comercial numa lógica de terra arrasada. Analisada nesse nível de generalidade, é claro que a resolução de conflitos não é uma prerrogativa exercida exclusivamente pelo Estado, pois o Estado não cumpre qualquer papel no aperto de mãos entre vizinhos.

Uma representação melhor da questão poderia ser questionar se a resolução de disputas – *quando a resolução é respaldada pelo uso legal da força, se necessário, para impor o resultado* – é uma função tradicional exercida exclusivamente pelo Estado. Analisada nesse nível de generalidade, a solução de controvérsias poderia ser vista como mais uma prerrogativa tradicional exercida exclusivamente pelo Estado. Como qualquer estudante de processo civil reconhecerá, esse era, no fundo, o efeito tradicional de uma sentença – resolver uma disputa de uma maneira que, se não fosse voluntariamente cumprida, estaria sujeita à execução por meio de atos coercitivos do Estado. O poder de proferir tal julgamento era tradicionalmente exercido somente pelo Estado. As leis de arbitragem, prosseguiria o argumento, estendem esse poder excepcional aos árbitros. Sentenças arbitrais, como julgamentos (e como apertos de mãos) podem ser usadas para resolver disputas. Porém, ao contrário dos apertos de mãos, as decisões de arbitragem gozam de um *status* especial. Por meio dos processos de conhecimento e execução, exemplificados pela Seção 10 da Lei Federal de Arbitragem, as sentenças arbitrais podem ser equiparadas a uma sentença judicial.[325] Ou seja, uma vez reconhecidas, podem ser respaldadas por todo o poder coercitivo do Estado se isso for necessário para dar efeito aos comandos da sentença.

---

325 *Ver* 9 U.S.C. § 10.

Os casos de exclusão jurisdicional também sustentam o argumento de que a arbitragem – como uma forma de resolução de disputas potencialmente apoiada pela coerção do Estado – qualifica-se como desempenho privado de uma função pública tradicional. Conforme observado na Introdução, no século XIX, as cortes recusavam-se a executar convenções de arbitragem, alegando que elas destituíam ilegalmente a jurisdição das cortes. Esses casos só fazem sentido se aceitarmos a noção de que os árbitros estão realizando uma função tradicionalmente desempenhada pelas cortes. Eventualmente, as cortes e os legislativos abandonaram o argumento da exclusão jurisdicional. De fato, um dos principais propósitos da FAA foi superar a hostilidade de décadas que as cortes demonstravam em relação à arbitragem.[326] À medida que essas formas entraram em vigor, sem dúvida, uma parte dessa função pública tradicional de resolver disputas com potencial para execução coercitiva foi delegada à arbitragem.

Em última análise, porém, esse argumento, mesmo quando analisado nesse nível de generalidade, não sustenta a conclusão de que a arbitragem constitui ação estatal sob a teoria da "função pública tradicional". Isso porque, na maioria dos casos, o Estado não delega toda a sua função de resolução de disputas aos árbitros. Em vez disso, reserva algum poder de revisão, mesmo que residual ou limitado. Na arbitragem doméstica, portanto, as cortes ainda revisam sentenças arbitrais de acordo com a Seção 10 da FAA e vários fundamentos não previstos nela, como manifesto desrespeito à lei.[327] De maneira

---

326 *Ver, e.g.*, Circuit City Stores, Inc. v. Adams, 532 U.S. 105 (2001); Allied-Bruce Terminix Cos., Inc. v.Dobson, 513 U.S. 265, 272 (1995); Gilmer v. Interstate/Johnson Lane Corp., 500 U.S. 20, 24, 111 S. Ct. 1647, 114 L. Ed. 2d 26 (1991); Mitsubishi Motors Corp. v. Soler Chrysler-Plymouth, Inc., 473 U.S. 614, 625 n. 14 (1985); Dean Witter Reynolds Inc. v. Byrd, 470 U.S. 219–21 & n. 6 (1985); Scherk v. Alberto-Culver Co., 417 U.S. 506, 510 & n. 4 (1974).

327 *Ver* 9 U.S.C. § 10; First Options, Inc v. Kaplan, 514 U.S. 938 (1995); Wilko v. Swan, 346 U.S. 427, 436/437 (1953), *superada posteriormente*

semelhante, na arbitragem internacional abrangida pelas convenções multilaterais das quais os Estados Unidos são parte, as cortes ainda reservam um papel limitado de revisão judicial.[328] Indiscutivelmente, em um sistema no qual o Estado tenha cedido inteiramente todas as suas funções de revisão judicial (como a Bélgica fez com certas formas de arbitragem que não envolvem residentes belgas), o argumento da ação estatal seria mais persuasivo.[329] Enquanto o Estado reservar para si algum poder residual para decidir se reconhece e executa a sentença, ele não delegou a função pública. Por esse motivo, a arbitragem não deve ser considerada uma ação estatal de acordo com a teoria da função pública, conforme estabelecida nos casos *Marsh* e *Terry*.[330]

*Incentivo significativo*: um segundo motivo pelo qual a conduta privada pode se qualificar como ação estatal é quando o Estado forneceu "incentivo significativo" à atividade privada. No caso

---

*com base em outros fundamentos*, Rodriguez de Quijas v. Shearson/Am. Express, Inc., 490 U.S. 477 (1989).

328 *Ver*, *e.g.*, Convention on the Recognition and Enforcement of Foreign Arbitral Awards Art. V; Interamerican Convention Art. V.

329 Para uma tradução da legislação belga ao inglês, ver *Belgium: Statute on the Setting Aside of Arbitral Awards*, Mar. 27, 1985, 25 I.L.M. 725 (1986). Para uma discussão da legislação belga, ver HOUTTE, H. Van. "La Loi Belge du 27 mars 1985 sur l'Arbitrage International". *Revue de L'Arbitrage*, 1986, p. 29; OKEKE, Edward Chukwuemeke. "Judicial Review of Foreign Arbitral Awards: Bane, Boon or Boondoggle?" *New York International Law Review*, vol. 10, 1997, pp. 29 e 44-46.

330 É possível criticar esse argumento com a alegação de que ele põe a forma acima da substância. Por que a reserva residual do poder estatal de revisar uma sentença arbitral isentaria a arbitragem da doutrina da "ação estatal" se as cortes, no exercício desse poder, rotineiramente mantêm sentenças arbitrais? A resposta curta é que a Corte consistentemente empregou uma abordagem formalista na aplicação dessa vertente da doutrina da ação estatal. Abordagens funcionalistas são reservadas a outras vertentes, discutidas abaixo. Agradeço a Nic Howell pelas indagações sobre esse ponto.

*American Manufacturer's Mutual Insurance v. Sullivan*, a Corte caracterizou a seguinte linha doutrinária:

> Em casos que envolvam ampla regulamentação estatal da atividade privada, sustentamos consistentemente que o mero fato de uma empresa estar sujeita à regulamentação estatal não converte sua ação em ação do Estado para os fins da Décima Quarta Emenda... [Assim, deve haver] um nexo suficientemente estreito entre o Estado e a ação questionada do regulado para que tal ação possa ser tratada de maneira correta como sendo do próprio Estado. A existência de tal nexo tão próximo... *depende de se o Estado exerceu poder coercitivo ou forneceu incentivo suficientemente significativo, seja abertamente ou implicitamente, para que a escolha deva, de acordo com o direito, ser considerada do Estado.*[331] (ênfase do autor).

Mais do que o teste da "função pública", esse teste do "incentivo significativo" tem sido o principal campo de batalha no qual os debates mais recentes sobre a ação do Estado foram travados. Por exemplo, no caso *Edmonson v. Leesville Concrete Co., Inc.*, a Corte considerou que o uso de contestações peremptórias legalmente autorizadas por um litigante privado constitui ação estatal e, portanto, está sujeito às limitações estabelecidas na Cláusula de Igual Proteção.[332] Em contraste, no caso *Sullivan*, a Corte considerou que a decisão do Estado que permitia que seguradoras privadas adiassem pagamentos de indenização trabalhista durante o período da revisão não constituía o tipo de "incentivo significativo" que dava origem a uma ação estatal e, portanto, isso não sujeitava os mecanismos de revisão da seguradora às restrições da Cláusula do Devido Processo.[333]

---

331 526 U.S. 40, 52 (1999) (citações omitidas).

332 500 U.S. 614, 622-625 (1991).

333 526 U.S. pp. 53-55.

Richard Reuben fundamenta nessa linha de casos um segundo argumento a favor da ideia de que a arbitragem constitui ação estatal. Reuben postula que, apesar do senso comum sobre a arbitragem como algo distante do processo judicial, as cortes estão intimamente envolvidas na arbitragem. Entre outras coisas, elas decidem se obrigam à arbitragem; se o processo judicial deve ser suspenso pela arbitragem; e se devem executar, modificar ou anular uma sentença arbitral.[334]

Em algumas arbitragens, as cortes desempenham papeis adicionais – às vezes nomeiam árbitros quando as partes não conseguem chegar a um acordo, resolvem disputas sobre o local da arbitragem e decidem se devem executar as intimações emitidas pelos árbitros.[335] Além disso, a lei geralmente concede às arbitragens imunidade absoluta em relação à responsabilidade civil. Reuben argumenta que a soma líquida desse envolvimento, sem dúvida "estabelece um nexo inseparável e indispensável entre atores aparentemente privados e seus parceiros governamentais".[336]

O argumento de Reuben encontra apoio na decisão da Suprema Corte no caso *Shelley v. Kramer.*[337] O caso *Shelley* envolvia dois casos em que proprietários de imóveis assinaram contratos contendo cláusulas restritivas que proibiam não-caucasianos de ocupar a propriedade. Em ambos os casos, afro-americanos compraram a propriedade em questão e os vizinhos entraram com uma ação para

---

334 *Ver* 9 U.S.C. §§ 3, 4, 9-11.

335 9 U.S.C. §§ 5, 7. *Ver, em geral,* DRAHOZAL, Christopher R. *Commercial Arbitration.* 2ª ed. Newark: LexisNexis, 2006, pp. 367-393 e 418-432; BORN, Gary. *International Commercial Arbitration.* Alphen aan den Rijn: Kluwer Law International, 2009, pp. 469-514 e 573-643.

336 *Ver* REUBEN, Richard C. "Constitutional Gravity: a Unitary Theory of Alternative Dispute Resolution and Public Civil Justice". *University of Missouri School of Law Scholarship Repository*, vol. 47, 2000, p. 1006.

337 334 U.S. 1 (1948).

fazer cumprir as cláusulas restritivas. A Suprema Corte considerou que a execução judicial das cláusulas restritivas constituía ação estatal e, portanto, negava proteção igualitária aos compradores afro-americanos.[338] Segundo a lógica do caso *Shelley*, prossegue o argumento, um Estado "incentiva de maneira significativa" a conduta privada quando executa uma convenção de arbitragem ou uma sentença, da mesma forma que incentivou a conduta privada quando executou a cláusula racialmente restritiva.

Como o professor Erwin Chemerinsky e outros reconheceram, precedentes como o do caso Shelley "se levados à sua conclusão lógica, demonstram que, de acordo com uma análise positivista, a ação do Estado está presente em todas as violações privadas de direitos constitucionais".[339] O caso Shelley potencialmente equivale a uma ampla expansão do significado da ação estatal, revertendo amplamente a tradição de interpretação restritiva que remonta aos *Casos de Direitos Civis*.[340] No contexto da arbitragem, as implicações do caso *Shelley* são igualmente profundas. Seguindo a relutância judicial geral em expandir o caso *Shelley*, nenhuma corte adotou a teoria de Reuben no contexto da arbitragem, mas pelo menos uma corte reconhece sua plausibilidade.[341]

---

338 334 U.S. (1948), p. 20.

339 CHEMERINSKY, Erwin. "Rethinking State Action". *Northwestern University Law Review*, vol. 80, 1985, p. 524. *Ver também* SIEGEL, Steven. "The Constitution and Private Government: Toward the Recognition of Constitutional Rights in Private Residential Communities Fifty Years after Marsh v. Alabama". *William & Mary Bill of Rights Journal*, vol. 6, 1998, p. 461; SAXER, Shelley Ross. "Shelley v. Kramer's Fiftieth Anniversary: 'a Time for Keeping; a Time for Throwing Away?'" *University of Kansas Law Review*, vol. 47, 1998, p. 61; HENKIN, Louis. "Shelley v. Kramer: Notes for a Revised Opinion". *University of Pennsylvania Law Review*, vol. 110, 1962, p. 473.

340 109 U.S. 3 (1883).

341 *Ver* Commonwealth Associates v. Letsos, 40 F. Supp. 2d 170, 177 n. 37 (S.D.N.Y. 1999).

Sarah Cole tenta evitar a força do argumento enraizado no caso *Shelley v. Kramer* limitando a lógica do caso a exclusões baseadas em raça. Embora esse argumento encontre apoio entre acadêmicos, o caso não é tão fácil de limitar. É claro que, textualmente, o requisito da ação do Estado não distingue entre exclusões "baseadas em raça" e "não baseadas em raça". Tampouco a Corte sustentou como uma questão de precedente que os contornos da doutrina da ação estatal variam de acordo com o Direito Constitucional em jogo. Além disso, essa distinção ignora o fato de que a limitação da ação do Estado tem suas raízes na Declaração de Direitos, não apenas na Décima Quarta Emenda. Assim, os fundamentos históricos óbvios dessa doutrina não estão na raça, mas, em vez disso, em outros valores como a liberdade, o federalismo e a separação de poderes.[342] Na verdade, se Cole estivesse correta ao afirmar que a exigência de ação do Estado era mais ampla em casos baseados em raça, seria de se esperar que certos casos, como os *Casos de Direitos Civis*, fossem decididos de outra maneira.

Em vez disso, o argumento de Reuben falha em apreciar as distinções salientes entre a execução judicial no caso *Shelley* e a execução judicial na arbitragem. No caso *Shelley*, quando as cortes inferiores executaram as cláusulas restritivas, elas estavam dando efeito a relações jurídicas entre indivíduos privados (os proprietários caucasianos) *que afetavam terceiros* (os compradores afro-americanos). Por outro lado, quando uma corte inferior executa uma convenção (ou sentença) arbitral, geralmente está apenas dando efeito a relações jurídicas entre as próprias partes, *sem qualquer efeito (pelo menos direto) sobre terceiros.*[343] Essa distinção é mais do que uma

342 *The Civil Rights Cases*, 109 U.S. 3, 11, 23 (1883).

343 Em alguns casos, as cortes executarão as convenções de arbitragem contrapartes que não são signatárias delas (como fiadores, cessionários e terceiros beneficiários). *Ver* BORN, Gary. *International Commercial Arbitration*. Alphen aan den Rijn: Kluwer Law International, 2009, pp. 668-672. De acordo com a distinção proposta aqui, esses casos pareceriam mais alinhados ao caso *Shelley*, e a execução judicial de uma

casualidade. Lembre-se de que o componente crítico dessa vertente da doutrina da ação estatal é o "incentivo significativo" da atividade privada. Visto sob essa ótica, dar efeito jurídico a relações privadas que afetam terceiros reforça uma norma privada de uma maneira que não ocorre quando uma corte está apenas proferindo uma decisão cujo alcance não se estende para além das próprias partes.

Reconhecidamente, esse argumento não é hermético em pelo menos dois aspectos. Em primeiro lugar, minimiza um tipo de "incentivo" presente em ambos os casos. Em ambos os casos, a execução judicial – seja da convenção restritiva ou da convenção (ou sentença) arbitral – incentiva a conduta privada ao garantir que ela terá efeito legal contra uma parte relutante (os compradores afro-americanos no caso *Shelley*, a parte que resiste à arbitragem). Em segundo lugar, a distinção pressupõe que ambas as partes no ambiente da arbitragem são participantes voluntários. Como observaram diversos partícipes do modelo de arbitragem por contrato de adesão, normalmente uma das partes tem uma posição de negociação significativamente inferior e, portanto, sem dúvida não tem escolha se deseja entrar no acordo.[344] Se aceitarmos essa avaliação, então, a parte na arbitragem com posição de negociação inferior começa a se assemelhar ao terceiro comprador afro-americano do caso *Shelley*. No entanto, se aceitarmos essas limitações, a distinção de "terceiros" fornece um

obrigação dessas partes constituiria uma ação estatal. Eles podem, no entanto, ser conciliados com o modelo habitual de arbitragem entre os signatários, com base no fato de que terceiros como fiadores são melhor entendidos como "agentes" ou "representantes" das próprias partes e, portanto, partes da convenção de arbitragem.

344 *Ver*, *e.g.*, FRANCE, Lucy T.; KELLY, Timothy C. "Mandatory Arbitration of Civil Rights Claims in the Workplace: no Enforceability without Equivalency". *Montana Law Review*, vol. 64, 2003, p. 449; DAVIS, Kenneth R. "Arbitration Claws: Unconscionability in the Securities Industry". *Boston University Law Review*, vol. 78, 1998, p. 255; SPEIDEL, Richard E. "Contract Theory and Securities Arbitration: Whither Consent?" *Brooklyn Law Review*, vol. 62, 1996, pp. 1335 e 1349.

meio mais coerente e baseado em princípio para que distingamos a execução judicial de convenções arbitrais do caso *Shelley* do que a distinção baseado em raça/não baseado em raça oferecida por Cole.

Além dos argumentos baseados no caso *Shelley*, um segundo argumento para o suposto "incentivo significativo" da arbitragem encontra suas raízes no suposto viés pró-arbitragem da Suprema Corte em suas decisões. Essa linha de argumentação, desenvolvida com mais força pelo professor Jean Sternlight, presume que a execução judicial neutra de disposições contratuais não constitui ação estatal, mas, afirma que a Suprema Corte está longe de ser neutra.[345] Em vez disso, Sternlight argumenta que uma série de doutrinas de cânones da Suprema Corte refletem um viés a favor da arbitragem, dando assim origem a ação do Estado. Essas doutrinas incluem (1) a interpretação de cláusulas de arbitragem ambíguas a favor da arbitralidade,[346] (2) a interpretação restritiva de defesas contra a execução de convenções de arbitragem,[347] (3) a interpretação de que as defesas da Seção 2 contra a execução de uma convenção de arbitragem se estendem apenas às defesas contratuais geralmente aplicadas,[348] (4) a permissão para que o árbitro decida sobre defesas contra a execução do contrato,[349] (5) a interpretação restritiva da exclusão da Seção 1 de trabalhadores envolvidos em negócios interestaduais,[350]

---

345 STERNLIGHT, Jean R. "Rethinking the Constitutionality of the Supreme Court's Preference for Binding Arbitration: a Fresh Assessment of Jury Trial, Separation of Powers, and Due Process Concerns". *Tulane Law Review*, vol. 72, 1997, pp. 44-47.

346 *Ver*, *e.g.*, Mastrobuono v. Shearson Lehman Hutton, Inc., 514 U.S. 52 (1995).

347 *Ver*, *e.g.*, Moses H. Cone Mem'l Hosp. v. Mercury Constr. Corp., 460 U.S. 1, 24/25 (1983).

348 *Ver*, *e.g.*, Doctor's Associates, Inc. v. Casarotto, 517 U.S. 681 (1996).

349 *Ver*, *e.g.*, Buckeye Check Cashing, Inc. v. Cardegna, 126 S.Ct. 1204 (2006); Prima Paint Corp. v. Flood & Conklin Mfg. Co., 388 U.S. 395 (1967).

350 *Ver*, *e.g*, Circuit City Stores, Inc. v. Adams, 532 U.S. 105 (2001).

e (6) a decisão de que a FAA prevalece sobre as leis estaduais que não colocam as convenções de arbitragem em pé de igualdade com outros contratos.[351] De acordo com o argumento de Sternlight, esses indícios de um viés judicial pró-arbitragem, tanto individual quanto coletiva, constituem um tipo de "incentivo estatal significativo", o que converte a arbitragem em ação estatal.

Esse argumento, embora contundente, tem vários pontos fracos. Em primeiro lugar, na medida em que depende da premissa de que uma decisão judicial pode constituir ação do Estado, ela desmorona pelas mesmas razões que o argumento de Reuben baseado no caso *Shelley*. Em segundo lugar, Sternlight descaracteriza várias dessas doutrinas. Por exemplo, ele alega que a Corte permitiu que os árbitros decidissem se as convenções de arbitragem são nulas de acordo com as defesas contratuais geralmente aplicáveis da Seção 2.[352] Na verdade, a Corte disse exatamente o contrário – ela enfatizou repetidamente que as cortes, e não os árbitros, devem decidir sobre as contestações à convenção de arbitragem, a menos que as partes tenham empregado linguagem clara e inequívoca delegando essa decisão ao árbitro.[353] Da mesma maneira, a limitação das defesas na execução pela Suprema Corte àquelas geralmente aplicáveis a contratos nada mais faz do que dar efeito aos termos claros da Seção 2, que afirma que "Um acordo por escrito de submissão à arbitragem... deverá ser... exequível, a não ser pelos motivos previstos em lei e na equidade para a revogação *de qualquer contrato*".

---

351 *Ver*, *e.g.*, Doctor's Assocs., Inc. v. Casarotto, 517 U.S. 681 (1996).

352 STERNLIGHT, Jean R. "Rethinking the Constitutionality of the Supreme Court's Preference for Binding Arbitration: a Fresh Assessment of Jury Trial, Separation of Powers, and Due Process Concerns". *Tulane Law Review*, vol. 72, 1997, pp. 45/46.

353 *Ver*, *e.g.*, *Buckeye Check Cashing*, 126 S.Ct. p. 1209 (que interpreta vários precedentes da Corte para estabelecer a proposição de que "*a menos que a impugnação seja à própria cláusula de arbitragem*, a questão da validade do contrato é apreciada em primeira instância pelo árbitro") (ênfase nossa)

Mesmo se deixarmos essas imprecisões de lado, porém, o argumento de Sternlight naufraga pela simples razão de que não consegue comprovar que o alegado "viés" na jurisprudência da Suprema Corte constitui o tipo de "incentivo significativo" que faz com que uma conduta de um ator privado possa ser "imputada de maneira razoável" ao Estado. O argumento de Sternlight elude totalmente esse ponto crítico. Ele não cita nenhuma autoridade para essa proposição implícita, e isso não surpreende, pois suas conclusões lógicas seriam absurdas. Se Sternlight estivesse correto, então todo ator privado que confiasse em uma interpretação judicial de uma lei indiscutivelmente ambígua se transformaria repentinamente em um ator estatal em virtude dessa confiança. Essa posição, se válida, apagaria todos os limites da doutrina da ação estatal. Em vez disso, a interpretação da Lei Federal de Arbitragem pela Corte – e consequentemente sua relutância em intervir em disputas arbitrais – é melhor entendida como "inação", como a Corte explicou em contextos análogos.[354] Por exemplo, a decisão da Corte no caso *Sullivan* de executar a lei resultou em seguradoras tendo a opção de reter os pagamentos sob revisão. Permitir que uma parte exerça sua própria discricionariedade não se eleva ao nível de "incentivo significativo" a ponto de converter essa ação inegavelmente privada em ação estatal.[355] De maneira semelhante, no caso *Flagg Brothers*, a Corte interpretou adequadamente sua recusa em intervir em uma transação privada como inação. A Corte argumentou que caracterizar essa inação como ação estatal converteria a recusa do Estado em fornecer um remédio em um ato positivo do Estado.[356] À luz dessa inação, a conduta das partes privadas – aquelas envolvidas na arbitragem – não pode, portanto, ser "imputada de maneira razoável" ao Estado.[357]

354 *Ver* Am. Mfrs. Mut. Ins. Co. v. Sullivan, 526 U.S. 40, 53/54 (1999); Flagg Brothers, Inc. v. Brooks, 436 U.S. 149, 164/165 (1978).

355 *Sullivan*, 526 U.S. p. 54.

356 *Flagg Brothers*, 436 U.S. p. 166.

357 Aqui, deve-se reconhecer uma tensão conceitual entre as vertentes da doutrina baseadas na "função pública" e aquelas baseadas no "incentivo

Um terceiro argumento, mais sutil, trata a arbitragem como ação estatal com base nas relações entre as partes da arbitragem e certas agências públicas ou quase públicas envolvidas na regulação dessas partes. Esse argumento, proposto por Sarah Cole, divide a arbitragem em três tipos: ordenada por uma corte, iniciada por uma agência e contratual.[358] A arbitragem ordenada por uma corte envolve alguns dos tipos de arbitragem involuntária observados no parágrafo de definições de nossa introdução.[359] A arbitragem iniciada por uma agência envolve situações em que um regulador, como a Comissão de Valores Mobiliários e Câmbio (SEC), aprova as regras de uma entidade que, entre outras coisas, fornece serviços de arbitragem, como a NASD, cujos membros devem arbitrar suas disputas. A arbitragem contratual envolve o tipo de transação mais direto – duas partes celebram um contrato contendo uma cláusula de arbitragem, que uma corte posteriormente executa. De acordo com essa tipologia, argumenta Cole, tanto a arbitragem ordenada por uma corte quanto a iniciada por uma agência constituem ação estatal, enquanto a arbitragem contratual não. Concordo com Cole (e outros) que a arbitragem puramente ordenada por uma corte (ou seja, involuntária) constitui ação estatal,[360] então me concentrarei em sua alegação de que a arbitragem iniciada por uma agência também o é.

---

significativo". Enquanto os limites da doutrina da "função pública" dependem da reserva ao Estado de algum papel residual na supervisão das convenções e das sentenças arbitrais, os limites do "incentivo significativo" dependem de o Estado não desempenhar um papel muito relevante. Essa tensão ilustra uma das dificuldades de se manter uma demarcação de princípio entre a conduta pública e a conduta privada no âmbito da ação estatal.

358 COLE, Sarah Rudolph. "Arbitration and State Action". *BUY Law Review*, 2005.

359 *Ver* COLE, Sarah Rudolph. "Arbitration and State Action". *BUY Law Review*, 2005, pp. 6/7.

360 *Ver* COLE, Sarah Rudolph. "Arbitration and State Action". *BUY Law Review*, 2005, pp. 6/7.

O argumento original de Cole, embora a princípio bastante atraente, não resiste a um exame minucioso. De início, a diferenciação proposta por Cole entre arbitragem iniciada por uma agência e arbitragem contratual importa alguns vieses que devem ser explicitados. Por um lado, o termo "iniciado por uma agência" é equivocado em vários aspectos. O termo "agência" significa a SEC ou a NASD? Qualquer que seja o sentido, em nenhum dos casos a "agência" está "iniciando" algo. A arbitragem comum entre uma casa de corretagem e um corretor ou entre um corretor e um investidor envolve um contrato entre duas partes privadas que contém uma cláusula de arbitragem. Visto por esse prisma, o tratamento dado a essas arbitragens não deve ser diferente daquele dado a outras arbitragens contratuais, que a própria Cole reconhece não preencherem os requisitos para configurar ação estatal.

Aqui, é claro, pode-se responder que as arbitragens iniciadas por agências diferem das arbitragens contratuais em um aspecto importante. As arbitragens iniciadas por agências, prosseguiria a resposta, envolve termos que são impostos ao empregado ou ao investidor, enquanto as arbitragens contratuais envolvem escolha voluntária. Essa resposta, porém, seria imprecisa. Em muitos ramos do mercado, os contratos de trabalho padrão contêm cláusulas de arbitragem como algo natural. Além disso, no contexto da arbitragem iniciada por uma agência, assim como na arbitragem contratual, as partes contratantes fazem uma escolha voluntária. Elas são livres para se retirar da transação – seja de emprego, investimento ou outra – para evitar completamente a obrigação de arbitragem. Os resultados, com certeza, podem ser duros, especialmente no setor de valores mobiliários, que inquestionavelmente é fortemente dominado pelo uso da arbitragem. Mas se arranjos monopolistas não constituem ação estatal,[361] então a adoção de normas padronizadas em um ramo mais competitivo logicamente não pode constituir. A oportunidade hipotética de desistir em ambos os tipos de arbitragem demonstra

361 *Ver Jackson*, 419 U.S. pp. 351/352; *Moose Lodge*, 407 U.S. p. 462.

que o esforço de Cole para diferenciar a arbitragem contratual da arbitragem iniciada por uma agência é vão.

Por outro lado, na medida em que o argumento de Cole depende da natureza de organizações autorreguladoras como a NASD, esse argumento interpreta equivocadamente a natureza de tais entidades. A NASD e outras SROs não são agências. São empresas privadas constituídas para supervisionar as bolsas.[362] Embora seja verdade que estão sujeitas à supervisão da SEC, que, entre outras coisas, aprova as regras das SROs, a Corte deixou claro que a regulamentação pública de uma entidade privada – mesmo uma que seja monopolista e preste um serviço essencial – não dá origem ao tipo de "incentivo significativo" necessário para constituir ação estatal.[363]

Portanto, para ser operacional, o argumento de Cole de que a arbitragem iniciada por uma agência constitui ação estatal depende de três fatores interrelacionados: (1) a aprovação pela SEC das regras de arbitragem da SRO, (2) sua exigência de que as partes registrem uma SRO e (3) o conhecimento da SEC de que a SRO específica exige arbitragem. Mesmo em sua forma mais forte, porém, esse argumento ignora os casos *Jackson*, *Sullivan* e *Blum*. Lembremos de que o caso *Jackson* deixou claro que submeter um cliente ao mecanismo de resolução de disputas de uma concessionária privada não constituía ação estatal. O caso *Jackson* envolvia a prestação de um serviço essencial, a eletricidade. Portanto, era razoável esperar que praticamente todos os residentes da Pensilvânia precisassem usar esse serviço. Além disso, os funcionários públicos, sem dúvida, estavam cientes do mecanismo de resolução de disputas da concessionária quando concederam a ela o monopólio do fornecimento de eletricidade. Apesar dessa consciência, porém, a Corte considerou que o Estado não incentivou, nem abertamente, nem implicitamente, a

---

362 Para uma boa história de organizações autorregulatórias como a NASD e a NYSE, ver LIPTON, David A. "A Primer on Broker-Dealer Registration". *Catholic University Law Review*, vol. 36, 1987, p. 899.

363 *Ver Jackson*, 419 U.S. pp. 351/352.

participação no programa de resolução de disputas da concessionária e, portanto, esse programa não poderia ser atribuído de maneira razoável ao Estado. Assim, por analogia, a exigência de registro de uma SRO, aliada ao conhecimento da SEC de que os investidores e corretores da SRO farão uso do programa de arbitragem da SRO não pode ser considerada conduta atribuível de maneira razoável ao Estado.

Tanto o caso *Sullivan* quanto o caso *Blum* envolveram atores privados que tomavam decisões com base em critérios promulgados ou aprovados por regulamentações estaduais. De fato, no caso *Sullivan*, as seguradoras usaram um sistema de revisão de utilização que recebeu aprovação do Estado. No entanto, a Corte considerou que a decisão de utilização não constituía uma ação estatal. Essa determinação seguiu uma longa linha de decisões nas quais a Corte havia deixado claro que "mesmo uma regulamentação extensa do governo não transforma as ações da entidade regulada em ações do governo".[364] Embora seja verdade que no caso *Sullivan* decidiu-se que a criação do mecanismo de revisão de utilização pelo Estado constituía ação estatal, a Corte distinguiu a criação do mecanismo (que constituía ação estatal) da utilização do mecanismo (que não constituía).[365] Essa distinção é crítica no contexto da arbitragem iniciada por uma agência. Por analogia, mesmo que a aprovação das regras de resolução de disputas pela SEC constitua ação estatal, o caso *Sullivan* instrui que a utilização desse sistema aprovado pelo Estado por partes privadas não o constitui. Para os fins da doutrina da ação estatal, trata-se de ato distinto.

Vale a pena recapitular aqui até que ponto o argumento chegou. A arbitragem, na forma de acordo voluntário entre duas ou mais partes, não constitui ação estatal. Ao fazer cumprir convenções

---

364 *Ver*, *e.g.*, San Francisco Arts & Athletics, Inc. v. U.S. Olympic Comm., 483 U.S. 522, 544 (1987); Rendell-Baker v. Kohn, 457 U.S. 830, 841 (1982).

365 Am. Mfrs. Mut. Ins. Co. v. Sullivan, 526 U.S. 40, 53 (1999).

de arbitragem e sentenças arbitrais, o Estado não delegou a atores privados uma função pública tradicional – seja ela descrita como "resolução de disputas" seja como "resolução de disputas respaldada por sanção coercitiva". Isso porque o Estado preservou a prerrogativa de exercer a revisão judicial, ainda que limitada, da convenção de arbitragem e da sentença arbitral. O Estado também não "incentiva de maneira significativa" a arbitragem do modo como esse termo é entendido na doutrina da ação estatal. Portanto, a arbitragem não está sujeita a uma variedade de normas constitucionais, como a do devido processo legal. Apesar da ausência de qualquer requisito de Direito Constitucional, como explicaremos na próxima parte, organizações de arbitragem privadas têm assumido muitas dessas obrigações voluntariamente.

## 5.3 Isso importa?

A seção anterior demonstrou por que os procedimentos de arbitragem, do ponto de vista formal, geralmente não são obrigados a observar os ditames processuais do devido processo legal. Porém, essa conclusão não encerra a análise. Em vez disso, como em outros tópicos analisados ao longo deste livro, os princípios constitucionais se infiltraram na arbitragem por meio de outros mecanismos. Esta seção do capítulo examinará três desses mecanismos pelos quais os princípios do devido processo entraram na jurisprudência da arbitragem – (1) o desenvolvimento de protocolos privados (muito importantes na arbitragem doméstica nos Estados Unidos), (2) a interpretação judicial (muito importante na arbitragem doméstica e internacional) e (3) a arquitetura dos tratados (muito importante nos debates atuais sobre o desenvolvimento de protocolos de "transparência" para uso na arbitragem de tratados de investimentos).

### 5.3.1 Protocolos privados

Em alguns casos, os protocolos privados forneceram a forma pela qual as normas do devido processo se infiltraram na arbitragem.

Esses protocolos têm suas raízes na Comissão sobre o Futuro das Relações Trabalhador-Gerência ("Comissão Dunlop"). Em 1993, o governo Clinton estabeleceu a Comissão, chefiada por John Dunlop, o ex-secretário do Trabalho, para investigar o estado atual das relações trabalhador-gerência nos Estados Unidos.[366] Parte do mandato exigia que a Comissão considerasse

> o que (se algo) deveria ser feito para aumentar a medida em que os problemas no local de trabalho são resolvidos diretamente pelas próprias partes, em vez de recorrer às cortes estaduais e federais e a órgãos regulatórios do governo.[367]

O momento escolhido para a criação da Comissão não foi uma coincidência – ela surgiu logo após a decisão do caso *Gilmer v. Interstate./Johnson Lane Corp.* pela Suprema Corte. Nominalmente, decidiu-se simplesmente que as reivindicações baseadas na Lei de Discriminação por Idade no Trabalho eram arbitráveis. De maneira mais geral, porém, como vários observaram, o caso *Gilmer* soou as notas finais da sentença de morte da doutrina da não arbitralidade – essa doutrina por décadas impediu a arbitragem de reivindicações baseadas em leis federais (inclusive reivindicações trabalhistas) e, conforme observado na Introdução, era uma das principais doutrinas a manter o muro entre a arbitragem e a Constituição.[368] O caso

366 Commission on the Future of Worker-Management Relations, Fact-Finding Report xi (Maio 1994).

367 Commission on the Future of Worker-Management Relations, Fact-Finding Report xi (Maio 1994).

368 Para uma discussão do impacto do caso *Gilmer*, *ver*, *e.g.*, HARDING, Margaret M. "The Redefinition of Arbitration by those with Superior Bargaining Power". *Utah Law Review*, 1999, p. 857; MALIN, Martin H. "Arbitrating Statutory Employment Claims in the Aftermath of Gilmer". *Saint Louis University Law Journal*, vol. 40, 1996, p. 77; MALTBY, Lewis L. "Paradise Lost – How The Gilmer Court Lost the Opportunity for Alternative Dispute Resolution to Improve Civil Rights". *NYLS Journal of Human Rights*, vol. 12, 1994.

*Gilmer* continha uma linguagem abrangente de rejeição a ataques generalizados à injustiça processual da arbitragem.[369] Depois do caso *Gilmer*, as novas linhas ficaram claras. A arbitralidade de uma disputa não mais giraria em torno de uma questão substantiva – se o Congresso pretendia que uma reivindicação específica fosse submetida à arbitragem. Em vez disso, se trataria de uma questão processual – se determinada arbitragem tinha as características processuais mínimas aceitáveis e se era fundamentalmente equitativa.

Na esteira do caso *Gilmer*, portanto, o foco da Comissão Dunlop na arbitragem talvez fosse inevitável.[370] Pedidos de proteções processuais aprimoradas na arbitragem logo apareceriam. A pedido do Presidente da comissão, uma coalizão de representantes trabalhistas, da gerência e da arbitragem voltou-se ao emprego da arbitragem – a área em questão no caso *Gilmer*.[371] O principal veículo de seus esforços de reforma veio na forma de um protocolo de "devido processo" – ou seja, um conjunto de regras que regem certas arbitragens que se enquadram nos protocolos.[372] Como observou Paul Verkuil, a escolha da terminologia é "estranha" à luz da visão

---

369 *Ver* Gilmer v. Interstate/Johnson Lane Corp., 500 U.S. 20, 30-32 (1991).

370 *Ver* HARDING, Margaret M. "The Limits of the Due Process Protocols". *Ohio State Journal on Dispute Resolution*, vol. 19, 2004, pp. 369 e 373/374.

371 Sobre a história da redação do protocolo trabalhista, inclusive uma rica história dos membros da indústria que participaram dela, ver BALES, Richard J. "The Employment Due Process Protocol at Ten: Twenty Unresolved Issues and a Focus on Conflicts of Interest". *Ohio State Journal on Dispute Resolution*, vol. 21, 2005, p. 165; HARDING, Margaret M. "The Limits of the Due Process Protocols". *Ohio State Journal on Dispute Resolution*, vol. 19, 2004, pp. 371 e 390/391.

372 Ver Nat'l Academy of Arbitrators, Due Process Protocol for Mediation and Arbitration of Statutory Disputes Arising Out of the Employment Relationship (9 maio 1995); Nat'l Consumer Disputes Advisory Cmte., Due Process Protocol for Mediation and Arbitration of Consumer Disputes (17 abr. 1998); Nat'l Consumer Disputes Advisory Cmte., Due Process Protocol for Mediation and Arbitration of Health Care Disputes (27 jun. 1998).

amplamente aceita de que a arbitragem não constitui ação estatal e, do ponto de vista estritamente doutrinário, não está sujeita aos requisitos constitucionais do devido processo legal.[373] Não obstante, o protocolo funciona de maneira semelhante aos requisitos do devido processo, estabelecendo uma série de normas processuais que devem ser observadas em um processo de tomada de decisão.[374] O protocolo trabalhista estabelece uma variedade de direitos:

- o empregado tem o direito de ser representado por uma pessoa de sua escolha;
- o empregador é incentivado a pagar pelo menos uma parte dos honorários do empregado;
- os empregados devem ter acesso a todas as informações razoavelmente relevantes para suas reclamações;
- antes de selecionar um árbitro, as partes devem ter informações suficientes para entrar em contato com as partes que já compareceram perante ele;
- os árbitros devem ter habilidade e conhecimento suficientes;
- os árbitros devem ser escolhidos levando em conta a diversidade;
- os árbitros devem estar isentos de quaisquer relacionamentos que possam criar um conflito de interesses real ou aparente;

---

373 VERKUIL, Paul R. "Privatizing Due Process". *Administrative Law Review*, vol. 57, 2005, pp. 963 e 985.

374 O conteúdo de algumas proteções encontra suas raízes em determinadas garantias processuais que acompanham as arbitragens trabalhador-gerência dos acordos trabalhistas coletivos. *Ver* HARDING, Margaret M. "The Limits of the Due Process Protocols". *Ohio State Journal on Dispute Resolution*, vol. 19, 2004, pp. 395/396.

- o direito do empregado ou empregada ao mesmo conjunto de remédios na arbitragem a que ele ou ela teria direito em um processo judicial.

Embora esses princípios tenham alguma semelhança com os requisitos constitucionais do devido processo legal, eles funcionam de maneira diferente.[375] Diferentemente dos requisitos do devido processo, que obrigariam os participantes da arbitragem na forma do direito (se a arbitragem fosse uma ação estatal), os protocolos funcionam mais como normas privadas voluntariamente observadas.[376]

Inicialmente, os fornecedores de serviços de arbitragem resistiram firmemente à adoção do protocolo.[377] Porém, eventualmente, os principais fornecedores desses serviços, inclusive a Associação Americana de Arbitragem (a líder do setor) o endossaram.[378] Ao fazê-lo, certificaram que não administrariam uma arbitragem em que as partes não estivessem dispostas a seguir o protocolo. Esse endosso teve efeitos poderosos em outros setores do ramo. O Fórum Nacional de Arbitragem desenvolveu uma "declaração de direitos" para os participantes de arbitragens.[379] A NASD também revisou

---

375 De fato, os principais arquitetos do protocolo reconheceram sua sinergia com as doutrinas constitucionais do devido processo. *Ver* DUNLOP, John T.; ZACK, Arnold M. *Mediation and Arbitration of Employment Disputes*. São Francisco: Jossey-Bass, 1997, p. 117.

376 *E.g.*, U.S. CONST. amend. XIII.

377 *Ver* HARDING, Margaret M. "The Limits of the Due Process Protocols". *Ohio State Journal on Dispute Resolution*, vol. 19, nº 193, 2004, p. 403.

378 Sobre adoção dos protocolos de devido processo pelo setor, ver BALES, Richard J. "The Employment Due Process Protocol at Ten: Twenty Unresolved Issues and a Focus on Conflicts of Interest". *Ohio State Journal on Dispute Resolution*, vol. 21, 2005, p. 174; HARDING, Margaret M. "The Limits of the Due Process Protocols". *Ohio State Journal on Dispute Resolution*, vol. 19, 2004, pp. 403-405.

379 *Ver* HARDING, Margaret M. "The Limits of the Due Process Protocols". *Ohio State Journal on Dispute Resolution*, vol. 19, 2004, pp. 403-405.

suas regras que regem a arbitragem de disputas sobre leis trabalhistas para refletir os princípios adotados no protocolo dessa área.[380]

O sucesso do protocolo de devido processo trabalhista estabeleceu um modelo para esforços subsequentes de incorporação de noções do devido processo em outras modalidades de arbitragem. Nos anos após a adoção do protocolo trabalhista, membros da ordem dos advogados, instituições arbitrais e outros defensores elaboraram dois outros – um regendo as disputas de consumo e outro regendo as disputas no setor de saúde.[381] Embora esses protocolos subsequentes difiram substancialmente em alguns aspectos dos protocolos trabalhistas do devido processo, o processo básico por trás de sua criação foi o mesmo: a formação de um grupo de trabalho envolvendo partes interessadas e representantes do setor e eventual aceitação por algumas das principais instituições que administram a arbitragem nos Estados Unidos.

O desenvolvimento dos protocolos de devido processo legal apresenta um enigma. Se as instituições arbitrais não são constitucionalmente obrigadas a sujeitar as arbitragens que administram às proteções processuais do devido processo, por que optaram por fazê-lo voluntariamente? Há pelo menos quatro explicações possíveis.

*A explicação lógica*: pode-se argumentar que a introdução de normas de devido processo na arbitragem é um produto natural

380 HARDING, Margaret M. "The Limits of the Due Process Protocols". *Ohio State Journal on Dispute Resolution*, vol. 19, 2004.

381 Sobre a relação entre o protocolo trabalhista de devido processo e os protocolos subsequentes, ver BALES, Richard J. "The Employment Due Process Protocol at Ten: Twenty Unresolved Issues and a Focus on Conflicts of Interest". *Ohio State Journal on Dispute Resolution*, vol. 21, 2005, pp. 175/176; HARDING, Margaret M. "The Limits of the Due Process Protocols". *Ohio State Journal on Dispute Resolution*, vol. 19, 2004, pp. 405-409.

da doutrina.[382] Esse argumento encontra suas raízes nos padrões de revisão judicial de sentenças arbitrais. Como já foi abordado anteriormente, a revisão judicial de sentenças arbitrais é extremamente restrita.[383] Não obstante, um dos motivos pelos quais as partes podem pedir a anulação ou resistir à execução de uma sentença arbitral é a existência de alguma irregularidade processual no procedimento. Por exemplo, a Seção 10 da Lei Federal de Arbitragem prevê, na parte relevante, que uma corte pode anular uma sentença

> quando os árbitros foram culpados de má conduta ao se recusar a adiar a audiência, mediante demonstração de causa suficiente ou ao se recusar a ouvir evidências pertinentes e relevantes para a controvérsia, ou de qualquer outro comportamento impróprio pelo qual os direitos de qualquer parte tenham sido prejudicados.[384]

De maneira semelhante, a Convenção de Nova York prevê, na parte que trata do assunto, que uma corte pode se recusar a reconhecer ou executar uma sentença que se enquadre na Convenção quando "a parte contra a qual a sentença é invocada não foi devidamente notificada da nomeação do árbitro ou dos procedimentos de arbitragem ou foi incapaz de apresentar sua posição".[385] Nos dois exemplos, as cortes interpretaram essas seções no sentido de sancionar a aplicação de algo semelhante aos padrões do devido

---

382 *Ver* MALTBY, Lewis L. "Paradise Lost – How The Gilmer Court Lost the Opportunity for Alternative Dispute Resolution to Improve Civil Rights". *NYLS Journal of Human Rights*, vol. 12, 1994, p. 16.

383 *Ver, e.g.*, DRAHOZAL, Christopher R. *Commercial Arbitration*. 2ª ed. Newark: LexisNexis, 2006, pp. 494/495; BORN, Gary. *International Commercial Arbitration*. Alphen aan den Rijn: Kluwer Law International, 2009, pp. 795-881.

384 9 U.S.C. §10(c).

385 New York Convention Art. V(1)(b).

processo legal do estado do foro competente.[386] Assim, prossegue o argumento, incorporar as proteções do devido processo à arbitragem é um produto natural dos esforços das instituições arbitrais e de outros apoiadores da indústria da arbitragem para maximizar a probabilidade de que qualquer sentença seja executada.

Porém, a explicação lógica naufraga por pelo menos duas razões. Em primeiro lugar, ela não pode explicar o conteúdo dos protocolos de devido processo. Embora seu título sugira a incorporação dos padrões de devido processo, esses protocolos oferecem muito mais proteção do que um litigante teria direito de acordo com os padrões constitucionais. Por exemplo, enquanto os protocolos encorajam uma das partes da arbitragem (normalmente a parte corporativa) a arcar com uma parcela dos custos, a cláusula de devido processo legal não daria direito a um litigante em um processo judicial similar a tal proteção financeira. Assim, embora as normas de revisão judicial possam explicar a existência de algum tipo de proteção do devido processo na arbitragem, elas não explicam o alcance dessa proteção.

Em segundo lugar, mesmo tendo um valor explicativo parcial que diz respeito aos padrões de revisão judicial, a explicação lógica não pode dar conta do momento do desenvolvimento dos protocolos de devido processo. Muitas das decisões equiparando os padrões de revisão com as normas constitucionais de devido processo foram emitidas já na década de 1970. Se a integração das proteções do devido processo fosse simplesmente uma consequência lógica dos padrões de revisão judicial, seria de se esperar que elas se desenvolvessem na mesma época. No entanto, elas só se desenvolveram e foram adotadas décadas depois que as cortes começaram a equiparar os padrões de revisão judicial com o devido processo legal. Assim, a "explicação lógica" não pode dar conta da defasagem de vinte anos entre o

---

386 *Ver*, *e.g.*, Parsons & Whittemore Overseas Co. Inc. v. Societe generaly de L'Industrie du Papier (RAKTA), 508 F.2d 969, 975/976 (2º Cir. 1974).

desenvolvimento das normas de controle de constitucionalidade e a adoção dos protocolos.

*A explicação sociológica*: o argumento sociológico encontra suas raízes na literatura sobre a socialização dos advogados.[387] De acordo com ele, os advogados desempenham um papel dominante na governança e na gestão de instituições arbitrais, como a Associação Americana de Arbitragem.[388] Esses advogados, particularmente aqueles inclinados a trabalhar no campo da resolução alternativa de disputas, foram socializados, tanto pela força da educação quanto pela prática, para observar certos valores. Esses valores incluem uma consciência dos princípios do devido processo legal, da justiça e da equidade. Esses valores, portanto, explicam o apoio dos advogados aos protocolos e aos princípios que eles incorporam, mesmo que não sejam estritamente necessários do ponto de vista doutrinário. Nos termos de Verkuil, os protocolos "mostram que a equidade não é uma obrigação exclusiva do governo".[389]

---

387 Gostaria de agradecer a um participante do Encontro Anual da Associação de Faculdades de Direito do Sudeste de 2006 por sugerir essa linha argumentativa. Para discussões sobre como os advogados podem ter seus hábitos influenciados no que diz respeito a procedimentos equânimes, ver CALMORE, John O. "Chasing the Wind: Pursuing Social Justice, Overcoming Legal Miseducation, and Engaging in Professional Resocialization". *Loyola of Los Angeles Law Review*, vol. 37, 2004, p. 1167; BROWN, Darryl K. "Criminal Procedure Entitlements, Professionalism and Lawyering Norms". *Ohio State Law Journal*, vol. 61, nº 2, 2000, p. 801; NEWMAN, Jon O. "Rethinking Fairness: Perspectives on the Litigation Process". *The Yale Law Journal*, vol. 94, 1985, pp. 353 e 356; FULLER, Lon L. "The Forms and Limits of Adjudication". *Harvard Law Review*, vol. 92, 1978, pp. 353 e 356.

388 *Ver*, *e.g.*, American Arbitration Association, 2004 Annual Report pp. 10/11 (que identifica os vários advogados que servem como membros do conselho da AAA).

389 VERKUIL, Paul R. "Privatizing Due Process". *Administrative Law Review*, vol. 57, 2005, p. 985.

Embora bastante atraente, o argumento sociológico sofre de vários problemas. Em primeiro lugar, como o argumento lógico, ele não consegue explicar adequadamente o momento do surgimento do interesse nos protocolos de devido processo. Em segundo lugar, o argumento sociológico não consegue explicar a resistência inicial das instituições arbitrais à adoção dos protocolos. Se o compromisso com certos valores subjacentes, como o devido processo e a equidade, explicasse a aceitação dos protocolos pelas instituições, seria de se esperar que as instituições os adotassem de bom grado; o fato de não terem feito isso sugere que sua aceitação dos protocolos foi motivada por algo diferente de um compromisso com valores compartilhados.

Finalmente, o argumento sociológico não pode dar conta da posição assumida pelas instituições arbitrais em outros assuntos. Por exemplo, as instituições arbitrais rotineiramente permitiram que os árbitros proferissem sentenças questionáveis, apesar das alegações de irregularidade processual ou de que os árbitros deixaram de observar as próprias regras da instituição.[390] De maneira semelhante, elas resistiram ativamente às tentativas de anulação de sentenças com base em tais irregularidades processuais.[391] De acordo com a lógica do argumento sociológico, seria de se esperar que as instituições arbitrais encontrassem alguma forma de confessar o erro ou de corrigir a irregularidade antes da liberação da sentença. O fato de não o fazerem e, na verdade, sua firme defesa de uma sentença que supostamente resultaria de tais irregularidades processuais, novamente lança dúvidas sobre o valor explicativo do argumento sociológico.

*A explicação econômica*: a economia também pode explicar por que as instituições arbitrais adotaram as normas do devido processo legal. Como foi discutido anteriormente, a arbitragem pode

---

390 *Ver* BORN, Gary. *International Commercial Arbitration*. Alphen aan den Rijn: Kluwer Law International, 2009, pp. 843-846.

391 *Ver*, *e.g.*, Metallgesellschaft A.G. v. M/V Capitan Constante, 790 F.2d 280 (2° Cir. 1986).

ser conceituada como um "produto" competindo em um mercado maior de serviços de resolução de disputas.[392] Além de competir com outros fornecedores (cortes, mediadores, conciliadores etc.), as instituições arbitrais também competem entre si por uma fatia do "mercado de resolução de disputas". Como em qualquer mercado, os fornecedores de um produto ou serviço competem com outros por meio da diferenciação de seus produtos. De acordo com essa teoria, os protocolos de devido processo são um meio pelo qual as instituições arbitrais podem se diferenciar de outros fornecedores de serviços de resolução de disputas.

À primeira vista, a explicação econômica parece especialmente contraintuitiva. Se alguém aceitar a premissa de que os fornecedores de serviços arbitrais são, no fundo, entidades economicamente racionais que procuram capturar uma fatia do mercado de serviços de resolução de disputas, então naturalmente eles se envolveriam em um comportamento que tivesse maior probabilidade de obter os negócios daqueles atores repetitivos e de outros consumidores de alto volume no mercado. Nas áreas abrangidas pelos protocolos de devido processo legal, esses atores repetitivos seriam aparentemente empregadores (em disputas empregador-empregado), fabricantes (em disputas fabricante-consumidor) e prestadores de cuidados de saúde (em disputas de assistência médica), de quem se espera que regularmente celebrem contratos e, portanto, potencialmente contratem os serviços de uma instituição arbitral. Um conhecimento básico de economia sugere, então, que as instituições arbitrais deveriam calibrar suas regras para atrair os negócios desses clientes. Contudo, os protocolos de devido processo não favorecem essas entidades, mas, em vez disso, o ator que participa uma única vez (o empregado, o consumidor e o destinatário de cuidados de saúde). Em comparação

392 Para a discussão de uma teoria da resolução de disputas baseada no mercado, ver RUTLEDGE, Peter B. "Toward a Contractual Approach for Arbitral Immunity". *Georgia Law Review*, vol. 39, 2004, pp. 160-165.

com os empregadores e outros atores acima mencionados, esses indivíduos são muito menos propensos a entrar em tantos acordos de arbitragem e, portanto, são "clientes" aparentemente menos importantes para os fornecedores do mercado de resolução de disputas. Então, por que os fornecedores de serviços de resolução de disputas aceitariam voluntariamente os requisitos que favorecem os interesses desses participantes e, possivelmente, trabalhariam contra os interesses dos participantes que têm maior probabilidade de adquirir serviços de resolução de disputas regularmente?

Os princípios econômicos da caução podem sugerir uma solução para esse enigma.[393] Embora os participantes recorrentes no mercado de resolução de disputas tenham um incentivo para optar pelo mecanismo de resolução de disputas cujas escolhas processuais melhor atendam aos interesses da empresa, esse não é seu único incentivo. Além disso, eles desejam várias garantias de desempenho no processo arbitral, incluindo uma garantia de que a convenção de arbitragem e a sentença serão executáveis.[394]

A função de caução, ademais, não se limita a dar ao empregador a segurança de que a convenção e a sentença arbitral serão executáveis. Como observaram vários comentaristas, o protocolo também incentiva o funcionário a ter confiança na imparcialidade do processo de arbitragem.[395] Segundo Paul Verkuil, os protocolos "transmitem confiança" no processo de arbitragem. Incentivar a confiança do empregado no processo é de interesse direto do empregador

---

393 Para uma discussão sobre o papel da caução no setor da arbitragem, ver CHOI, Stephen J. "The Problem with Arbitration Agreements". *Vanderbilt Journal of Transnational Law*, vol. 36, 2003, p. 1233.

394 *Ver* BALES, Richard J. "The Employment Due Process Protocol at Ten: Twenty Unresolved Issues and a Focus on Conflicts of Interest". *Ohio State Journal on Dispute Resolution*, vol. 21, 2005, pp. 176/177.

395 *Ver* HARDING, Margaret M. "The Limits of the Due Process Protocols". *Ohio State Journal on Dispute Resolution*, vol. 19, 2004, pp. 397/398; VERKUIL, Paul R. "Privatizing Due Process". *Administrative Law Review*, vol. 57, 2005, p. 985.

– pois isso reduz a probabilidade de o empregado resistir à arbitragem, seja contestando a executibilidade da convenção, seja contestando a exigibilidade de uma sentença adversa. Um advogado sênior de uma grande corporação com vasta experiência em arbitragem trabalhista descreveu como procedimentos justos podem ser do interesse do empregador, mesmo que reduzam as suas vantagens na arbitragem:

> A executibilidade dos programas [de arbitragem] sempre será um problema. Minha filosofia sobre isso é que, em primeiro lugar, não se pode jogar com esses programas. Se você tentar usar um programa de ADR trabalhista para limitar a exposição legal ou os direitos, ou remédios dos funcionários, ele será derrubado. Em segundo lugar, não importa quão justo e razoável seja o programa, sempre haverá algum risco de que uma determinada corte não o execute.
>
> Além disso, a verdadeira chave para um bom programa de ADR trabalhista não é a executibilidade jurídica. A chave para um bom programa é se ele tem credibilidade suficiente aos olhos dos funcionários para que eles o usem de bom grado. Se você conseguir levar seu programa a esse nível, não precisa se preocupar com a executibilidade.[396]

Pesquisas empíricas recentes deram algum crédito à teoria da caução. Isso mostra que a arbitragem baseada em protocolos tem levado a decisões mais favoráveis ao empregado, dando a ele e a seus advogados mais motivos para confiarem no sistema.[397] De maneira

---

396 ROSS, Richard. "How companies manage employment disputes: a compendium of leading corporate employment programs". *CPR Institute for Dispute Resolution*, 2002, p. 55, *citado em* BALES, Richard J. "The Employment Due Process Protocol at Ten: Twenty Unresolved Issues and a Focus on Conflicts of Interest". *Ohio State Journal on Dispute Resolution*, vol. 21, 2005, pp. 176/177.

397 *Ver* HARDING, Margaret M. "The Limits of the Due Process Protocols". *Ohio State Journal on Dispute Resolution*, vol. 19, 2004, pp. 415/416 (que cita uma pesquisa não publicada de Bingham e Sarraf); HILL, Elizabeth. "Due Process at Low Cost: an Empirical Study of

semelhante, as decisões judiciais apoiam a tese da caução, já que várias rejeitaram impugnações processuais à executibilidade das convenções de arbitragem com base no cumprimento dos protocolos de arbitragem.[398]

Atores políticos também podem explicar por que as instituições arbitrais se envolveriam em um comportamento aparentemente contrário aos interesses econômicos de seus atores repetitivos. Os atores políticos, de acordo com uma rica literatura de ciência política, preocupam-se com os problemas relativos a ações coletivas difusas e, ao defender os interesses desses grupos, promovem sua própria agenda.[399] Nesse contexto, os advogados que representam os consumidores e empregados podem funcionar como empresários de seus interesses, mesmo que nenhum membro do grupo tenha um forte incentivo para reivindicar esses interesses. Embora essa ordem de advogados possa não estar presente quando o empregado ou o consumidor celebra o contrato que contém a cláusula de arbitragem, eles têm, no entanto, o potencial de perturbar a estabilidade do processo arbitral por meio de ataques repetidos e sistemáticos à falta de equidade geral do processo de arbitragem. Ao aderir a um sistema que atende aos interesses desses participantes do processo de arbitragem, as instituições reduzem esse risco e, com isso, aumentam a segurança e a previsibilidade do processo arbitral.

Além disso, o argumento econômico, ao contrário do argumento lógico, explica melhor tanto o escopo quanto o momento do desenvolvimento dos protocolos. Quanto ao escopo, o argumento econômico poderia justificar as proteções relativamente maiores

---

Employment Arbitration under the Auspices of the American Arbitration Association". *Ohio State Journal on Dispute Resolution*, vol. 18, 2003, p. 777.

398 *Ver* BALES, Richard J. "The Employment Due Process Protocol at Ten: Twenty Unresolved Issues and a Focus on Conflicts of Interest". *Ohio State Journal on Dispute Resolution*, vol. 21, 2005, pp. 178-184.

399 Para uma discussão sobre atores políticos, *ver*, *e.g.*, GILLETTE, Clayton P. "Plebiscites, Participation, and Collective Action in Local Governance Law". *Michigan Law Review*, vol. 86, 1998, pp. 930 e 976.

dadas pelos protocolos em comparação com aquelas às quais uma parte teria direito segundo o devido processo legal. Assim como uma parte contratante pode oferecer uma garantia de execução superior ao valor mínimo exigido como uma declaração de confiança em seu desempenho, cobrir a arbitragem com maiores proteções processuais do que o mínimo exigido pela doutrina sinaliza maior segurança na sentença; isso reduz o risco de que uma corte particularmente ativista, buscando expandir os padrões de anulação da FAA, anule a sentença. Quanto ao momento, o argumento econômico explica por que as instituições arbitrais prestaram mais atenção aos seus procedimentos depois do caso *Gilmer*. Uma vez que o caso *Gilmer* mudou o foco da revisão judicial da discussão material da arbitragem para a justiça processual da arbitragem, as instituições arbitrais tiveram um novo incentivo para revisar a vulnerabilidade de seus regimes de resolução de disputas à contestação processual. Os protocolos forneciam um meio pelo qual as instituições podiam sinalizar para seus maiores clientes, como os empregadores, que o produto permanecia seguro.

Embora o argumento econômico tenha certo valor explicativo, a análise não está completa. Por que, especificamente, as instituições arbitrais chegaram o mecanismo vinculante por meio de protocolos e não por outros meios? Por exemplo, eles poderiam ter modificado suas regras para fornecer uma revisão substantiva da sentença quanto à executibilidade antes de sua liberação,[400] como é o caso de algumas instituições arbitrais internacionais. Alternativamente, as proteções do devido processo poderiam ter sido incorporadas à legislação. Por que, então, o protocolo? Aqui, um argumento político é necessário para completar a análise.

400 *Ver* Rules of the International Chamber of Commerce Art. 29 (que prevê a revisão substancial de pré-arquivamento de uma sentença arbitral pela Corte de Arbitragem).

*A explicação política*: finalmente, a política pode explicar o desenvolvimento das normas.[401] Normas privadas, como padrões adotados voluntariamente por um setor da economia, podem regular o comportamento privado. O Direito Público pode desempenhar uma função semelhante. Essa regulamentação pública pode assumir várias formas – legislação, decisão judicial ou supervisão da agência administrativa. Conforme explicou Eric Posner, a depender do contexto, cada uma dessas formas pode ser a mais eficiente.[402] Além disso, os grupos geralmente podem divergir quanto ao mecanismo regulatório preferido. Para dar um exemplo familiar, os ambientalistas podem preferir regular a poluição por meio de padrões estritos incorporados na legislação e nos regulamentos administrativos, enquanto a indústria pode preferir não regular o assunto ou, alternativamente, confiar em seus próprios padrões voluntários.[403]

Nesse contexto, a regulamentação pelos protocolos surgiu como a segunda melhor solução para os vários participantes do sistema arbitral.[404] Na esteira do caso *Gilmer* e do relatório da Comissão Dunlop, os advogados dos empregados e consumidores

---

401 *Ver*, *e.g.*, VERKUIL, Paul R. "Privatizing Due Process". *Administrative Law Review*, vol. 57, 2005; GEISINGER, Alex C. "Are Norms Efficient? Pluralistic Ignorance, Heuristics and the Use of Norms as Private Regulation". *Alabama Law Review*, vol. 57, 2005; PIERCE JUNIOR, Richard J. "The Due Process Counterrevolution of the 1990s?" *Columbia Law Review*, vol. 96, 1996, p. 1973; POSNER, Eric A. "The Regulation of Groups: the Influence of Legal and Nonlegal Sanctions on Collective Action". *The University of Chicago Law Review*, vol. 63, 1996, p. 133.

402 POSNER, Eric A. "Law, Economics and Inefficient Norms". *University of Pennsylvania Law Review*, vol. 144, 1996, pp. 1697/1698.

403 *Ver* VANDENBERG, Michael P. "Beyond Elegance: a Testable Typology of Social Norms in Corporate Environmental Compliance". *Stanford Environmental Law Journal*, vol. 22, 2003, p. 55; GUNNINGHAM, Neil. "Environment, Self-Regulation, and the Chemical Industry: Assessing Responsible Care". *Law & Policy*, vol. 17, 1995, p. 57.

404 Para uma discussão da teoria econômica da segunda melhor solução, Ver MARKOVITS, Richard S. "Second-Best Theory and Law & Economics: an Introduction". *Chicago-Kent Law Review*, vol. 73, 1998; LIPSEY,

buscaram impor várias proteções processuais às instituições de arbitragem por meio de regulamentação pública, como legislações ou decisões judiciais. Tanto os legisladores federais quanto os estaduais consideraram a possibilidade de implementar legislações para regulamentar a arbitragem trabalhista e consumerista.[405] Como ocorre com a maioria das entidades sujeitas a uma possível regulamentação governamental, as instituições arbitrais idealmente não queriam essa regulamentação e certamente queriam evitar uma extensa intervenção ou supervisão de seu ramo de negócios. Do ponto de vista dos advogados, os protocolos, embora talvez fossem um resultado inferior à regulamentação puramente pública, foram superiores a um sistema completamente desregulamentado. Eles forneceram um mecanismo pelo qual os advogados poderiam introduzir algumas das normas por eles perseguidas na arbitragem. Do ponto de vista das instituições, os protocolos, embora talvez inferiores a um sistema desregulamentado, eram superiores a um sistema de regulamentação pública extensiva,[406] pois por meio deles as instituições poderiam manter parte de sua independência em relação à supervisão governamental. A autorregulação, portanto, forneceu tanto às instituições quanto aos defensores o segundo melhor resultado possível.[407]

---

R. G.; LANCASTER, Kelvin. "The General Theory of Second Best". *The Review of Economic Studies*, vol. 24, 1956, p. 11.

405 *Ver* HARDING, Margaret M. "The Limits of the Due Process Protocols". *Ohio State Journal on Dispute Resolution*, vol. 19, 2004, pp. 4124-14 (que discute esforços federais e estaduais).

406 *Ver* HARDING, Margaret M. "The Limits of the Due Process Protocols". *Ohio State Journal on Dispute Resolution*, vol. 19, 2004 pp. 420 e 430-432.

407 *Ver* HARDING, Margaret M. "The Limits of the Due Process Protocols". *Ohio State Journal on Dispute Resolution*, vol. 19, 2004 pp. 416/417.

### 5.3.2 Interpretação judicial

Os protocolos privados não são o único meio pelo qual os princípios do devido processo infiltraram-se na arbitragem. Em alguns casos, as cortes interpretaram o Direito Positivo de maneira a refletir os princípios constitucionais subjacentes.

Talvez o exemplo mais óbvio seja um caso de arbitragem internacional. De acordo com o Artigo V(1)(b) da Convenção de Nova York, uma corte pode recusar-se a executar uma sentença arbitral quando "[a] parte contra a qual a sentença é invocada não foi devidamente notificada da nomeação do árbitro ou dos procedimentos de arbitragem, ou por alguma outra razão não teve condições de apresentar seu ponto de vista".[408] Esse padrão é digno de nota por dois motivos. Em primeiro lugar, ao contrário de outras disposições do Artigo V, ele não especifica uma lei aplicável. Em segundo lugar, ele não vincula explicitamente esses padrões a nenhum conjunto preexistente de regras que regem a notificação e a oportunidade de ser ouvido. Assim, pode ser que a linguagem empregada pretendesse criar um padrão internacional distinto de notificação e de oportunidade de defesa calibrado para as características únicas da arbitragem internacional.[409]

Apesar dessa possibilidade, as cortes têm tomado um rumo diferente. Muitas cortes vincularam o significado desses termos do tratado a seus próprios princípios constitucionais domésticos. Um exemplo particularmente digno de nota é a decisão do Segundo Circuito no caso *Parsons & Whittemore*, uma decisão importante que glosou o significado do Artigo V proferida logo após os Estados Unidos ratificarem a Convenção de Nova York.[410] Nele, o devedor

---

408 New York Convention Art. V(1)(b).

409 *Ver* BORN, Gary. *International Commercial Arbitration*. Alphen aan den Rijn: Kluwer Law International, 2009, pp. 2738-2746.

410 Parsons & Whittemore Overseas Co. v. Societe Generale de L'Industrie du Papier (RAKTA), 508 F.2d 969 (2º Cir. 1974).

da sentença (um estrangeiro), baseando-se no Artigo V(1)(b), procurou bloquear a execução com base no fato de que o tribunal se recusara a reagendar os procedimentos devido à incapacidade de uma testemunha comparecer perante ele. Ao rejeitar o argumento, a corte do caso *Parsons* interpretou que o Artigo(1)(b) "essencialmente sanciona a aplicação dos padrões de devido processo do estado do foro".[411] Essa conclusão não decorreu do texto do Artigo V(1)(b) e, na verdade, baseou-se em uma autoridade um tanto frágil, ou seja, alguns artigos sobre revisão legal, que, por si só, não substanciam significativamente nem a determinação da escolha da legislação, nem a relação entre a linguagem do tratado e os princípios constitucionais. No entanto, essa conclusão foi amplamente adotada por outras cortes federais que interpretaram a convenção posteriormente.[412] Algumas cortes de países estrangeiros adotaram uma visão semelhante.[413]

O Artigo V(1)(b) não é o único exemplo de uma interpretação judicial que importa princípios constitucionais. Exemplos semelhantes existem em relação à Lei Federal de Arbitragem. As Seções (10)(a)(2) da FAA autorizam as cortes federais a anular sentenças "quando houver parcialidade ou corrupção evidente dos árbitros". Essa disposição foi a peça central da decisão seminal da Suprema Corte no caso *Commonwealth Coatings*, que envolvia uma reclamação de que uma sentença deveria ser anulada com base no fato de que o Presidente do painel não revelou uma relação comercial preexistente com uma das partes.[414] Uma Corte dividida concluiu que a sentença deveria ser anulada, e o voto de pluralidade do juiz Black baseou-se em um

---

411 Parsons & Whittemore Overseas Co. v. Societe Generale de L'Industrie du Papier (RAKTA), 508 F.2d 969 (2° Cir. 1974), p. 975.

412 *Ver*, *e.g.*, Karaha Bodas Co. v. Perusahaan Pertambangan Moinyak Dan Gas Bumi Negara, 364 F.3d 274, 299 (5° Cir. 2004); Slaney v. Int'l Amateur Athletic Fed'n, 244 F.3d 580, 592 (7° Cir. 2001).

413 *Ver*, *e.g.*, Judgment of 23 April 204, XXX Yearbook of Commercial Arbitration 557 (Oberlandesgericht Cologne) (2005).

414 Commonwealth Coatings Corp. v. Continental Cas. Co., 393 U.S. 145 (1968).

raciocínio constitucional. Ele lançou mão da decisão anterior da Suprema Corte no caso *Tumey v. Ohio* que interpretava a Cláusula de Devido Processo Legal.[415] O caso *Tumey* decidiu que a Cláusula de Devido Processo proibia uma condenação criminal proferida por um juiz cuja remuneração consistisse em parte em custas judiciais cobradas dos réus condenados. Do ponto de vista dos fatos, o caso *Tumey* estava bem longe do caso *Commonwealth Coatings*. No entanto, o juiz Black interpretou que o caso *Tumey* era uma defesa do princípio constitucional mais amplo de que o devido processo exigia que uma decisão fosse "anulada quando houvesse interesse pecuniário, mesmo que mínimo, por parte do juiz" no resultado.[416] A partir desse princípio constitucional, o juiz Black realizou um movimento intelectual não muito diferente daquele feito pelo Segundo Circuito no caso *Parsons*. Ele afirmou que

> como no caso das cortes, esse é um princípio constitucional, não podemos ver base para não encontrar o mesmo conceito na ampla linguagem legal que rege os processos de arbitragem e prevê que uma sentença pode ser anulada com base em "parcialidade evidente" ou uso de "meios indevidos".[417]

Aqui, como no caso *Parsons & Whittemore*, o movimento do Juiz Black baseou-se em um fundamento teórico instável. Certamente, o Juiz Black poderia ter interpretado que os termos "parcialidade evidente" e "meios indevidos" representavam um padrão diferente daquele ditado pelas normas do devido processo que regem a remuneração do juiz. Ele também poderia ter realizado uma diferenciação entre juízes como atores públicos e árbitros como atores privado. (Na verdade, o voto concordante do Juiz White partiu do argumento do Juiz Black sobre se os padrões constitucionais que regem os juízes

---

415 273 U.S. 510 (1927).

416 273 U.S. p. 148 (1927).

417 273 U.S. (1927). *Ver também* Prima Paint Corp. v. Flood & Conklin Mfg. Co., 388 U.S. 395, 416 (1967) (Black, J., voto divergente).

devem ser aplicados aos árbitros).[418] Não o fazer, no entanto, permitiu que o Juiz Black incluísse princípios constitucionais na Seção 10 da FAA, assim como a corte fez no caso *Parsons & Whittemore* em relação ao Artigo V(1)(b) da Convenção de Nova York.[419]

Embora esses casos sejam reveladores, não devemos exagerar sua importância. Esses exemplos de interpretação judicial não incorporam completamente todos os princípios processuais do devido processo à arbitragem. Em vez disso, incorporam componentes específicos (como princípios de notificação ou neutralidade).

No entanto, o ponto importante não é o alcance da incorporação, mas sim o quadro intelectual a partir do qual o tratado ou lei está sendo interpretado. Ao vincular explicitamente o sentido desses vários tratados e disposições legais a princípios de Direito Constitucional, a interpretação judicial – bem como os protocolos de devido processo – realiza indiretamente o que não poderia ser realizado por meio de um argumento frontal de que a arbitragem representa uma ação estatal. Uma vez estabelecida essa estrutura teórica, ela cria o potencial para uma maior incorporação de princípios constitucionais – não por meio da "constitucionalização" da arbitragem, mas, em vez disso, por meio de refinamentos adicionais na interpretação judicial dos tratados ou leis. Por exemplo, algumas cortes ampliaram a linguagem geral do caso *Parsons* (que envolvia essencialmente uma

418 Prima Paint Corp. v. Flood & Conklin Mfg. Co., 388 U.S. 395, 416 (1967), p. 150. *Ver também* Schmitz v. Zilveti, 20 F.3d 1043, 1045–48 (9° Cir. 1994) (que discute as diferenças dos votos de Black e White no caso *Commonwealth*).

419 Embora a analogia do Juiz Black com os princípios constitucionais do devido processo legal nunca tenha conquistado a maioria absoluta da Corte, ela teve um impacto significativo na prática da arbitragem ao aumentar a importância da divulgação completa pelo árbitro de quaisquer conflitos potenciais. *Ver*, *e.g.*, Sphere Dretke Ins. Ltd. v. All Am. Life Ins. Co., 307 F.3d 617, 623 (7° Cir. 2002); *In re* Andros Compania Maritima S.A., 579 F.3d 691 (2° Cir. 1978); Garfield & Co. v. Wiest, 308 F. Supp. 1107, 1110-11 (S.D.N.Y. 1970).

questão de oportunidade de defesa) e a estenderam a uma regra de que o árbitro "deve fornecer uma audiência fundamentalmente equânime".[420] Tais evoluções sugerem que as sementes plantadas por decisões como a do caso *Parsons* continuarão a germinar.

## 5.3 Arquitetura dos tratados

Um terceiro e último exemplo da importação de normas de devido processo para a arbitragem vem do trabalho recente do Grupo de Trabalho de Arbitragem da UNCITRAL sobre transparência na arbitragem internacional de investimentos.[421] O Grupo de Trabalho auxilia a UNCITRAL no desenvolvimento e aperfeiçoamento de instrumentos jurídicos que regem a arbitragem, como a Lei Modelo de Arbitragem da UNCITRAL e as Regras Modelo de Arbitragem da UNCITRAL. Durante sua mais recente rodada de revisões das Regras Modelo de Arbitragem, algumas delegações de nações levantaram a questão da transparência na arbitragem de investimentos (desencadeada pelo aumento do uso das Regras Modelo de Arbitragem da UNCITRAL como regras aplicáveis em arbitragens de investimentos).

Preocupações com a transparência surgiram à luz das significativas indenizações que os Estados podem ser obrigados a pagar aos investidores de acordo com os tratados bilaterais de investimento. Como qualquer pagamento vem de fundo públicos, tais arbitragens levantaram a possibilidade de que as elites políticas de uma nação tomassem decisões que afetariam tanto as finanças públicas de um país quanto sua reputação nos mercados de capitais sem que seus

---

420 Generic Ltd. v. Pharm. Basics, Inc., 125 F.3d 1123, 1130 (7º Cir. 1997).

421 Para uma discussão sobre arbitragem de investimentos, ver Capítulo I deste livro. Devo observar que tive o privilégio de servir por vários anos como membro da delegação da Associação Americana de Arbitragem no Grupo de Trabalho da UNCITRAL. Com muita cautela, devo observar que as opiniões expressas neste livro são minhas e não as da AAA ou da UNCITRAL.

cidadãos pudessem interferir de maneira significativa. A transparência oferecia um possível antídoto a essas preocupações ao criar as condições para uma participação significativa dos cidadãos (ou, de maneira mais realista, de atores políticos, como organizações sem fins lucrativos) para influenciar a arbitragem de investimentos tanto no nível dos casos concretos quanto no nível sistêmico. Como explicou o Representante Especial do Secretariado Geral para direitos humanos e corporações transnacionais, a transparência é "essencial se as sociedades quiserem estar cientes dos procedimentos que podem afetar o interesse público e, portanto, seu próprio bem-estar".[422]

Os mecanismos de transparência contemplados pelo grupo de trabalho abordariam várias práticas relativas à arbitragem de investimentos:

- Publicidade sobre o início dos procedimentos;
- Publicação de documentos usados nos processos (inclusive súmulas de certos documentos sensíveis ou de documentos que envolvam segurança nacional);
- Publicação da sentença;
- Audiências e transcrições disponíveis ao público;
- Participação de *amicus curiae*;
- Um registro pelo qual esses documentos possam ser acessados.

Embora tenha se formado rapidamente um consenso em torno dos tópicos que qualquer instrumento de transparência deveria abordar, os delegados se dividiram sobre a forma precisa de tal instrumento.

---

422 United Nations Commission on International Trade Law, Working Group II (Arbitration and Conciliation), Rep. on its 54th Sess., 7-11 fev., U.N. Doc. A/CN.9/717 (25 fev. 2011), p. 6. Disponível em: http://www.uncitral.org/uncitral/commission/working groups/2Arbitration.html.

As opções incluíam emendas aos tratados bilaterais de investimentos existentes, a construção de uma declaração interpretativa conjunta com a qual os Estados pudessem consentir, um anexo às Regras Modelo da UNCITRAL e protocolos ou diretrizes que os árbitros poderiam consultar, mas que não seriam formalmente vinculantes.

Embora o debate sobre transparência não seja idêntico aos outros exemplos de devido processo discutidos anteriormente neste capítulo, ele compartilha alguns elementos essenciais. Mais fundamentalmente, os debates sobre transparência não tentam regular o relacionamento entre as partes da arbitragem; em vez disso, o debate sobre transparência focaliza principalmente o nível dos direitos de terceiros cujos interesses são afetados pela conduta e pelos resultados do procedimento arbitral. Ao mesmo tempo, o centro do debate sobre transparência é a tentativa de importar princípios constitucionais para a condução da arbitragem. Como explicado em um relatório da UNCITRAL de 2010, um instrumento de transparência (qualquer que seja sua forma) fornece "um meio para promover o Estado de Direito, a boa governança, *o devido processo legal*, a justiça, a igualdade e direitos de acesso à informação" (ênfase nossa).[423] Além disso, como ilustram os debates em andamento sobre a forma do instrumento de transparência, decisões sobre a *forma* de qualquer importação de normas constitucionais são tão importantes quanto os debates sobre o conteúdo de tais normas. Além disso, tudo isso ocorre fora de qualquer "constitucionalização" formal da arbitragem de investimentos pela lei nacional ou por cortes nacionais.

---

423 United Nations, Commission on International Trade Law, Report of Working Group II (Arbitration and Conciliation) sobre o trabalho de sua 53ª reunião (Vienna, 4-8 out. 2010), U.N. Doc. A/CN.9/712 (2010).

## 5.4 Implicações para a incorporação de normas do devido processo legal na arbitragem

A parte anterior identificou vários mecanismos pelos quais vários componentes processuais do devido processo infiltraram-se na jurisprudência arbitral, apesar da ausência de uma "constitucionalização" expressa da arbitragem (em virtude da conclusão de que a arbitragem não é ação estatal). Esta seção final oferecerá uma crítica normativa desses desenvolvimentos e os comparará enquanto modos diversos de legislar.

O que devemos fazer com essas formas alternativas de incorporar os princípios do devido processo à arbitragem? Para responder a essa pergunta, podemos recorrer a uma importante literatura sobre o desenvolvimento de normas de devido processo legal. Essa literatura surgiu de um estreitamento mais geral da doutrina da ação estatal pela Suprema Corte.[424] Esse estreitamento isentou uma variedade de decisões potencialmente públicas ou quase-públicas das restrições da Cláusula de Devido Processo Legal. No entanto, essas proteções não desapareceram totalmente. Em vez disso, como observaram estudiosos como Richard Pierce e Paul Verkuil, uma série de direitos processuais concebidos de forma privada preencheu o vazio.[425]

Verkuil cita como exemplo a história das batalhas de Jerry Tarkanian contra a NCAA.[426] Tarkanian moveu várias ações constitucionais e de direito comum [*common law*] contra a NCAA depois que ela penalizou o time de basquete da Universidade de Nevada-Las

---

424 *Ver*, *e.g.*, RUBIN, Edward L. "Due Process and the Administrative State". *California Law Review*, vol. 72, 1984, pp. 1044 e 1062-1064 (que documenta a contração da doutrina da ação estatal).

425 PIERCE JUNIOR, Richard J. "The Due Process Counterrevolution of the 1990s?" *Columbia Law Review*, vol. 96, 1996, p. 1996. *Ver também* VERKUIL, Paul R. "Privatizing Due Process". *Administrative Law Review*, vol. 57, 2005, p. 963.

426 488 U.S. 179 (1988).

Vegas. Entre as alegações de Tarkanian estava a de que a NCAA o havia privado do devido processo. Embora a Suprema Corte tenha discordado, concluindo que a NCAA não era um ator estatal, isso não encerrou a história. Em vez disso, nos anos seguintes à decisão da Suprema Corte, a NCAA empreendeu um extenso estudo de seus procedimentos de audiência e incorporou muitas mudanças a eles.[427]

Experiências como as do caso *Tarkanian* provocaram um extenso debate na academia sobre a regulamentação via normas privadas, em vez de públicas.[428] Alguns acadêmicos, em particular na tradição da *Law and economics*, argumentaram que as normas privadas fornecem um meio superior de regular atividades de grupo.[429] Outros, em contraste, levantaram dúvidas sobre a confiabilidade e a eficácia da regulamentação por meio de normas privadas, preferindo, em vez disso, formas públicas de regulamentação.[430] Essa literatura fornece

---

427 *Ver*, *e.g.*, VERKUIL, Paul R. "Privatizing Due Process". *Administrative Law Review*, vol. 57, 2005, pp. 973/974; FREEMAN, Jody. "Extending Public Law Norms through Privatization". *Harvard Law Review*, vol. 116, 2003, p. 1285.

428 *Ver*, *e.g.*, McADAMS, Richard H. "The Origin, Development and Regulation of Norms". *Michigan Law Review*, vol. 96, 1997, p. 338; SUNSTEIN, Cass. "On the Expressive Function of Law". *University of Pennsylvania Law Review*, vol. 144, 1996, p. 1021; BERNSTEIN, Lisa. "Merchant Law in a Merchant Court: Rethinking the Code's Search for Immanent Business Norms". *University of Pennsylvania Law Review*, vol. 144, 1996, p. 1765; COOTER, Robert D. "Structural Adjudication and the New Law Merchant: a Model of Decentralized Law". *International Review of Law and Economics*, vol. 14, 1994, p. 215; ELLICKSON, Robert C. *Order without law*: how neighbors settle disputes. Cambridge: Harvard University Press, 1991.

429 *Ver*, *e.g.*, EPSTEIN, Richard A. "Lawyers' Rise or Fall?" *Nat'l L. J.*, 31 mai. 2004, p. 27; McADAMS, Richard H. "Signaling Discount Rates: Law, Norms and Economic Methodology". *The Yale Law Journal*, vol. 110, nº 4, 2001, p. 625; CHARNY, David. "Nonlegal Sanctions in Commercial Relationships". *Harvard Law Review*, vol. 104, 1990, p. 373.

430 *Ver*, *e.g.*, LITOWITZ, Douglas. "A Critical Take on Shasta County and the 'New Chicago School'". *Yale Journal of Law & the Humanities*,

uma lente útil para considerarmos o desenvolvimento de protocolos privados semelhantes no ambiente da arbitragem e comprar esses desenvolvimentos a outros (como interpretação judicial ou arquitetura de tratados) que incorporam os princípios do devido processo legal na arbitragem por meio de mecanismos públicos mais formais.

Em alguns aspectos, os protocolos como forma de regulação normativa privada são superiores à regulação direta. Por um lado, em comparação com a regulamentação legislativa direta, eles são muito mais fáceis de implementar. Uma literatura familiar em ciência política documentou as dificuldades de promulgar legislações devido aos múltiplos pontos de decisão nos quais a ação legislativa pode falhar (comissões, votação em plenário, comissão de conferência, veto).[431] Os protocolos evitam esses impedimentos à ação ao envolverem um único ponto de decisão, ou seja, o consentimento voluntário das próprias associações. Devido ao número reduzido de pontos de decisão, eles também são mais facilmente alterados e adaptados à evolução das circunstâncias.[432]

Além disso, em contraste com a regulamentação judicial, os protocolos do devido processo podem ser mais abrangentes e mais sutis. Os redatores dos protocolos podem considerar uma gama de dados e experiências disponíveis. Em contraste, os reguladores judiciais podem estar limitados pelas provas documentais oferecidas pelas partes. Da mesma forma, o mecanismo do protocolo permite

---

vol. 15, 2002, p. 295 (que critica o modelo da regulamentação de grupo por meio de normas privadas); POSNER, Eric A. "Law, Economics and Inefficient Norms". *University of Pennsylvania Law Review*, vol. 144, 1996, pp. 1726-1736 (que argumenta que em alguns casos a regulamentação pública é mais eficiente).

431 *Ver, em geral*, ARNOLD, R. Douglas. *The logic of congressional action*. Londres: Yale University Press, 1990; KINGDON, John W. *Agendas, Alternatives and Public Policy*. Nova York: Harper Collins, 1984.

432 *Ver* HARDING, Margaret M. "The Limits of the Due Process Protocols". *Ohio State Journal on Dispute Resolution*, vol. 19, 2004, p. 371.

que seus redatores adaptem os protocolos às necessidades específicas do setor regulado, conforme exemplificado pelas diferenças substantivas entre os protocolos de arbitragem trabalhista, de consumo e de assistência médica. Em contraste, o escopo de qualquer regulamentação judicial pode estar limitado por doutrinas como a da legitimidade, barreiras a pareceres consultivos e restrições aos poderes de reparação das cortes.

Ademais, como observou a professora Margaret Harding, o processo de construção do protocolo apresenta potencial para maior participação de grupos interessados.[433] Considerando que as limitações de acesso ou as doutrinas vigentes podem limitar a capacidade dos grupos de influenciar o resultado da regulamentação legislativa, ou judicial, o processo de desenvolvimento e aceitação do protocolo não sofre de tais limitações inerentes. Certamente, a validade dessa premissa depende de até que ponto os desenvolvedores dos protocolos optam por incluir vários grupos no processo. A experiência real com os três primeiros protocolos, porém, sugere que eles foram de fato desenvolvidos por meio de um processo inclusivo.

Por fim, os protocolos estimularam um diálogo saudável entre as cortes e as partes interessadas sobre as melhores práticas de arbitragem. Uma rica pesquisa acadêmica tratou dos vários "ciclos de devolutivas" entre atores públicos e privados no desenvolvimento de normas jurídicas.[434] À primeira vista, essa interação entre os protocolos do devido processo e as análises judiciais da imparcialidade dos processos de arbitragem podem parecer um desenvolvimento positivo. Os protocolos fornecem às cortes uma referência viável

---

433 HARDING, Margaret M. "The Limits of the Due Process Protocols". *Ohio State Journal on Dispute Resolution*, vol. 19, 2004, p. 371.

434 *Ver*, *e.g.*, GEISINGER, Alex C. "Are Norms Efficient? Pluralistic Ignorance, Heuristics and the Use of Norms as Private Regulation". *Alabama Law Review*, vol. 57, 2005; POSNER, Eric A. "The Regulation of Groups: the Influence of Legal and Nonlegal Sanctions on Collective Action". *The University of Chicago Law Review*, vol. 63, 1996.

para avaliar a imparcialidade de outros procedimentos; além disso, elaborados por meio do diálogo entre representantes do setor e advogados de empregados e consumidores, eles oferecem uma métrica relativamente equilibrada, em vez de tendenciosa. Forjados por meio desse processo, os protocolos estimulam o diálogo entre as cortes e o setor da arbitragem.

Os efeitos dos protocolos não se limitaram às próprias arbitragens. Várias cortes federais e estaduais os consideraram indícios persuasivos da equidade de uma arbitragem.[435] Por exemplo, no caso *Cole v. Burns International Security Servicoes*, o Circuito do D. C. concluiu que uma convenção arbitral em um contrato de trabalho era executável em parte porque o acordo era, em geral, compatível com o protocolo de devido processo.[436] Em alguns casos, as cortes têm se baseado nos protocolos de devido processo mesmo quando uma arbitragem não está formalmente sujeita a eles. Por exemplo, no caso *Hooters of America, Inc. v. Phillips*, os protocolos foram relevantes para as decisões de duas cortes de não executar uma convenção de arbitragem, mesmo que a convenção não estivesse sujeita a eles. A corte distrital observou que os procedimentos de seleção do árbitro diferiam daqueles previstos pelo protocolo e o Quarto Circuito, ao manter a decisão, baseou-se em parte no testemunho de um funcionário da AAA que disse que as regras de arbitragem da *Hooters* "desviavam-se tanto dos padrões mínimos de devido processo que [a AAA] se recusaria a arbitrar disputas de acordo

435 Para uma catalogação de casos baseados em protocolos de devido processo, ver BALES, Richard J. "The Employment Due Process Protocol at Ten: Twenty Unresolved Issues and a Focus on Conflicts of Interest". *Ohio State Journal on Dispute Resolution*, vol. 21, 2005, pp. 178-184; *ver também* HARDING, Margaret M. "The Limits of the Due Process Protocols". *Ohio State Journal on Dispute Resolution*, vol. 19, 2004, pp. 409-412.

436 105 F.3d 1465 (D.C. Cir. 1997).

com essas regras".[437] Por fim, no caso *Green Tree Financial Corp v. Randolph*, quatro juízes citaram o protocolo de consumo como um exemplo de mecanismo imparcial de acordo com o qual distribuir os custos em uma arbitragem. Esses casos ilustram que os protocolos de devido processo influenciam não somente a prática da arbitragem: eles também têm impacto na doutrina em casos que, tecnicamente, não estão sujeitos a eles.

Assim como os protocolos podem influenciar a compreensão judicial sobre procedimentos arbitrais justos, a crítica judicial pode sugerir caminhos de reforma para os desenvolvedores dos protocolos. Esse tipo de diálogo pode ser um meio de abordar não apenas questões de justiça processual, mas também outras questões constitucionais relativas à arbitragem. No caso *Cole*, o Presidente Edwards expressou seu desacordo com as disposições de compartilhamento de custos do protocolo trabalhista, o que gerou um debate animado sobre o uso ou não do protocolo para a garantia da acessibilidade da arbitragem a trabalhadores com reivindicações baseadas na lei.[438]

Embora o processo de desenvolvimento de protocolos ofereça certas vantagens em relação aos mecanismos de regulamentação pública, em outros aspectos são potencialmente problemáticos. Um desses problemas, enfatizado por Carrie Menkel-Meadow, é que os

---

437 *Ver* Hooters of Am., Inc. v. Phillips, 39 F. Supp. 2d 582, 598 n.15, 600-602 (D.S.C. 1998). Hooters of Am., Inc. v. Phillips, 173 F.3d 933, 939 (4º Cir. 1999).

438 *Ver* Cole v. Burns Int'l Security Servs., 105 F.3d 1465, 1483 n.11 (D.C. Cir. 1997). Para uma literatura exemplar sobre o debate da divisão dos custos, *ver*, *e.g.*, LEROY, Michael H.; FEUILLE, Peter. "When Is Cost an Unlawful Barrier to Alternative Dispute Resolution? The Ever Green Tree of Mandatory Employment Arbitration". *UCLA Law Review*, vol. 50, 2002, p. 143; TIPTON, Brian. "Allocating the Costs of Arbitrating Statutory Claims under the Federal Arbitration Act: An Unresolved Issue". *American Journal of Trial Advocacy*, vol. 26, 2002, p. 325. A edição de julho de 2002 da *University of Miami Law Review* dedicou um simpósio à questão da alocação de custos na esteira do caso *Green Tree Financial*.

protocolos podem não ser tão efetivos do ponto de vista substantivo quanto a regulamentação direta.[439] Isso decorre de negociações em busca da segunda melhor solução descrita anteriormente na seção "Protocolos privados". Por exemplo, segundo Menkel-Meadow, os defensores do protocolo trabalhista necessariamente comprometeram certas proteções processuais para obter o consentimento dos vários participantes da indústria e das instituições arbitrais. Como consequência disso, os críticos pediram reforço nas proteções.[440] Vias regulatórias diretas, como a imposição judicial de normas de devido processo legal, não exigiriam tal compromisso.

Outros problemas decorrem dos ciclos de devolutivas gerados entre os redatores dos protocolos e as cortes que consultam esses protocolos. Os benefícios do ciclo de devolutivas entre cortes e atores privados (como a indústria de arbitragem neste caso) mascaram pelo menos dois custos significativos. Um deles é a falta de previsibilidade. Especificamente, as partes são incapazes de prever com precisão como as cortes utilizarão os protocolos. Algumas decisões citam os protocolos como meramente indicativos de uma tendência prática; já outras, chegam perto de dizer que o descumprimento dos protocolos em um processo de arbitragem fornece uma razão jurídica para negar a executibilidade da convenção de arbitragem por completo. Como Richard Bales explicou, os protocolos de devido processo funcionam como um guia para os empregadores e para o

---

439 *Ver* MENKEL-MEADOW, Carrie. "Ethics Issues in Arbitration and Related Dispute Resolution Processes: What's Happening and What's Not?" *University of Miami Law Review*, vol. 56, 2002, pp. 949 e 953.

440 *Ver, e.g.*, BALES, Richard J. "The Employment Due Process Protocol at Ten: Twenty Unresolved Issues and a Focus on Conflicts of Interest". *Ohio State Journal on Dispute Resolution*, vol. 21, 2005, p. 167; HARDING, Margaret M. "The Limits of the Due Process Protocols". *Ohio State Journal on Dispute Resolution*, vol. 19, 2004, p. 371.

judiciário, mas, como consequência, não são mais capazes de fornecer orientações previsíveis.[441]

Comparemos isso a um sistema em que as normas do devido processo são implementadas por outro mecanismo, seja legislação ou decisão judicial, como vimos no contexto internacional.[442] Aqui, ao contrário, o efeito jurídico das normas é mais claro. Ao contrário do sistema atual, as cortes são *obrigadas* a aplicá-las (ou, pelo menos, a verificar sua aplicabilidade). Assim, em comparação com um modelo mais regulatório de desenvolvimento de normas, o mecanismo do protocolo (desde que as cortes consultem os protocolos) cria uma incerteza relativamente maior sobre como as normas jurídicas se desenvolverão.

É importante enfatizar a natureza limitada dessa alegação. Não estou afirmando normativamente que a regulamentação legislativa ou judicial seja superior à forma atual de desenvolvimento de normas privadas. Tampouco estou tomando posição sobre se as cortes devem consultar os protocolos nos casos em que eles não sejam estritamente aplicáveis. Em vez disso, alego simplesmente que, se as cortes consultarem os protocolos, a incerteza sobre seus efeitos jurídicos criará instabilidade no conteúdo das normas jurídicas.

---

441 BALES, Richard J. "The Employment Due Process Protocol at Ten: Twenty Unresolved Issues and a Focus on Conflicts of Interest". *Ohio State Journal on Dispute Resolution*, vol. 21, 2005, p. 167; MALIN, Martin H. "Ethical Concerns in Drafting Employment Arbitration Agreements After Circuit City and Green Tree". *Brandeis Law Journal*, vol. 41, 2003, pp. 779/780.

442 Esses mecanismos assumiriam várias formas. A forma legislativa é óbvia. A forma judicial poderia vir ou pela conclusão de que a arbitragem não constitui ação estatal ou pela decisão de não executar uma convenção de arbitragem ou uma sentença na qual a arbitragem não estivesse sujeita a essas proteções processuais.

Uma outra desvantagem desse processo de construção de protocolos é a falta de transparência.[443] Em comparação com as formas mais regulamentares de desenvolvimento de normas, os protocolos não são desenvolvidos de acordo com nenhum método padronizado pelo qual são examinados de perto.[444] Nos termos de Gillian Metzger, os protocolos carecem de "mecanismos de responsabilização".[445] Em contraste, por exemplo, a regulamentação administrativa normalmente passaria por um período formal de notificação e comentários, seguido frequentemente de contestações judiciais da razoabilidade da regulamentação da agência. De maneira similar, um processo de regulamentação legislativa provavelmente criaria algum tipo de registro legislativo que uma corte poderia examinar. Mesmo um processo de regulamentação judicial, embora as próprias deliberações possam ser secretas, implica certo grau de escrutínio. Os juízes normalmente proferem seus julgamentos por escrito e dão razões para suas decisões. Essas decisões e o raciocínio que as fundamenta são postos no microscópio em casos subsequentes que apresentam problemas em comum. Já as normas privadas, como as exemplificadas pelos protocolos, carecem desses tipos de verificações institucionais em seu processo de desenvolvimento.[446]

---

443 Sobre a relação entre arbitragem e teoria da democracia, ver REUBEN, Richard C. "Democracy and Dispute Resolution: the Problem of Arbitration". *Law and Contemporary Problems*, vol. 67, 2004, p. 279.

444 Sobre os defeitos do processo decisório por trás do desenvolvimento dos protocolos, ver GREEN, Leona S. "Mandatory Arbitration of Statutory Employment Disputes: a Public Policy Issue in Need of a Legislative Solution". *Notre Dame Journal of Law, Ethics & Public Policy*, vol. 12, 1998, pp. 173 e 215.

445 *Ver* METZGER, Gillian "Privatization in Delegation". *Columbia Law School*, vol. 103, 2003, pp. 1367 e 1456/1457.

446 Por uma questão de completude, devo observar que as instituições privadas que desenvolvem normas não estão isentas de regulação. No mínimo, as forças do mercado – como a disposição do mercado de empregar as normas desenvolvidas pela instituição privada – podem restringir o comportamento das instituições. No entanto, permanece o argumento de que essas restrições diferem em qualidade e tipo daquelas impostas

Aqui também é importante reconhecer os limites do argumento. Não estou afirmando que outras formas de regulamentação – sejam elas administrativas, legislativas ou judiciais – são totalmente transparentes. Elas certamente não são. Mas em comparação com um sistema puramente privado de desenvolvimento de normas, como o exemplificado pelos protocolos, há um conjunto mais robusto de verificações institucionais que regem tanto o processo pelo qual essas normas públicas são desenvolvidas quanto o escrutínio a que estão sujeitas.

Uma última desvantagem é a potencial diluição das regras de Direito Público. A confiança judicial em normas desenvolvidas de forma privada para definir padrões públicos baseia-se na crença de que essas normas representam resultados políticos ideais. No entanto, os protocolos em vários aspectos representam a "segunda melhor" solução. Na medida em que normas imperfeitas moldam as doutrinas de Direito Público sobre procedimentos arbitrais justos, a sociedade sofre – seja por proteção inadequada (no caso de deficiências nos protocolos) ou resultados ineficientes (no caso de invalidação errônea da arbitragem por não observação dos protocolos).

## 5.5 Conclusão

À medida que um número crescente de litígios baseados em leis federais foi resolvido por meio de arbitragem, os apelos para a importação de normas constitucionais para a arbitragem necessariamente surgiriam. Talvez a questão constitucional mais importante, na verdade, a porta de entrada para muitas questões subsidiárias, tenha sido se a arbitragem constitui, de alguma forma, uma ação estatal. Contrariamente às opiniões de vários estudiosos, as cortes concluíram corretamente que não. No entanto, essa conclusão não

---

em processos de regulamentação judicial, legislativa ou administrativa. Agradeço especialmente a Nic Howell por compartilhar comigo seus pensamentos sobre isso.

encerrou o debate constitucional; em vez disso, o debate simplesmente deslocou-se para outro território. Outros mecanismos, inclusive protocolos privados de devido processo, intepretação de tratados e de arquitetura de tratados preencheram a lacuna criada pela conclusão judicial de que a arbitragem não constitui ação estatal. Desenvolvimentos como os protocolos estenderam as proteções processuais às partes com posições negociais inferiores, em alguns casos excedendo as proteções às quais elas teriam direito sob os princípios do devido processo legal. Além disso, eles influenciaram as normas de Direito Público, pois várias cortes os consultaram, mesmo nos casos em que tecnicamente não seriam aplicáveis. Embora alguns possam ter uma visão otimista sobre esses desenvolvimentos, eles não estão isentos de custos. Normas desenvolvidas de forma privada geram riscos e falta de transparência. De maneira mais fundamental, porém, o diálogo entre as cortes e os redatores dos protocolos cria incerteza e instabilidade doutrinária. Com esse estado de coisas, o debate sobre a relação entre arbitragem e Direito Constitucional, particularmente a forma que tais desenvolvimentos devem assumir, deve perdurar.[447]

447 *Ver*, *e.g.*, HOROWITZ, Morton J. "The History of the Public/Private Distinction". *University of Pennsylvania Law Review*, vol. 130, 1982, p. 1423; KENNEDY, Duncan. "The Stages of the Decline of the Public/Private Distinction". *University of Pennsylvania Law Review*, vol. 130, 1982, p. 1349.

# CAPÍTULO VI

## ARBITRAGEM E DIREITO AO JÚRI

> "Em processos regidos pela lei comum [*common law*], quando o valor da controvérsia exceder vinte dólares, o direito a um julgamento por um júri será garantido".[448]
>
> "O direito a um julgamento por um júri está assegurado a todos e permanecerá inviolável".[449]
>
> "As cortes de justiça estarão abertas a todas as pessoas e serão providos remédios rápidos para todo dano à pessoa, à propriedade ou ao caráter".[450]

O capítulo anterior introduziu a ideia de que a arbitragem atinge liberdades individuais. Nele, explicamos a importância da doutrina da "ação do Estado" como uma chave de leitura para essas questões, pelo menos do ponto de vista formal, e, em seguida, aprofundamos a relação entre a lei de arbitragem e a noção de devido processo legal. Este capítulo baseia-se nessa análise, mas concentra-se em

---

448 U.S. CONST. amend. VII.

449 MONT. CONST., art II, § 26.

450 MONT. CONST., art. II, § 16.

outra liberdade garantida pela Constituição, a saber, o direito a um júri civil em "ações judiciais".[451] Consideremos a seguinte hipótese:

> Alice fecha um contrato com uma empresa de cartão de crédito, a Acme. O contrato contém uma cláusula de arbitragem que estabelece simplesmente que "Todas as disputas relacionadas a este contrato serão resolvidas por um único árbitro de acordo com as regras da Associação Americana de Arbitragem". Mais tarde, Alice descobre que a Acme está cobrando uma taxa de juros ilegal. Ela abre um processo contra a Acme alegando violações do contrato e das leis estaduais de usura, bem como das leis estaduais de práticas comerciais desleais. Sua reclamação inclui a reinvindicação de um júri (ao qual, vamos supor, ela teria direito se não fosse pela cláusula de arbitragem). A Acme move-se para encerrar o processo, alegando que Alice deve arbitrar sua demanda e, portanto, não tem direito a um julgamento por júri.

A cláusula de arbitragem efetivamente obsta o direito das partes ao júri? A resposta a essa pergunta contém riscos potencialmente bastante significativos. Os júris não são apenas consagrados em nossas Constituições federal e estaduais,[452] eles têm um impacto

451 Há alguma confusão sobre se a ação estatal deve ser provada para que se possa invocar a Sétima Emenda. *Ver*, *e.g.*, COLE, Sarah Rudolph. "Arbitration and State Action". *BUY Law Review*, 2005.

452 U.S. CONST. amend. VII; ALA. CONST. art. I, § 11; ALASKA CONST. art. 1, § 16; ARIZ. CONST. art. 2 § 23; ARK. CONST. art. 2, § 7; CAL. CONST. art. 1, § 16; COLO. CONST. art. 2, § 23; CONN. CONST. art. 1, § 19; DEL. CONST., art. 1, § 4; D.C. art. I, § 107; FLA. CONST. art. 1 § 22; GA. CONST. art. 1, § 1, ¶ XI; HAW. CONST. art. 1, § 13; IDAHO CONST. art. 1, § 7; ILL. CONST. art. 1, § 13; IND. CONST. art. 1, § 20; IOWA CONST. art. 1, § 9; KAN. CONST. Bill of Rights § 5; KY. CONST. art. 13, § 8; LA. CONST. art 1, § 16; ME. CONST. art. 1, § 20; MD. CONST. art. 23; MASS. CONST. art. XV; MICH. CONST. art. 1, § 14; MINN. CONST. art. 1, § 4; MISS. CONST. art. 3, § 31; MO. CONST. art. 1, § 22(a);MONT. CONST. art. 2, § 26; NEB. CONST. art. I, § 6; NEV. CONST. art. 1, § 3; N.H. CONST.

importante tanto no curso de uma disputa quanto nos incentivos para que as partes cheguem a uma composição. Em geral, acredita-se que os júris concedem indenizações mais generosas do que os juízes em julgamentos colegiados (uma proposição empírica que tem sido fortemente contestada).[453] Além disso, independentemente da validade empírica da proposição anterior, o espectro de um júri e o risco percebido de veredictos desfavoráveis podem pressionar os réus a chegarem a um acordo antes mesmo de o júri analisar o caso.[454]

É claro que essa aposta pode ser superestimada. Mesmo sem cláusulas de arbitragem, somente uma pequena porcentagem dos litígios civis chega a ir a julgamento, e menos ainda a um veredicto do júri.[455] Isso ocorre porque o caso é encerrado em um estágio an-

---

Pt. 1, art. 20; N.J. CONST. art. 1, ¶ 9; N.M. CONST. art. 2, § 12; N.Y. CONST. art. 1, § 2; N.C. CONST. art. I, § 25; N.D. CONST. art. 1, § 13; OHIO CONST. art. I, § 5; OKLA. CONST. art. 2, § 19; OR. CONST. Art. I, § 17; PA. CONST. art. 1, § 6; R.I. CONST. art. 1, § 15; S.C. CONST. art. I, § 14; S.D. CONST. art. 6, § 6; TENN. CONST. art. 1, § 6; TEX. CONST. art. 1, § 15; UTAH CONST. art. 1, § 10; VT. CONST. ch. 1, art. 12; VA. CONST. art. 1, § 11; WASH. CONST. art. 1, § 21; W. VA. CONST. art. 3, § 13; WIS. CONST. art. 1, § 5; WYO. CONST. art. 1, § 9.

453 LANDSMAN, Stephan. "The Civil Jury in America: Scenes from an Unappreciated History". *Hastings Law Journal*, vol. 44, 1993, pp. 578 e 610-618.

454 *Ver* RUTLEDGE, Peter B. "Whither Arbitration?" *Georgetown Journal of Law & Public Policy*, vol. 6, 2008, p. 549; KISER, Randall. *Beyond right and wrong*: the power of effective decision making for attorneys and clients. Berlim: Springer, 2010, p. 63 (a declaração de erros a autores e réus é menor na arbitragem do que nos julgamentos por turmas ou júri, e os réus subestimam as ofertas de acordo na arbitragem devido a um incentivo reduzido para que evitem resultados julgados na arbitragem); WITTMAN, Donald. "Lay Juries, Professional Arbitrators and the Arbitrator Selection Hypothesis". *American Law and Economics Review*, vol. 5, 2003, p. 61.

455 *Ver*, *e.g.*, SCHLANGER, Margo. "What We Know and What We Should Know about American Trial Trends". *Journal of Dispute Resolution*, 2006, p. 35; GALANTER, Marc. "The Hundred-Year Decline of Trials

terior ao julgamento ou há uma composição entre as partes.[456] No mínimo, no entanto, podemos dizer com confiança que a perspectiva de um júri exerce uma influência importante no comportamento das partes do litígio. Conclui-se, portanto, que a renúncia ao direito de acesso a essa instituição afetará o sistema de incentivos aos litigantes.

Para sintetizar o que foi dito, o júri é um instrumento que as partes (geralmente os autores) podem utilizar para obter acordos melhores e que seus oponentes (geralmente os réus) podem tentar bloquear por meio do uso de cláusulas de arbitragem. Isso pode advir tanto da mera possibilidade de um julgamento por júri quanto das informações transmitidas nos veredictos do júri, pois elas permitem que as partes prevejam sua provável capacidade de recuperação (ou seu nível de exposição).[457] Assim, à luz das possíveis implicações do direito ao júri para as respectivas posições de negociação das partes,

---

and the Thirty Years War". *Stanford Law Review*, vol. 57, 2005, p. 1255; GALANTER, Marc. "The Vanishing Trial: An Examination of Trials and Related Matters in Federal and State Courts". *Journal of Empirical Legal Studies*, vol. 1, 2004, p. 459; GALANTER, Marc. "The Regulatory Function of the Civil Jury". *In*: LITAN, Robert E. *Verdict*: assessing the civil jury system. Washington: Brookings Institution, 1993, pp. 61 e 63; SCHUCK, Peter H. "Mapping the Debate on Jury Reform". *In*: LITAN, Robert E. *Verdict*: assessing the civil jury system. Washington: Brookings Institution, 1993, pp. 306/307 e 332.

456 CLERMONT, Kevin M. "Litigation Realities Redux". *Notre Dame Law Review*, vol. 84, 2009, pp. 1919 e 1946-1959 (estudo empírico e resultados de rescisão pré-julgamento com média de 96%); HADFIELD, Gillian K. "Where Have All the Trials Gone? Settlements, Non-Trial Adjudications and Statistical Artifacts in the Changing Disposition of Federal Civil Cases". *Journal of Empirical Legal Studies*, 2004, pp. 705 e 728-733.

457 GALANTER, Marc. "The Regulatory Function of the Civil Jury". *In*: LITAN, Robert E. *Verdict*: assessing the civil jury system. Washington: Brookings Institution, 1993, pp. 61 e 63; SCHUCK, Peter H. "Mapping the Debate on Jury Reform". *In*: LITAN, Robert E. *Verdict*: assessing the civil jury system. Washington: Brookings Institution, 1993, p. 307; HARVARD LAW REVIEW. "Developments in the Law: The Civil Jury". *Harvard Law Review*, vol. 110, nº 7, 1997, pp. 1408, 1423 e

uma cláusula de arbitragem efetivamente equivale à renúncia das partes a seu direito ao júri?

A resposta gira em torno de algumas proposições críticas. Em primeiro lugar, ela depende de se o direito ao júri é inalienável. Pode-se facilmente imaginar um mundo no qual os direitos, em particular os direitos constitucionais, são simplesmente inalienáveis.[458] Em segundo lugar, mesmo que o direito seja inalienável em algumas circunstâncias, é preciso saber se ele está disponível no caso de um acordo pré-disputa, o que significa dizer que as partes não precisam esperar que uma disputa real surja para que possam efetivamente renunciar a seu direito de julgamento por um júri em casos que se enquadrem em uma cláusula de arbitragem. Em terceiro lugar, mesmo se supormos que as partes podem renunciar antecipadamente a seu Direito Constitucional a um julgamento por um júri no contexto de um acordo pré-disputa, esse argumento requer alguma consideração, nos casos concretos, sobre se as partes de fato o fizeram. Isso é essencialmente uma questão de intepretação contratual: um compromisso geral de arbitragem executável equivale efetivamente à renúncia ao Direito Constitucional de julgamento por um júri?

A maioria dos debates surgidos entre acadêmicos e em decisões judiciais diz respeito à terceira questão. Sobre isso, a maioria das cortes conclui que as partes podem renunciar ao direito (a não ser que fique provado que o instrumento escrito de renúncia sofre de algum defeito jurídico específico, como fraude ou coação). Mas

---

1427. Disponível em: https://www.jstor.org/stable/1342177. Acessado em: 17.08.2023.

458 FENNELL, Lee Anne. "Adjusting Alienability". *Harvard Law Review*, vol. 122, 2009, p. 1403 (consequências da alienabilidade de direitos); FARBER, Daniel A. "Another View of the Quagmire: Unconstitutional Conditions and Contract Theory". *Florida State University Law Review*, vol. 33, 2006, p. 913 (que discute a alienabilidade dos direitos constitucionais em troca de benefícios governamentais); SULLIVAN, Kathleen M. "Unconstitutional Conditions". *Harvard Law Review*, vol. 102, 1989, pp. 1413 e 1476-1490.

pode-se imaginar abordagens alternativas que girem em torno das duas questões anteriores (como a discussão sobre se uma cláusula de arbitragem é suficiente para configurar a renúncia ao direito a um júri ou mesmo a discussão sobre se é possível, em qualquer caso, renunciar a ele). Talvez a cláusula de arbitragem deva fazer referência expressa à renúncia das partes contratantes ao direito a um júri para ser efetiva.

Essas questões informam as análises da maior parte deste capítulo. Antes de nos voltarmos a elas, no entanto, é necessário fazer duas observações – uma sobre abordagens comparativas e outra sobre uma potencial barreira teórica a todo esse empreendimento.

Façamos uma comparação óbvia, mas ainda assim importante: a maioria dos países não concede um Direito Constitucional tão robusto a um júri civil quanto os Estados Unidos.[459] A título de exemplo, em muitos países, como a Rússia e a Austrália, o direito a um julgamento por júri é garantido somente nos casos criminais mais graves. Alguns países, como Chile, México, Hungria, Israel e África do Sul não oferecem nenhum direito ao júri.[460] Outros países, como Inglaterra e Canadá, concedem direito a um júri civil em algumas circunstâncias, mas geralmente o condicionam a limitações

---

459 *Ver* HARVARD LAW REVIEW. "Developments in the Law: The Civil Jury". *Harvard Law Review*, vol. 110, nº 7, 1997, p. 1411. Disponível em: https://www.jstor.org/stable/1342177. Acessado em: 17.08.2023; MERRYMAN, John Henry; PEREZ-PERDOMO, Rogelio. *The Civil Law Tradition*: an introduction to the Legal Systems of Europe and Latin America. 3ª ed. California: Stanford University Press, 2007, p. 113.

460 MARDER, Nancy S. "An Introduction to Comparative Jury Systems". *Chicago-Kent Law Review*, vol. 86, 2011, pp. 453 e 461; LEIB, Ethan J. "A Comparison of Criminal Jury Decision Rules in Democratic Countries". *Ohio State Journal of Criminal Law*, vol. 5, 2008, pp. 629 e 631-635; VIDMAR, Neil. *World jury systems*. Oxford: Oxford University Press, 2000, pp. 10-13.

legislativas.[461] Consequentemente, na maioria dos sistemas, os debates sobre o impacto da arbitragem (ou outras formas de resolução de disputas civis) sobre o direito ao júri não entram no diálogo constitucional. Portanto, o debate realizado aqui diz respeito a um fenômeno particularmente americano.[462]

O aspecto doutrinário diz respeito à relação entre as questões estruturais, discutidas no Capítulo I, e as questões do direito ao júri discutidas aqui. Especificamente, na medida em que a análise estrutural gira em torno de considerações sobre renúncia, a discussão do júri não deriva inteiramente dessa análise? Se postularmos que o direito a um foro do Artigo 3º é passível de renúncia, e o direito ao júri aplica-se apenas após a determinação de que o litígio deve prosseguir, não decorre então que a renúncia efetiva a um foro do Artigo 3º equivale necessariamente também à renúncia ao direito previsto na Sétima Emenda? Essa preocupação é mais do que hipotética, já que várias cortes rejeitaram as reivindicações de direito ao júri com base no fato de que seriam inteiramente derivadas de alegações baseadas no Artigo 3º (que a corte havia acabado de rejeitar).[463]

---

461 *Ver* VIDMAR, Neil. "A Historical and Comparative Perspective on the Common Law Jury". *In*: ______. (Coord.). *World jury systems*. Oxford: Oxford University Press, 2000, p. 3.

462 Steve Ware utilizou criativamente esse recurso excepcional do sistema de júri americano para justificar um padrão mais flexível em relação à execução das renúncias ao júri. De acordo com o argumento de Ware, um padrão mais flexível reduz as diferenças entre os sistemas jurídicos. Ware responde a Sternlight que a execução de cláusulas de arbitragem é uma resposta à função única desempenhada pelo júri civil nos Estados Unidos. Nesse sentido, as cláusulas de arbitragem podem ser conceituadas como um mecanismo de harmonização que reduz as diferenças entre os Estados Unidos e países estrangeiros quanto ao papel desempenhado pelo júri civil na resolução de disputas.

463 *Syncor v. Conseco*, 2001 WL 223243 p. *3 (4º Cir. 7 mar. 2001); Marsh v. First USA Bank, N.A., 103 F. Supp.2d 909, 921 (N.D. Tex. 2000); Bank One v. Coates, 125 F. Supp. 2d 819, 824 (S.D. Miss. 2001); *Parsley v. Terminix Intern. Co., L.P.*, 1998 WL 1572764 (S.D. Ohio 15 set. 1998); Burlington Northern RR Co. v. Soo Line RR Co., 162 B.R. 207,

Esse ponto da doutrina (pode-se considerá-lo uma objeção a toda a discussão deste capítulo) merece ser levado a sério. Certamente, há alguma sobreposição – o direito previsto pela Sétima Emenda é o direito a um júri em um foro do Artigo 3º (é bom lembrar que esse é um dos poucos direitos que não foi incorporado afirmativamente contra os Estados).[464] No entanto, as considerações subjacentes não são idênticas. Por um lado, as considerações sobre separação de poderes desaparecem na discussão da Sétima Emenda – fazendo com que a questão deixe de repousar sobre a distribuição horizontal de poder.

Por outro lado, a resposta volta-se criticamente para a teoria do júri civil.[465] Pode-se imaginar que o júri civil é essencialmente um direito individual (sua presença na Declaração de Direitos apoia a visão de que se trata de uma questão estrutural).[466] De acordo com

---

214 (D. Minn. 1993); Pierson v. Dean Witter Reynolds, Inc., 742 F.2d 334, 339 (7º Cir. 1984) (a "perda do direito ao julgamento por um júri é uma consequência justa e necessária de um acordo de arbitragem"); *Geldermann v. Commodity Futures Trading Comm'n*, 836 F.2d 310, 323 (7º Cir. 1987); Cremin v. Merrill Lynch Pierce Fenner & Smith, Inc., 957 F. Supp. 1460, 1471 (N.D. Ill. 1997); National Iranian Oil Co. v. Ashland Oil, 716 F. Supp. 268, 270 (S.D. Miss. 1989).

464 ROTUNDA, Ronald D.; NOWAK, John E. *Treatise on constitutional law*: substance and procedure. 4ª ed. St. Paul: West Pub. 2011, § 14.2(a); Minneapolis & St. L.R. Co. v. Bombolis, 36 S. Ct. 595, 596–98 (1916).

465 Para uma discussão dos possíveis valores a que serve um júri civil e uma pesquisa sobre a literatura chave, ver HARVARD LAW REVIEW. "Developments in the Law: The Civil Jury". *Harvard Law Review*, vol. 110, nº 7, 1997, pp. 1421-1443. Disponível em: https://www.jstor.org/stable/1342177. Acessado em: 17.08.2023.

466 Isso contrasta com o direito a um júri criminal que, curiosamente, aparece duas vezes na Constituição – no Artigo 3º e novamente na Sexta Emenda. Para uma tentativa de sintetizar a teoria que sustenta o júri nos dois contextos, ver MURPHY, Colleen P. "Integrating the Constitutional Authority of the Civil and Criminal Juries". *George Washington Law Review*, vol. 61, 1993, p. 723. *Ver também* HARVARD LAW REVIEW. "Developments in the Law: The Civil Jury". *Harvard Law Review*, vol. 110, nº 7, 1997, p. 1436. Disponível em: https://www.jstor.org/stable/1342177. Acessado em: 17.08.2023 (que discute a relação entre o

isso, o debate sobre a relação entre arbitragem e direito ao júri passa a versar principalmente sobre liberdades individuais (e, portanto, a renúncia a elas), o que cria certo risco de sobreposição com a análise do capítulo anterior. Alternativamente, pode-se imaginar que o júri civil desempenhe um papel mais estrutural – como uma espécie de minilegislatura, ou mesmo como um controle sobre os outros poderes estatais.[467] De acordo com essa visão, o debate sobre a renúncia ao direito ao júri carrega implicações mais amplas do que somente questões de liberdades individuais. Em vez disso, a arbitragem, como uma renúncia efetiva ao direito ao júri, interfere nos interesses de terceiros – daqueles que seriam jurados e, mais amplamente, no interesse da sociedade no funcionamento saudável dessa instituição como um instrumento de governança democrática. (Aqui, é claro, deve-se notar que, de acordo com essa concepção, a crítica à restrição ao júri não está limitada à arbitragem; uma série de outros instrumentos de nosso sistema processual civil, especialmente o julgamento sumário e os veredictos direcionados, têm efeito semelhante). A resposta a essa pergunta justifica uma pesquisa independente sobre a reação entre a Sétima Emenda e a lei de arbitragem.[468]

Além de trazer à tona o debate sobre o papel dos júris em nosso sistema constitucional, considerar o direito ao júri separadamente levanta uma questão muito relevante, que não recebeu praticamente nenhuma atenção nos estudos ou na escassa jurisprudência sobre o assunto. A saber, a avaliação da eficácia de uma cláusula de

---

júri civil e o júri criminal em termos de sua função comum como fóruns de "democracia deliberativa").

467 Os júris podem servir a essa função de controle por meio de seu poder de determinar o veredicto sem necessidade de fundamentá-lo precisamente numa análise jurídica que conduza a tal resultado.

468 Para análises históricas clássicas do direito ao júri, ver HENDERSON, Edith Guild. "The Background of the Seventh Amendment". *Harvard Law Review*, vol. 80, 1966, p. 289; WOLFRAM, Charles W. "The Constitutional History of the Seventh Amendment". *Minnesota Law Review*, vol. 57, 1973, p. 639.

arbitragem em relação ao direito ao júri previsto na Sétima Emenda oferece uma oportunidade para que se crie um padrão federal sobre a executibilidade de cláusulas de arbitragem.[469] Lembremos que no capítulo sobre o federalismo discutimos que uma característica única da análise segundo a Seção 2 da FAA era que (pelo menos no contexto de arbitragens domésticas/não baseadas em tratados) a lei contratual dos Estados, e não a lei federal, regia o escopo das defesas contratuais contra a executibilidade da convenção de arbitragem (ou seja, a discussão sobre se havia "fundamento jurídico ou de equidade para a revogação de um contrato"). Embora essa abordagem promovesse importantes valores do federalismo, ela prejudicava a uniformidade nessa área do Direito. A teoria da Sétima Emenda evita essa dificuldade porque os direitos previstos nela (inclusive as oportunidades de renúncia) representam inquestionavelmente uma questão federal. Isso cria uma oportunidade para que as cortes federais articulem um padrão de avaliação da executibilidade de uma cláusula de arbitragem sem ter que olhar para as peculiaridades da lei do Estado no qual a corte está situada.

Em suma, há razões legítimas para analisarmos a relação entre arbitragem e direito ao júri como um tema teórico independente, separado e distante das questões estruturais examinadas no Capítulo I. Feitas essas preliminares, podemos nos voltar para a análise tripartite introduzida anteriormente neste capítulo – que discute, a saber, (1) se o direito ao júri é inalienável; (2) em caso afirmativo, se seria possível renunciar a ele em um acordo pré-disputa; e (3) em

469 Uma decisão estabeleceu essas ligações. No caso *Walker*, a corte enfrentou a alegação de um autor de que a cláusula de arbitragem violava seu Direito Constitucional a um júri civil. A corte considerou que a lei federal regia a questão da renúncia ao júri; ela citou o padrão estrito do Sexto Circuito para a eficácia das renúncias a direitos (constitucionais/ao júri). [Walker v. Ryan's Family Steak Houses, Inc., 289 F. Supp. 2d 916, 936 (M.D. Tenn. 2003); Morrison v. Circuit City Stores, Inc., 317 F.3d 646, 668–69 (6º Cir. 2003)].

caso afirmativo, se um acordo geral de arbitragem representa uma renúncia efetiva?

## 6.1 Alienabilidade do direito ao júri

O direito ao júri deveria ser alienável em alguma circunstância? Se a resposta for não, então as implicações para a arbitragem (pelo menos em jurisdições como os Estados Unidos, onde a maioria das disputas civis dá origem ao direito a um júri) são fatais. No entanto, na maioria dos aspectos, a tendência da jurisprudência constitucional é reconhecer a possibilidade de renúncia. Os réus criminais rotineiramente renunciam a direitos, como o direito à presença de um advogado durante um interrogatório ou uma audiência pós-indiciamento. Ao menos no contexto criminal, tal renúncia deve ser consciente, voluntária e autônoma.[470] Se esse mesmo padrão é aplicável a direitos em processos civis é algo menos claro, um tema que retomaremos mais adiante neste capítulo. O que está claro é que as partes de casos não criminais também podem renunciar a seus direitos. Na verdade, sobre o direito ao júri, o lendário processualista civil Fleming James declarava com confiança há quase meio século que o direito ao júri "é interpretado de maneira uniforme como um direito ao qual as partes podem renunciar".[471]

Dada a aceitação universal da possibilidade de que o direito ao júri seja objeto de renúncia, pode-se de maneira razoável questionar por que seria necessário contemplar a questão de sua inalienabilidade (o que chamo de posição da "inalienabilidade"). A resposta curta é que a alienação de um Direito Constitucional, mesmo que permitida, não é isenta de custos. O reconhecimento desses custos influencia a visão sobre quão fácil ou difícil deve ser efetuar tal renúncia. Portanto, considerar a possibilidade da inalienabilidade nos

---

470 Johnson v. Zerbst, 304 U.S. 458, 468 (1938).

471 JAMES, Fleming. "Right to a Jury Trial in Civil Actions". *The Yale Law Journal*, vol. 72, 1963, pp. 655/656.

permite focar nos custos da alienação, o que nos ajudará a pensar na discussão sobre a renúncia mais adiante neste capítulo.

Para começar a discutir os custos da alienação, consideremos o exemplo do direito mais inalienável, o direito a ser livre da servidão involuntária. Mesmo que eu firmasse tal contrato livremente, por minha própria vontade e com todas as proteções processuais que se possa imaginar, qualquer um teria dificuldade em aceitar a ideia de que posso me escravizar voluntariamente.

Isso é assim por uma série de razões. Por um lado, podemos ter sérias dúvidas sobre o caráter voluntário de tal decisão. Quem, em sã consciência, não apenas concordaria em trabalhar de graça, mas se tornaria também propriedade de outro ser humano? Além dos danos à pessoa, é claro, a sociedade também sofre com isso de várias maneiras. A mera aceitação da escravização voluntária legitima um processo que a sociedade condenou (e que, portanto, ofende as normas dessa sociedade).

Embora eu não esteja sugerindo que a renúncia à Sétima Emenda acarrete os mesmos custos que a renúncia à Décima Terceira Emenda, o direito ao júri desempenha um papel significativo em nossa sociedade. Isso certamente era verdade na época da Fundação.[472] Mesmo no século XX, estudiosos e juízes enfatizaram os valores instrumentais e democráticos do júri. Por exemplo, em um

---

472 *Ver* Federalist 83 ("Os amigos e adversários do plano da convenção, se não concordarem em mais nada, concordam pelo menos quanto ao valor conferido ao direito ao julgamento por júri; ou, se houver alguma diferença, é a seguinte: os primeiros o consideram uma salvaguarda valiosa da liberdade; os últimos o representam como o próprio paládio do governo livre"); HARVARD LAW REVIEW. "Developments in the Law: The Civil Jury". *Harvard Law Review*, vol. 110, nº 7, 1997, p. 1429. Disponível em: https://www.jstor.org/stable/1342177. Acessado em: 17.08.2023 (que observa que a função do júri "como um controle sobre o funcionalismo opressivo e uma 'segurança contra a corrupção'... foi uma parte importante do argumento anti-federalista para a Sétima Emenda") (notas de rodapé omitidas)

caso famoso, a Suprema Corte observou que "o julgamento por júri é especialmente caro ao povo americano. Ele sempre foi objeto de profundo interesse e solicitude, e cada convocação tem sido vista com grande orgulho".[473]

Consequentemente, a alienação do direito ao júri, como a alienação do direito da Décima Terceira Emenda, acarreta custos – tanto para a parte que aliena o seu direito quanto para a sociedade como um todo. Quando alguém renuncia ao direito ao júri, podemos nos preocupar se essa decisão foi realmente voluntária (quem abriria mão do direito a ser julgado por seus pares?). Também podemos nos preocupar com os custos suportados por terceiros. Aqui, no entanto, o custo em discussão é a redução da oportunidade de deliberação democrática decorrente do direito ao júri. Em outras palavras, minha renúncia ao direito ao júri afeta aqueles que de outra maneira teriam a oportunidade de servir em meu caso e, assim, de alguma maneira moldar o processo pelo qual as disputas em nossa sociedade são resolvidas (e o direito é constituído).

Assim, podemos entender o argumento da inalienabilidade da seguinte maneira. Os direitos devem ser inalienáveis quando os custos da alienação (seja para o indivíduo, seja para a sociedade, seja para ambos) são muito grandes. Quando me refiro a custos, não estou falando em termos estritamente econômicos. O dano à deliberação democrática e a outros valores que são imensuráveis ou incomensuráveis podem justificar um consistente argumento moral contra a alienabilidade, como demonstra o caso da escravidão. Por outro lado, porém, quando os custos não são tão grandes, o argumento contra a inalienabilidade é enfraquecido e a possibilidade de alienação pode ser imaginada mais facilmente.

---

473 Chauffeurs, Teamsters & Helpers Local No. 391 v. Terry, 494 U.S. 558, 581 (1990) (que cita Parsons v. Bedford, 28 U.S. (3 Pet.) 433, 446 (1830).

Neste ponto da análise, vale a pena fazer uma pausa para considerarmos um aspecto irônico de todo argumento contra a alienação. Pode-se argumentar de maneira razoável que o conceito de um direito inalienável é um oxímoro (com as devidas desculpas aos redatores da Declaração de Independência).[474] Um direito é uma faculdade individual, um baluarte que protege o indivíduo da intrusão do Estado. Ao menos do ponto de vista do indivíduo, alienar esse direito, longe de impor custos, é sua manifestação suprema. Alguém escolheu livremente renunciar a uma faculdade sobre a qual detém absoluta discricionariedade e da qual pode dispor.

Consideremos, por exemplo, o direito ao voto. Todos os cidadãos com mais de dezoito anos e não condenados por um crime (na maioria dos Estados) gozam desse direito.[475] Mas muitos não o exercem (especialmente em eleições que não envolvem a escolha do Presidente dos EUA).[476] Concebemos essa "inação" como algo socialmente danoso? Se assim for, então talvez devêssemos, como fazem alguns países, exigir que os cidadãos exerçam seu direito de voto sob pena de alguma multa ou outra consequência jurídica.[477]

---

474 "Consideramos estas verdades autoevidentes: que todos os homens são criados iguais, que são dotados por seu Criador de certos Direitos inalienáveis, que entre eles estão a Vida, a Liberdade e a busca da Felicidade". The Declaration of Independence para. 2 (U.S. 1776).

475 U.S. CONST. art. I, § 2; U.S. CONST. amend. XV, XIX, XXVI; The Voting Rights Act of 1965, 42 U.S.C. §§ 1973–73bb-1 (2008); Reynolds v. Sims, 377 U.S. 533 (1964), Richardson v. Ramirez, 418 U.S. 24 (1974).

476 A porcentagem da população em idade eleitoral que participou da escolha do Presidente dos EUA foi de 57,1% em 2008 e 55,7% em 2004. Contudo, a porcentagem da população em idade eleitoral que compareceu a eleições somente para o Legislativo dos EUA foi de 37% em 2010 e 36,1% em 2006. U.S House of Representatives, Office of the Clerk, *Statistics of the Presidential and Congressional Election*, bianual.

477 Tanto Austrália quanto Bélgica impõem o voto obrigatório, sob pena de pequenas multas, de um a três francos na Bélgica e de vinte a cem dólares na Austrália. (HILL, Lisa. "Compulsory Voting in Australia: a Basis for a 'Best Practice' Regime". *Federal Law Review*, vol. 32,

Mas se essa proposta nos parece um anátema (como alguém pode ser forçado a exercer um direito?), então a renúncia (pelo menos em alguns contextos) é algo a ser celebrado, não abominado.

A frase-chave, então, é "em alguns contextos". Quais contextos? Várias considerações podem informar nossa resposta a essa pergunta. Uma consideração importante seria a duração da alienação. Por exemplo, um bombeiro que concorda em fazer um único teste de drogas está abrindo mão de "menos" direitos do que aquele que concorda em passar por testes de drogas ao longo de toda a sua carreira. Uma segunda consideração pode ser a natureza do direito ao qual se renuncia (acarretará relativamente poucos custos a terceiros versus acarretará muitos). Uma terceira consideração seria a qualidade da informação a que o indivíduo tem acesso antes de a renúncia tornar-se efetiva (portanto, renúncias ao direito ao júri criminal sem a oportunidade de consulta a um advogado são mais suspeitas do que renúncias mediante aconselhamento). Por fim, deve-se considerar a questão da revogabilidade da renúncia (alguém que renuncia à sua cidadania não pode desfazer facilmente essa decisão, ao contrário de alguém que se recusa a votar em uma eleição, mas optar por fazê-lo na próxima).

Aplicadas às renúncias ao direito ao júri, as considerações anteriores levam a direções diferentes. A renúncia ao júri, uma vez feita, é difícil de ser revogada. Ao mesmo tempo, ela afeta somente um único caso (ou no caso de uma renúncia contratual ao júri, um conjunto de casos). Se a renúncia for espontânea, ela estará vinculada a fatos específicos. E os valores sociais em jogo dependerão criticamente da concepção de cada um dos propósitos do direito ao júri.

---

2004, pp. 479 e 494). Vinte e três países têm voto obrigatório. Central Intelligence Agency, *Suffrage*, The World Factbook. Note, *The Case for Compulsory Voting in the United States*, 121 HARV. L. REV. 591 (2007).

O modo como resolvemos isso depende criticamente de nossa concepção do júri. Se aceitarmos a ideia de que o júri é um direito que tem como finalidade proteger o indivíduo, então os argumentos sobre o valor social do júri (e a relativa necessidade de policiar sua alienabilidade) são mais frágeis. Por outro lado, se considerarmos o júri uma característica estrutural de nossa sociedade (um baluarte contra a tirania, se preferirmos), então o argumento a favor da alienabilidade torna-se mais difícil de defender.[478]

Até agora, analisamos a questão da alienação em um nível unidimensional – focando principalmente na garantia ao júri prevista pela Sétima Emenda. Aqui, os princípios do federalismo complicam as coisas (assim como em outras partes deste livro).[479] Embora a Sétima Emenda continue sendo uma das poucas garantias da Declaração de Direitos não incorporadas contra os Estados,[480] as Constituições estaduais contêm suas próprias garantias ao júri. Mesmo que o Direito Constitucional federal seja alienável, o Direito Estadual pode não ser. Periodicamente, as cortes estaduais têm feito

---

478 O Juiz Nelson argumenta dessa maneira em seu voto concordante no caso Kloss v. Edward D. Jones Co., 54 P.3d 1 (Mont. 2002). Mas em seguida retira a força desse argumento ao admitir que as partes com igual poder de negociação deveriam ser capazes de renunciar ao direito ao júri. Essa proposição está em tensão com sua defesa espirituosa do direito ao júri. Se o direito ao júri é tão importante, então pode haver uma boa razão para não permitirmos sua alienação, independentemente do grau de educação das partes ou de sua posição relativa de negociação. Além disso, não é nada claro se o critério-chave deve ser um nível educacional igual em oposição a um nível educacional mínimo. Pode-se ter partes bem-educadas com posições de negociação desiguais (um investidor formado em Harvard contra um banco com muito mais recursos), ou pode-se ter duas partes sem acesso a educação com posições de negociação iguais (dois caipiras que assinam uma convenção de arbitragem porque ouviram algo sobre o assunto).

479 STERNLIGHT, Jean R. "The Rise and Spread of Mandatory Arbitration as a Substitute for the Jury Trial". *University of San Francisco Law Review*, vol. 38, 2003, pp. 46/47.

480 Minneapolis & St. Louis R.R. v. Bombolis, 241 U.S. 211, 217 (1916).

amplos pronunciamentos declarando que as garantias do júri em suas Constituições são irrenunciáveis, e algumas têm invalidado esquemas arbitrais (embora estes tendam a ser esquemas obrigatórios ordenados por cortes em oposição aos esquemas contratuais que estamos examinando aqui).[481] Então, como pensar a questão da alienabilidade no contexto de um sistema de governo de dois níveis?

A preempção da FAA pode criar uma saída para esse dilema. Lembremos de que no Capítulo III discutimos que, em virtude da Cláusula de Supremacia, o padrão federal quase sempre prevalecerá sobre o padrão estadual, mesmo quando esse padrão estadual estiver fundamentado na Constituição do Estado. Assim, na medida em que uma garantia constitucional estadual ao júri impeça a execução da convenção de arbitragem, a Seção 2 e o caso *Southland* ditariam que a garantia estadual não pode prevalecer, mesmo em uma corte estadual.[482]

Ou pode? Isso depende muito de se o Direito Estadual ao júri é considerado uma "defesa contratual geralmente aplicável" ou, em vez disso, uma doutrina que "trata separadamente" a arbitragem.[483]

---

481 Por exemplo, no caso *Lisanti v. Alamo Title Ins. of Texas*, a Suprema Corte do Novo México anulou uma arbitragem ordenada pelo esquema legal/regulatório do Estado por violação do direito ao júri. 55 P.3d 962 (N.M. 2002). O caso envolveu um esquema arbitral imposto por lei. GTFM LLC v. TRN Sales, Inc., 2000 WL 364871 (S.D.N.Y. 10 abr. 2000). Além disso, a corte não concordou em revisar nenhuma questão relativa à preempção pela FAA. No caso *Bank S., N.A. v. Howard*, a Suprema Corte da Geórgia invalidou todas as renúncias antecipadas ao direito ao júri. 444 S.E.2d 799 (Ga. 1994). Embora curiosamente não tenha posto em dúvida a executibilidade das convenções de arbitragem, mesmo que elas inquestionavelmente tivessem precisamente o mesmo efeito. *Howard*, 444 S.E. 2d p. 800 n. 5 (que trata da arbitragem).

482 *Ver*, *e.g.*, Bradley v. Harris Research, Inc., 275 F.3d 884, 890 (9° Cir. 2001) (que sustenta que a lei estadual que teve de ceder espaço à aplicação da FAA proibia a mudança de local dos casos, embora a lei não mencionasse a arbitragem especificamente).

483 Para uma discussão completa, ver o Capítulo III.

Pode-se argumentar de maneira plausível que as garantias constitucionais estaduais do direito ao júri não tratam separadamente da arbitragem, mas se aplicam na ausência da cláusula de arbitragem. Dito de outra forma, consideremos a hipótese básica apresentada no início deste capítulo, mas suponhamos que, em vez de um acordo de arbitragem, a cláusula de resolução de disputas contenha simplesmente uma renúncia bilateral ao direito ao júri (que prevê, assim, um julgamento por uma corte estadual). Por uma questão de Direito Constitucional estadual, tal alienação do direito ao júri das partes pode ser igualmente inexequível mesmo no contexto não arbitral. Consequentemente, a FAA não invalida as garantias constitucionais estaduais geralmente aplicáveis que, como questão de Direito Estadual, não são alienáveis. Várias cortes e acadêmicos endossaram esse argumento.[484]

O problema com esse argumento, como Steve Ware observou de maneira perspicaz, é que ele não pode ser conciliado com a Seção 2 da FAA. A Seção 2 preserva somente os fundamentos da lei e da equidade como hipótese de revogação de "qualquer" contrato. O termo crítico aqui é "qualquer". Regras constitucionais estaduais que envolvam a alienabilidade do direito ao júri não são regras flagrantemente anti-arbitragem na medida em que não tratam separadamente das convenções de arbitragem.[485] Em vez disso, nos termos de Ware, esses fundamentos aplicam-se somente a alguns contratos, ou seja, somente àqueles que contêm cláusulas de arbitragem, bem como aos

---

484 Kloss v. Edward D. Jones & Co., 54 P.3d 1 (Mont. 2002): Para o debate acadêmico, ver STERNLIGHT, Jean R. "The Rise and Spread of Mandatory Arbitration as a Substitute for the Jury Trial". *University of San Francisco Law Review*, vol. 38, 2003, pp. 17 e 37; SCHWARTZ, David S. "State Judges as Guardians of Federalism: Resisting the Federal Arbitration Act's Encroachment on State Law". *Washington University Journal of Law & Policy*, vol. 16, 2004, p. 129.

485 Compare-se as leis em questão nos casos *Allied-Bruce Terminix* e *Doctors Associates*. Doctor's Associates, Inc. v. Casarotto, 517 U.S. 681 (1996); Allied-Bruce Terminix Cos., Inc. v. Dobson, 513 U.S. 265, 271-274 (1995).

que contêm renúncias ao direito ao júri.[486] Consequentemente, esses não são fundamentos para a revogação de "qualquer" contrato e, portanto, não resistem à análise da Seção 2. Para sobreviver à análise da Seção 2, não é suficiente que a defesa seja aplicável somente a uma categoria de contratos; ela precisa ser algo próximo de universal.[487]

Outros esforços para contornar a preempção da FAA baseados na garantia estadual ao júri são possíveis. Suponhamos que um Estado declare que a resolução de julgamentos por júri é uma política pública importante (seja em lei, na Constituição ou na jurisprudência que interpreta a Constituição). De acordo com isso, os contratos (sejam eles acordos de arbitragem ou contratos de outro tipo) que retiram das partes esse direito ao júri são inexequíveis porque violam a ordem pública. A doutrina da política pública, segundo o argumento, é uma defesa contratual geralmente aplicável que sobrevive à análise da preempção da Seção 2. Assim, uma garantia constitucional estadual ao júri pode tornar uma cláusula de arbitragem inexequível.

Embora essa linha argumentativa não tenha conquistado muito apoio da jurisprudência, ela não deixa de ter força. Em contraste com o argumento anterior, a política pública é um "fundamento" para a revogação de "qualquer" contrato e, portanto, satisfaz o critério de universalidade de Ware. O problema, como o Presidente da Suprema Corte Burguer reconheceu no caso *Southland* e o Juiz Scalia reconheceu mais recentemente no caso *Concepcion*, é que essa defesa é muito maleável.[488] Quase qualquer ideia pode ser contrabandeada de maneira criativa para o âmbito da política pública, o que prejudica excessivamente as metas de uniformidade da FAA. Nesse sentido, o argumento da política pública sofre do mesmo

486 38 U.S.F. L. REV. p. 46.

487 38 U.S.F. L. REV. p. 47.

488 Mesmo o Juiz Nelson, um dos mais ardentes defensores do direto ao júri como defesa contra a execução de convenções de arbitragem, reconhece a força de persuasão do caso *Southland* como limite a esse argumento. *Ver* caso *Kloss*, 54 P.3d p. 14 n.3.

defeito que o argumento da abusividade contratual que a Suprema Corte rejeitou recentemente em sua decisão do caso *Concepcion* discutida no Capítulo III. Adotar uma versão ampliada desse argumento defensivo permite que instituições hostis à arbitragem introduzam doutrinas anti-arbitragem na jurisprudência sob o disfarce de defesas contratuais geralmente aplicáveis. Essa abordagem não é compatível com o objetivo da FAA de promover a execução das convenções de arbitragem.

Em suma, esta seção procurou avaliar os contornos dos principais argumentos de que o direito ao júri é inalienável. Embora praticamente todas as cortes e comentadores aceitem a possibilidade da alienabilidade em pelo menos algumas circunstâncias, o exercício provou-se útil ao trazer à tona os valores fundamentais que sustentam o direito ao júri e, consequentemente, os custos da alienação. Nossa visão volta-se criticamente para a medida em que conceituamos a garantia ao júri como simplesmente um direito individual ou, em vez disso, uma característica mais estrutural do governo democrático – que permite a democracia deliberativa e se coloca entre o Estado e o indivíduo antes que propriedades ou ativos possam ser tomados à força. Além disso, como em outros contextos, o caráter federalista de nosso sistema de governo complica a análise ao introduzir a possibilidade de que valores estaduais possam reforçar o direito ao júri. Todas essas considerações, portanto, servem como pano de fundo para o verdadeiro campo de batalha, ou seja, as circunstâncias em que a renúncia é possível. A próxima seção começa a abordar essa questão.

## 6.2 Efetividade das renúncias pré-disputa

Se aceitarmos a premissa de que o direito ao júri pode ser alienado, pelo menos em certas condições, o foco então se volta para a identificação dessas condições. A posição mais cautelosa seria aquela de acordo com a qual o direito ao júri não pode ser objeto de renúncia antes do surgimento de uma disputa real (chamo isso de posição "contra a renúncia pré-disputa"). Essa é efetivamente a abordagem adotada por muitos países europeus que proíbem a aplicação de cláusulas de arbitragem pré-disputa (e de seleção de foro) em contratos de consumo e de trabalho.[489] É também a abordagem adotada nos Estados Unidos com relação a certos nichos de mercado (como contratos entre fabricantes e revendedores de automóveis, contratos de cartão de crédito com militares, acordos de venda de aves por atacado e, mais recentemente, certos contratos de empréstimo imobiliário residencial).[490] Além disso, no momento da redação deste livro, o recém-criado Departamento de Proteção Financeira do Consumidor foi autorizado a considerar e, caso considere apropriado, emitir regulamentos que proíbam o uso de acordos de arbitragem pré-disputa em uma gama mais ampla de contratos de crédito ao consumidor.[491] A Lei de Arbitragem Justa teria adotado esse ponto de vista.[492] Central para a retórica de tais regras e propostas (particularmente nos Estados Unidos) é que as cláusulas de arbitragem efetivamente renunciam a um valioso direito

489 Zivilprozeßordnung [ZPO] [Código de Processo Civil], Art. 617-18 CCP; European Union Directive on Unfair Terms in Consumer Contracts, Council Directive 93/13/EEC, 1993 O.J. (L 095) 29; DRAHOZAL, Christopher R.; FRIEL, Raymond J. "Consumer Arbitration in the European Union and the United States". *North Carolina Journal of International Law*, vol. 28, 2002, p. 357; HOWARD, William M. "Arbitrating Employment Discrimination Claims: do you really have to? do you really want to?" *Drake Law Review*, vol. 43, 1994, p. 255.

490 CompuCreditCorp. v. Greenwood, 2012WL43514 *6 (U.S. 10 jan. 2012) (que reconhece a restrição à arbitragem em: 7 U.S.C. § 26(n)(2) (2006) para delatores corporativos; 15 U.S.C. § 1226(a)(2) (2006) para fabricantes e revendedores de automóveis; e 12 U.S.C. § 5518(b) (2010) para conceder autoridade ao recém-criado Escritório de Proteção Financeira ao Consumidor para regular convenções de arbitragem pré-disputa).

491 12 U.S.C. § 5518(b) (2010).

492 Arbitration Fairness Act, H.R. 3010 e S. 1782, 110º Cong. (2007).

constitucional e, portanto, tal direito não deve ser alienável antes que uma disputa surja.[493]

Essa visão da questão da renúncia exemplifica um caso clássico de tomada de decisão a partir de informações incompletas. O argumento contra a renúncia pré-disputa baseia-se na suposição de que, até que as partes conheçam os contornos completos de uma disputa, elas carecem das informações necessárias para fazer uma escolha totalmente informada de exercer ou renunciar ao seu direito a um julgamento por júri. As cláusulas de arbitragem pré-disputa forçam as partes a tomar uma decisão sobre esse importante direito antes de terem informações completas (ou pelo menos adequadas) sobre a natureza de sua disputa. Consequentemente, tais cláusulas devem ser em si inexequíveis. As partes permanecem livres, no entanto, para renunciar ao seu direito a um julgamento por júri após o surgimento de uma disputa, assim como podem fazê-lo mesmo na ausência de uma cláusula de arbitragem.

Embora esse argumento tenha certo apelo superficial, ele recebeu pouco apoio das cortes. Em geral, as cortes concluem facilmente que o direito ao júri pode ser objeto de renúncia pré-disputa. Infelizmente, a maioria das decisões oferece pouco em termos de análise para apoiar essa conclusão, por isso vale a pena elaborar o

---

493 Arbitration Fairness Act of 2011, S. 987, 112º Cong. (2011) (que decide que consumidores e empregados têm pouca ou nenhuma escolha significativa sobre submeter suas demandas a arbitragem e frequentemente não estão cientes de que abriram mão de seus direitos); PUBLIC CITIZEN. "The Arbitration Trap: How Credit Card Companies Ensnare Consumers". *Public Citizen*, set. 2007. Disponível em: www.citizen.org/documents/ArbitrationTrap.pdf. Acessado em: 07.08.2023 (que afirma que renúncias ao direito a um julgamento por júri devem ser informadas, voluntárias e intencionais, embora as cortes confirmem convenções de arbitragem que preenchem de maneira precária esses critérios); STERNLIGHT, Jean R. "Rethinking the Constitutionality of the Supreme Court's Preference for Binding Arbitration: a Fresh Assessment of Jury Trial, Separation of Powers, and Due Process Concerns". *Tulane Law Review*, vol. 72, 1997.

argumento teórico preciso por trás dessa rejeição judicial da posição "contra a renúncia pré-disputa".[494]

Por um lado, a objeção ignora o fato de que, como sociedade, tomamos decisões diante de informações incompletas o tempo todo. Por exemplo, em contextos trabalhistas, os funcionários podem ser obrigados a tomar decisões sobre escolhas de benefícios, como seguros ou planos de pensão, sem conhecer totalmente suas futuras necessidades de saúde ou aposentadoria. De maneira similar, no contexto de relações de consumo, os consumidores podem assumir compromissos futuros executáveis sem ter informações completas. Por exemplo, quando alugo um carro, devo decidir se compro a opção "combustível pré-pago" ou abasteço eu mesmo antes de devolvê-lo, mesmo que não saiba, *ex ante*, quão longe pretendo viajar ou quão fácil será encher o tanque durante minha jornada. É claro que esses (e muitos outros) exemplos podem ser distinguidos pelo fato de que, em comparação com o direito ao júri, os interesses individuais em jogo são muito menores. Mas esse não é o único ponto fraco da posição "contra a renúncia pré-disputa".

Mesmo supondo que se possa distinguir as renúncias ao direito ao júri das renúncias a outros direitos diante de informações incompletas, os problemas permanecem. Em alguns casos, os problemas requerem uma simples delimitação – como decidimos se uma disputa começou? Em outros casos, os problemas são de informação – levantando a questão de se uma definição particular do que é uma disputa realmente resolve o déficit de informação subjacente. No

---

494 Geldermann v. Commodity Futures Trading Comm'n, 836 F.2d 310 (7º Cir. 1987) (que conclui que a corretora de commodities renunciou a seu direito ao júri ao optar por um esquema de licenciamento que envolvia arbitragem); Bank One N.A. v. Coates, 125 F. Supp. 2d 819 (S.D. Miss. 2001), *aff'd*, 2002 WL 663804 (5º Cir. 2002); Marsh v. First USA Bank, N.A., 103 F. Supp. 2d 909, 921 (N.D. Tex. 2003) (que conclui que o acordo de arbitragem equivale a uma renúncia ao direito ao júri); Cremin v. Merrill Lynch Pierce Fenner & Smith, Inc., 957 F. Supp. 1460, 1461 (N.D. Ill. 1997).

entanto, em outros casos, a definição de início da disputa proposta pode prejudicar a própria viabilidade da arbitragem.

Para começarmos a detalhar isso, consideremos três padrões possíveis para a definição de quando a disputa começa:

- Quando todos os elementos da primeira reivindicação amadureceram?
- Depois que os litigantes tiveram a oportunidade de consultar um advogado?
- Só depois de protocolada uma reclamação?

Agora consideremos as consequências desses padrões possíveis:

- *Quando todos os elementos da primeira reivindicação amadureceram?* Se esse for o padrão, a linha é incrivelmente nebulosa (tornando difícil para as partes que desejam arbitrar saber quando precisamente podem fazer uma proposta que, se aceita, seria executável). Esse padrão também pouco contribui para superar o déficit informacional porque, mesmo amadurecidos esses elementos, o indivíduo (Alice, para usar o exemplo do início do capítulo) pode nem perceber que pode abrir um procedimento e tampouco saber os contornos dos próprios.
- *Depois que os litigantes tiveram a oportunidade de consultar um advogado?* Isso supera alguns dos déficits de informação apresentados pela definição anterior (presumindo-se, é claro, um advogado minimamente competente). É claro que podem permanecer lacunas de informação, que só poderão ser preenchidas durante o litígio uma vez que a descoberta tenha ocorrido. Essa definição, no entanto, mantém a indefinição, porque as partes podem não saber exatamente quando as outras consultaram um advogado. Finalmente, devemos reconhecer que essa definição introduz um novo custo na equação, ou seja, a introdução de um advogado pode causar problemas adicionais. O advogado pode ter um interesse próprio em pressionar seu

cliente a uma forma de resolução de disputas (contencioso) que aumente o retorno para o advogado (por meio de honorários mais altos gerados pelo litígio), mesmo que essa forma, vista da perspectiva do cliente, não seja a ideal.

- *Só depois de protocolada uma reclamação?* Ao contrário das duas opções anteriores, esta abordagem não sofre de falta de clareza (exceto para as hipóteses extremas sobre se um processo foi iniciado devidamente, questões que normalmente ocupam anais obscuros da jurisprudência do processo civil e as veias criativas da mente de um professor de Direito). Em relação ao ponto inicial em que uma parte teve a oportunidade de consultar um advogado, o déficit de informações pode ter diminuído ainda mais (à medida que a parte e seu advogado fazem o exame necessário do possível caso). Embora relativamente clara, no entanto, essa abordagem pode reduzir completamente a possibilidade de arbitragem. Isso pode ocorrer por dois motivos.[495] Pode ocorrer porque, quando o litígio se inicia, as partes já se aprofundaram em suas posições e, portanto, podem não estar dispostas a chegar a um acordo (enxergar uma proposta de arbitragem como uma tentativa de uma das partes de obter uma vantagem processual). Também pode ocorrer porque, ironicamente, as partes têm informações demais sobre sua disputa e, portanto, a redução de sua ignorância lhes dá relativamente menos motivos para negociar.

---

495 Para uma elaboração sobre esse ponto e uma listagem da literatura relevante, ver Peter B. Rutledge, *Whither Arbitration* and various essays in the *Cardozo Journal on Conflict Resolution*. (RUTLEDGE, Peter B. "Whither Arbitration?" *Georgetown Journal of Law & Public Policy*, vol. 6, 2008, p. 549; SCHMITZ, Amy J. "Nonconsensual Nonbinding = Nonsensical? Reconsidering Court-Connected Arbitration Programs". *Cardozo Journal of Conflict Resolution*, vol. 10, 2008; BLAND, Paul; PRESTEL, Claire. "Challenging Class Action Bans in Mandatory Arbitration Clauses". *Cardozo Journal of Conflict Resolution*, vol. 10, 2009).

Em outras palavras, dos vários padrões possíveis, vários envolvem delimitações conceituais. Mesmo que os problemas de delimitação sejam superados, os déficits de informação podem permanecer. Mesmo que seja possível superar tudo isso, várias dessas propostas acarretam custos independentes que podem comprometer afirmativamente a eficácia da arbitragem.

À luz de suas complicações, não surpreende, portanto, que essa posição tenha atraído pouco apoio, a não ser no que diz respeito à legislação de interesse especial. Um exame mais atento dessa legislação demonstra os perigos de sua lógica subjacente. Conforme observado acima, em algumas áreas especializadas, o Congresso realmente tomou a medida excepcional de declarar inexequíveis as convenções de arbitragem pré-disputa. O modelo dessa legislação foi uma lei de 2002 que proibia tais acordos em contratos entre fabricantes de automóveis e concessionárias. O projeto de lei foi aprovado com muito alarde como uma proteção essencial para a parte na posição de negociação mais desvantajosa (ou seja, o revendedor de automóveis). No entanto, alguns anos após a sua aprovação, a lei foi usada em uma situação incomum – a saber, por um fabricante de automóveis que tentou bloquear a execução de uma convenção de arbitragem por um revendedor.[496] Em outras palavras, apesar de sua suposta falta de capacidade negocial para realizar um acordo pré-disputa, o revendedor acabou querendo fazer valer a convenção assim que a disputa surgiu, o que acabou frustrado pelo fabricante. Como esse exemplo demonstra, é difícil antecipar, *ex ante*, os déficits informacionais das partes do contrato e regular o mercado de resolução de disputas de forma a ajudar a superar esses déficits.

Para resumir esta parte, mesmo que presumamos que o direito ao júri é, em alguns casos, renunciável, é difícil defender uma posição segundo a qual renúncias pré-disputa são inexequíveis. Do ponto

496 Volkswagen of America, Inc. v. Sud's of Peoria, Inc., 474 F.3d 966, 969 (2007).

de vista teórico, essa posição é difícil de conciliar com a tolerância geral a tais decisões, apresenta problemas de delimitação conceitual, não aborda déficits de informação (ou assimetrias entre as partes) e, ao cabo, mina a eficácia da arbitragem. Do ponto de vista prático, a limitada experiência legislativa e judicial com essa abordagem demonstra as consequências imprevistas e a frágil justificativa analítica dessa visão. Portanto, não é surpreendente que os debates mais sérios tenham girado não em torno da possibilidade (ou impossibilidade) categórica da renúncia pré-disputa, mas, em vez disso, em torno das condições sob as quais tal renúncia pode ser efetiva. A terceira e última subseção deste capítulo volta-se para essa questão.

## 6.3 A qualidade da renúncia – uma linguagem geral é suficiente?

As subseções anteriores mostraram como a análise da questão do júri não pode ser facilmente solucionada, seja com um princípio absoluto (isto é, a questão da inalienabilidade do direito ao júri), seja com uma regra categórica que exclui todas as renúncias pré-disputa do direito ao júri. Em vez disso, a análise deve, no fundo, se basear em uma avaliação da qualidade da renúncia.[497]

---

497 Para argumentos de que a arbitragem viola a Sétima Emenda, *ver*, *e. g.*, STERNLIGHT, Jean R. "The Rise and Spread of *Mandatory* Arbitration as a Substitute for the Jury Trial". *University of San Francisco Law Review*, vol. 38, 2003, pp. 21-26; STERNLIGHT, Jean. "Mandatory Binding Arbitration and the Demise of the Seventh Amendment Right to a Jury Trial". *Ohio State Journal on Dispute Resolution*, vol. 16, 2001, p. 669 (que argumenta que as cláusulas de arbitragem devem estar sujeitas ao padrão de "informação, voluntariedade e compreensão" como o que rege a renúncia a direitos constitucionais em processos criminais); STERNLIGHT, Jean R. "Rethinking the Constitutionality of the Supreme Court's Preference for Binding Arbitration: a Fresh Assessment of Jury Trial, Separation of Powers, and Due Process Concerns". *Tulane Law Review*, vol. 72, 1997, p. 99 (que argumenta que as cláusulas de arbitragem podem violar a Sétima Emenda). Para um comentário contrário à ideia da violação da Sétima Emenda, *ver*, *e.g.*, WARE,

Para tornar mais sutil nosso raciocínio sobre esse ponto, retomemos o exemplo apresentado no início deste capítulo, refinando-o um pouco e introduzido duas variações do padrão factual básico:

Variação 1: a cláusula de resolução de disputas à qual as partes aderiram estabelece simplesmente que "todas as disputas decorrentes deste contrato serão resolvidas exclusivamente por arbitragem".

Variação 2: além do texto estabelecido na Variação 1, a cláusula de resolução de disputas também estabelece que: "AS PARTES RENUNCIAM VOLUNTÁRIA E CONSCIENTEMENTE A QUAISQUER DIREITOS A UM JULGAMENTO POR JÚRI, SEJA ELE RESULTANTE DE ARBITRAGEM, DESTA CLÁUSULA OU DE UMA AÇÃO JUDICIAL".[498]

Intuitivamente, pode-se acreditar que os dois padrões factuais apresentam uma diferença importante. Enquanto o primeiro exemplo faz apenas uma referência genérica à arbitragem, sem qualquer menção ao direito ao júri, o segundo informa expressamente às partes no momento da contratação que uma das consequências da arbitragem é a renúncia a qualquer direito disponível relativo ao júri. A exposição dessas informações em caixa-alta, ao lado de uma cláusula de arbitragem em formatação normal, também aumenta a probabilidade de que essas implicações chamem a atenção do leitor no momento da contratação.

Várias pressuposições estão embutidas nessa intuição. Uma delas parece ser a de que as partes de fato leem os contratos antes de eles tornarem-se efetivos (seja por sua assinatura ou ajuizamento). Algumas pesquisas empíricas sugerem que as partes (especialmente

---

Stephen J. "Contractual Arbitration, Mandatory Arbitration, and State Constitutional Jury-Trial Rights". *University of San Francisco Law Review*, vol. 38, 2003, p. 39; WARE, Stephen J. "Arbitration Clauses, Jury-Waiver Clauses and Other Contractual Waivers of Constitutional Rights". *Law and Contemporary Problems*, vol. 67, 2004, p. 167.

498 *Syndor*, 2001 WL p. *3.

as menos instruídas do ponto de vista comercial) não leem as convenções antes de celebrá-las.[499] Na medida em que a avaliação empírica é válida, prossegue o argumento, as duas variações, na verdade, não apresentam diferenças significativas em termos da qualidade da renúncia.

Embora essa premissa possa ser suficiente para sustentar uma distinção entre as duas variações, ela não é necessária. Alternativamente, pode-se recorrer a um princípio normativo para apoiar uma distinção entre os dois casos. De acordo com ele, mesmo que as partes não leiam detalhadamente os termos do contrato antes de celebrá-lo, a lei presumirá que o fazem.[500] Essa presunção é necessária por várias razões. Por um lado, se a lei fosse diferente, os problemas probatórios seriam abundantes. A prova de que uma parte realmente leu um termo contratual que está sendo contestado provavelmente se resumiria ao testemunho da parte e, no caso de uma disputa, a parte que contesta a cláusula de arbitragem tem um incentivo natural para alegar que não leu a convenção. Por outro lado, a presunção é necessária para facilitar as relações contratuais. As partes que oferecem bens ou serviços não podem ter a confiança de que receberão o benefício obtido na negociação se as palavras por escrito às quais a negociação é reduzida não tiverem efeito executório simplesmente

---

499 HORTON, David. "The Shadow Terms: Contract Procedure and Unilateral Amendments". *UCLA Law Review*, vol. 57, 2010, pp. 605 e 662 ("Estudos revelam que no máximo 5 características do produto estarão 'salientes' a qualquer consumidor"); STERNLIGHT, Jean R. "Creeping Mandatory Arbitration: Is It Just?" *Stanford Law Review*, vol. 57, 2005, pp. 1631 e 1648.

500 Upton v. Tribilcock, 91 U.S. 45, 50 (1875) ("Um contratante deve estar vinculado pelas palavras de seu contrato; e se ele não lê o que assina, somente ele é responsável por essa omissão"); BEN-SHAHAR, Omri. "The Myth of the 'Opportunity to Read' in Contract Law". *ERCL*, vol. 5, 2009 (que explica que o dever geral de ler um contrato e a presunção de que as pessoas o leram); WILLISTON, Samuel. *A treatise on the law of contracts* § 1577 (rev. ed. 1937) (que cita a presunção de conhecimento dos termos do contrato).

porque não se pode provar que a outra parte leu o documento. O resultado seria um efeito notavelmente inibidor das relações contratuais, com resultados negativos para a sociedade em geral.

Mesmo admitindo a correção dessa proposição normativa, a intuição de que as duas variações representam circunstâncias materialmente diferentes gira em torno de uma segunda premissa, qual seja, a de que qualquer que seja o padrão aplicado às renúncias efetivas ao direito ao júri, as *palavras escritas* serão suficientes para satisfazê-lo. Pode-se imaginar uma visão segundo a qual nenhuma disposição por escrito seja suficiente para materializar a renúncia ao direito ao júri, e que exija algumas garantias processuais adicionais além da manifestação objetiva de consentimento por escrito.

Os julgamentos criminais fornecem aqui uma analogia útil. Por exemplo, certos direitos processuais penais, como o direito à presença de um advogado no julgamento, só podem ser objeto de renúncia efetiva após um colóquio com o juiz em uma sessão aberta;[501] em contraste, outros direitos, como alguns dos previstos na Quarta Emenda ou os direitos de advertência antes de qualquer interrogatório provenientes do caso *Miranda*, podem ser efetivamente objeto de renúncia por meio de atos de consentimento por escrito.[502]

---

501 Von Moltke v. Gillies, 332 U.S. 708 (1948) (que exige que a corte de primeira instância realize uma "investigação completa" para garantir que o acusado tomou uma decisão informada); Iowa v. Tovar, 541 U.S. 77, 81 (2004) ("O requisito constitucional é satisfeito quando a corte de primeira instância informa o acusado da natureza das acusações que pesam contra ele, de seu direito de ser aconselhado em relação a sua confissão e do alcance das punições admissíveis caso resolva realizar um acordo de confissão") Embora aparentemente seja verdade que se deve renunciar ao direito em uma sessão aberta da corte para permitir que a corte de primeira instância forneça o aconselhamento necessário, essa posição é tênue. Ver 3 CRIM. PROC. § 11.3(a) & b) (3d ed.).

502 North Carolina v. Butler, 441U.S. 369, 373 (1979) ("Uma declaração expressa por escrito ou realizada oralmente de renúncia ao direito de permanecer em silêncio ou ao direito a um advogado é geralmente uma prova forte da validade dessa renúncia, mas não é imprescindível

Nesse contexto, a questão torna-se então: por que a renúncia ao direito ao júri deve ser realizada por escrito (como no caso dos direitos pré-julgamento de réus em processos penais) e não de maneira oral em uma sessão aberta (como no caso dos direitos relativos ao julgamento criminal)?

Para explorar mais essa analogia, é útil imaginarmos como alguém poderia transpor o "modelo penal" para esse contexto. Ou seja, se admitirmos que somente a redução a termo escrito não seja o bastante para efetivar a renúncia pré-disputa do direito ao júri, quais proteções processuais adicionais poderiam ser necessárias? Várias vêm à mente:

- *Um período de reflexão*: essa proteção, que encontra apoio na legislação europeia de defesa do consumidor, daria à parte que renuncia a seu direito ao júri a oportunidade de reexaminar a decisão por um período após assinar a renúncia. A lógica subjacente é que o período de reflexão dá à parte a oportunidade de avaliar as implicações de sua decisão sem a pressão ou o estresse do momento da assinatura do acordo. Evidentemente, o problema do prazo de reflexão é que sua eficácia está assentada num pressuposto psicológico, nomeadamente na crença de que quem celebra o contrato irá, de fato, utilizar o prazo de reflexão para o fim a que ele se destina. Isso é particularmente problemático em situações como convenções de arbitragem pré-disputa (de relações de consumo) em que a perspectiva de uma disputa (diferentemente da perspectiva de usar o novo gadget comprado) pode não estar saliente na mente do indivíduo (especialmente se não surgir uma disputa durante o período de reflexão).

---

ou suficiente para garantir a renúncia. A questão não é de forma, mas sim de se o réu de fato renunciou consciente e voluntariamente a seus direitos previstos no caso *Miranda*").

- *Testemunhas*: vários contratos utilizam testemunhas para garantir a exatidão do compromisso contratual e, em alguns casos, para garantir a plena capacidade da pessoa que assume o compromisso. Porém, a aplicação dessa garantia nesse contexto levanta vários problemas. Por um lado, ela simplesmente transfere o problema da irracionalidade da parte contratante para a própria testemunha. Por que deveríamos presumir que a testemunha é mais capaz do que a parte contratante de avaliar o impacto do compromisso – em especial porque a testemunha, diferentemente da parte contratante, não tem interesse no resultado? Por outro lado, isso acrescenta um custo à transação (encontrar a testemunha, garantir sua presença e sua capacidade para testemunhar etc.), o que eleva o preço global do negócio. Pode valer a pena assumir esse custo transacional (em especial se as melhorias agregadas à contratação excederem o aumento do custo), mas ele não deve ser ignorado.

- *Advogados*: vários atos jurídicos que envolvam a renúncia a direitos ou outras matérias exigem a presença de advogados. O papel do advogado pode variar. De acordo com determinada abordagem, a parte deve ter a oportunidade de consultar um advogado antes que uma renúncia seja efetiva.[503] De acordo com outra, a renúncia deve ocorrer na presença de um advogado. De acordo ainda com uma terceira, o advogado pode desempenhar uma função não muito diferente de uma testemunha, afirmando por meio de assinatura a capacidade do indivíduo que efetua a renúncia. Transpostas para o contexto da renúncia civil ao direito ao júri em uma convenção de arbitragem, cada uma dessas abordagens pode lidar com algumas das deficiências percebidas do termo escrito como manifestação do desejo informado de uma parte de renunciar a seu direito ao

503 Michigan v. Jackson, 475 U.S. 625 (1986), *superada por* Montejo v. Louisiana, 556 U.S. 778 (2009).

júri.[504] No entanto, essas abordagens também replicam alguns dos problemas causados pela exigência de testemunhas. Elas trazem novamente à tona o problema da agência – embora reconhecidamente, de modo diferente da testemunha, o advogado possa realmente ter melhores informações e um interesse mais direto em garantir que a renúncia seja precisa. Eles também aumentam claramente os custos da transação, pois nenhum advogado fará isso somente com base em seu senso ético ou boa vontade. E, retomando um tema desenvolvido na seção anterior, eles introduzem alguns problemas, pois o advogado pode ter interesses próprios (que faltam à testemunha) de desencorajar o uso de uma forma de resolução de disputas que prejudique seu ganho pecuniário enquanto advogado.

- *Litígio pendente*: em contraste com as duas garantias anteriores (mas, do ponto de vista conceitual, semelhante à garantia do "período de reflexão"), essa abordagem gira em torno de um evento deflagrador, e não em torno da participação de indivíduos específicos. Diferentemente do que ocorre no período de reflexão, o evento deflagrador não é a passagem do tempo, mas o início do litígio.[505] A teoria subjacente é que o início

---

504 De maneira notável, o contrato no caso *Walker* deu aos empregados a oportunidade de consultar um advogado antes de assinar a convenção de arbitragem. A corte, no entanto, considerou essa oportunidade algo "irrealista". Walker v. Ryan's Family Steak Houses, Inc., 289 F. Supp. 2d 916, 936 (M.D. Tenn. 2003). Embora eu discorde da análise da corte no caso *Walker*, sua conclusão confirma a ideia de que a participação de um advogado eleva os custos da transação (que resulta na restrição de acesso a direitos ou na frustração da transação).

505 A Suprema Corte da Georgia adotou essa abordagem em relação a renúncias ao direito ao júri em geral. Bank South, N.A. v. Howard, 444 S.E.2d 799 (Ga. 1994). De maneira notável, a Corte excluiu as cláusulas de arbitragem dessa regra geral, embora tais cláusulas indubitavelmente impliquem a renúncia ao direito ao júri de uma maneira muito similar a uma renúncia expressa. Bank South, N.A. v. Howard, 444 S.E.2d 799 (Ga. 1994). A Suprema Corte da Geórgia justificou essa exceção com base no fato de que o Legislativo da Geórgia havia promulgado uma

do litígio significa um ponto em que o reclamante tem mais informações sobre a natureza de sua reivindicação (concretizada em virtude de ele ter apresentado sua reclamação). Nesse ponto, ele tem informações suficientes para avaliar todas as consequências da renúncia. Se optar por renunciar, a renúncia será muito mais bem informada e, portanto, executada de maneira mais adequada. No entanto, o problema é que esse padrão basicamente oblitera completamente as convenções de arbitragem pré-disputa. Na medida em que acreditamos que a arbitragem, para ser eficaz, deve ser realizada com base em uma convenção anterior à disputa (ou seja, antes que surjam antagonismos irreconciliáveis e as partes tornem-se incapazes de chegar a um acordo), essa abordagem não difere daquela "contra a renúncia pré-disputa" – isso soa como uma sentença de morte para a arbitragem.

- *Juízes*: como alternativa extrema, pode-se adotar o modelo penal sem nenhuma ressalva, e exigir que a renúncia ocorra na presença de um juiz. Isso pressupõe a instauração de um litígio e, portanto, merece a mesma crítica realizada em itens anteriores. Na medida em que os protocolos são desenvolvidos para garantir a efetividade da renúncia ao direito ao júri (de maneira similar às renúncias que ocorrem em julgamentos criminais quando o réu negocia sua confissão), dissipa-se a preocupação sobre se o indivíduo está suficientemente informado para tomar a decisão. No entanto, os custos da transação tornam-se ainda maiores quando comparados ao mero envolvimento de advogados. Além disso, essa proposta implica também custos para terceiros (a saber, atrasos no sistema judicial, uma vez que outros processos, não sujeitos a arbitragem,

---

lei de arbitragem (legitimando, assim, a arbitragem como uma forma de resolução de disputas). No entanto, a promulgação de uma lei não necessariamente soluciona uma questão constitucional. Uma conclusão constitucional sobre a eficácia de uma renúncia ao júri prevaleceria, por sua própria natureza, sobre uma lei conflitante.

têm de aguardar enquanto as cortes procedem à regularização das "negociações arbitrais"). Por outro lado, um mecanismo de garantia de convenções executáveis sem a obrigatoriedade de intervenção judicial reduz esses custos de terceiros (embora às custas de algumas das garantias judiciais que a presença de um juiz ofereceria).

Como demonstram esses exemplos de procedimentos cada vez mais onerosos, o problema do acúmulo de garantias processuais em uma transação comercial essencialmente privada é que, em certo ponto, a transação perde seu sentido econômico. Em termos teóricos, os custos da contratação superam os benefícios marginais da transação para pelo menos uma das partes e, consequentemente, a transação nunca é consumada (o que gera um custo para a sociedade, já que a priva do aumento no bem-estar que seria gerado pelo negócio). Consequentemente, devemos concluir que a renúncia é simplesmente impossível (o que nos leva de volta à posição absolutista explorada na seção anterior e aos custos sociais decorrentes dessa posição) ou admitir que a renúncia por escrito é viável, apesar de suas imperfeições (que também acarretam custos sociais). Ao defendermos a renúncia por escrito, o que estamos dizendo é que certas formas de compensação entre custos de contratação e custos sociais são mais toleráveis que outras. Do ponto de vista normativo, portanto, o padrão ideal de renúncia é aquele que alcança o máximo aumento do bem-estar social com a transação gerando um custo de contratação mínimo.

Supondo, então, que possamos justificar as premissas nas quais se baseia a distinção entre nossas duas variações, segue-se que toda a referência escrita à arbitragem é suficiente para configurar uma renúncia efetiva ao direito ao júri? A maioria das cortes tem essa visão.[506]

---

506 *Ver* Dillard v. Merrill Lynch, Pierce, Fenner & Smith, 961 F.2d 1148, 1155 n.12 (5º Cir. 1992); United States v. ASCAP, 708 F. Supp. 95, 97 (S.D.N.Y. 1989). Várias cortes distritais lidaram com essa questão. *Ver* Cremin v. Merrill Lynch Pierce Fenner & Smith, Inc., 957 F.Supp.

Algumas cortes e acadêmicos articularam um ponto de vista diferente,[507] que começa com a suposição, que discutimos na seção sobre "inalienabilidade", de que o júri é um componente importante de nosso sistema de justiça civil.[508] A partir dessa premissa, o argumento propõe que as cortes normalmente avaliam as renúncias ao direito ao júri com base no padrão de conhecimento, voluntariedade e compreensão.[509] Esse argumento culpa as cortes por não aplicarem esse mesmo padrão geral às cláusulas de arbitragem que efetivamente dispensam o acesso a um júri.[510]

Embora esse ponto de vista divergente possa ser creditado por expor o desenvolvimento teórico desleixado por trás da posição dominante, ele sofre de sérias fragilidades teóricas. Estudiosos como Steve Ware observaram que o padrão de conhecimento, voluntariedade e compreensão é mais familiar em um contexto criminal

---

1460 (N.D. Ill. 1997); Ilyes v. John Nuveen & Co., Inc., 949 F. Supp. 580 (N.D. Ill. 1996); Marsh v. First USA Bank, 103 F. Supp. 2d 909, 920–21 (N.D. Tex. 2000); Bank One N.A. v. Coates, 125 F. Supp. 2d 819 (S.D. Miss. 2001).

507 A Corte de Apelações da Califórnia, no caso *Badie v. Bank of America*, debateu sobre o que uma cláusula de arbitragem deve conter a fim de constituir instrumento apto para a renúncia do direito ao júri. 79 Cal. Rptr.2d 273 (Cal. Ct. App. 1998). No caso *Walker v. Ryan's Family Steakhouse*, um juiz federal distrital aceitou o argumento de que a execução de uma convenção de arbitragem pré-disputa (no contexto de um acordo trabalhista) violava o direito ao júri.

508 Isso remonta à posição da inalienabilidade discutida na primeira seção deste capítulo. Aqui, espera-se que o leitor perceba como a posição da inalienabilidade, embora não seja aceita como princípio dispositivo, influi no debate sobre quais formas de renúncia serão admissíveis.

509 STERNLIGHT, Jean R. "The Rise and Spread of Mandatory Arbitration as a Substitute for the Jury Trial". *University of San Francisco Law Review*, vol. 38, 2003, p. 22 (citando Med. Air Tech. Corp. v. Marwan Inv., Inc., 303 F.3d 11, 18-19 (1º Cir. 2002).

510 *Ohio State Journal on Dispute Resolution*, nº 16, pp. 727-729. Disponível em: https://moritzlaw.osu.edu/study/journals/osjdr-ohio-state-journal-dispute-resolution. Acessado em: 17.08.2023.

do que em um contexto civil. Ele então argumenta que as cortes frequentemente usam a análise contratual para avaliar renúncias a direitos constitucionais em processo cíveis e afirma que os casos de renúncia ao júri são de outra natureza. Ele então conclui que a Corte deveria descartar a exigência de consentimento informado para cláusulas de renúncia ao júri.[511]

O ponto fraco identificado por Ware não é o único. Uma fragilidade mais profunda é seu caráter circular. Mesmo se aceitarmos a premissa principal de que as renúncias ao direito ao júri devem ser avaliadas de acordo com o padrão de "conhecimento, voluntariedade e compreensão", essa proposição simplesmente implora por uma premissa secundária que nunca é tematizada completamente pelo argumento. Qual seja, por que uma convenção de arbitragem escrita não constitui prova suficiente de uma renúncia consciente, voluntária e informada? Caso constitua, então o argumento desmorona sob o peso do próprio padrão que ele apresenta. Em outras palavras, se uma cláusula geral de arbitragem for considerada uma renúncia consciente, voluntária e informada, essa argumentação perde o sentido.[512]

Como então começar a responder à premissa elidida nesse argumento? Isso nos leva de volta à ideia desenvolvida no início deste capítulo de que a visão de alguém sobre as condições sob as quais uma renúncia ao júri será executada, em última análise, resume-se a uma avaliação de custos e compensações – ou seja, maximização dos benefícios sociais provenientes da execução dos

---

511 WARE, Stephen J. "Arbitration Clauses, Jury-Waiver Clauses and Other Contractual Waivers of Constitutional Rights". *Law and Contemporary Problems*, vol. 67, 2004. A Suprema Corte de Connecticut parece adotar essa abordagem no caso L&R Realty v. Connecticut Nat'l Bank, 715 A.2d 748, 753 (Conn. 1998).

512 O caso *Marsh* afirma que não (sem propor claramente uma abordagem alternativa que não uma abordagem geral de contratos). Marsh v. First USA Bank, N.A., 103 F. Supp. 2d 909, 921 (N.D. Tex. 2003).

acordos e minimização dos custos suportados por aqueles que podem ter concordado com a arbitragem sem avaliar plenamente as consequências. Para enfrentar esse problema, é útil considerar os vários tipos diferentes de linguagem que podem ser empregados em uma cláusula de arbitragem:

- Em uma extremidade do espectro pode haver uma cláusula que inclua expressamente a renúncia ao júri em sua descrição dos direitos da arbitragem.[513] Tais formulações contêm a evidência mais clara de que o consentimento à arbitragem inclui um consentimento à renúncia ao direito ao júri.
- Um caso intermediário seria uma cláusula de arbitragem que dispõe sobre a desistência do direito à resolução do litígio "por meio de uma corte" sem mencionar expressamente o júri.[514] Tais formulações não contêm evidências claras de que o consentimento à arbitragem requer o consentimento à renúncia ao direito ao júri. No entanto, como várias cortes decidiram, é possível interpretar de maneira razoável que elas impliquem tal renúncia, pois o direito ao júri só pode ser efetivado por meio de um processo judicial. Na medida em que se renuncia ao direito de acesso ao Judiciário, o direito ao júri está necessariamente incluído nessa renúncia.[515]
- No outro extremo do espectro estão os casos que envolvem um compromisso geral de arbitragem (talvez imposto como uma condição para um emprego) sem maiores detalhes sobre

513 Kloss v. Edward D. Jones & Co., 54 P.3d 1 (Mont. 2002) (os fatos do caso foram complicados por Kloss ter assinado uma folha destacável, não um contrato de fato contendo essa cláusula; além disso, há sugestões no processo de que Kloss não viu o acordo antes de assinar a folha).

514 *Marsh*, 103 F. Supp. p. 921; Bank One, N.A. v. Coates, 125 F. Supp. 2d 819, 824 (S.D. Miss. 2001).

515 Geldermann, Inc. v. Commodity Futures Trading Com'n, 836 F.2d 310, 323-24 (7º Cir. 1987).

as consequências do acordo.[516] Esses casos requerem maior inferência das cortes. Para que a arbitragem seja eficaz, deve-se presumir que, quando uma parte concorda com ela, ela compreendeu o seu significado. Especificamente, que compreendeu que a arbitragem implicava necessariamente a renúncia ao acesso a uma corte e aos direitos processuais garantidos pelas cortes, e especialmente ao júri.

As cortes tomaram posições diferentes sobre quais requisitos são suficientes. Algumas propuseram critérios bastante específicos para que uma renúncia por escrito seja eficaz. De acordo com uma corte cética, a renúncia deve estar "claramente aparente no contrato e sua linguagem deve ser inequívoca, não deixando margem para dúvidas quanto à intenção das partes".[517] Outra corte implicitamente exige que se faça referência ao direito ao júri.[518]

Outras cortes têm relutado mais em exigir formulações específicas.[519] Essa relutância baseia-se em uma preocupação de respeitar as expectativas comerciais das partes. A decisão do Quarto Circuito no caso *Syndor* ilustra esse ponto. Nele, os autores assinaram um documento indicando que renunciavam consciente e voluntariamente ao seu direito a um júri. Eles alegaram, no entanto, que a renúncia era ineficaz porque as outras partes (um empreiteiro e um credor) não informaram afirmativamente aos autores sobre a renúncia ao júri. A corte rejeitou essa argumentação afirmando que as partes

516 Cremin v. Merrill Lynch, Pierce, Fenner, & Smith, Inc., 957 F. Supp. 1460, 1471 (N.D. Ill. 1997).

517 *Badie*, 79 Cal. Rptr. p. 289.

518 Walker v. Ryan's Family Steak Houses, Inc., 289 F. Supp. 2d 916, 934–36 (M.D. Tenn. 2003) rev'd, 400 F.3d 370, 382 (6º Cir. 2005) ("Embora a cláusula de renúncia não se refira à renúncia ao direito ao julgamento por um júri, esta Corte considerou que "uma parte que entra em uma convenção de arbitragem consente necessariamente com uma consequência clara e óbvia: a renúncia a seu direito ir a julgamento").

519 79 Cal. Rptr. 2d p. 289.

têm o dever de se informar sobre o conteúdo de um acordo antes de firmá-lo e, salvo em caso de fraude ou abuso, não é lícito contestar o conteúdo do compromisso com a alegação de desconhecimento sobre o que se assinou.[520] Subjacente ao caso *Syndor* está a ideia de que há um valor importante na executibilidade dos compromissos escritos, independentemente de seu conteúdo, e as cortes devem relutar em examinar tal conteúdo, com base no receio de perturbar expectativas comerciais mais amplas e princípios gerais de autonomia.

Se nenhuma fórmula mágica de disposição das palavras pode ser derivada logicamente,[521] talvez uma maneira mais útil de reformular a questão seja perguntar sobre quem o ônus deve recair. Uma das partes deve arcar com o ônus da especificidade do contrato (tornando assim somente o primeiro exemplo apto a constituir uma renúncia)? Alternativamente, uma das partes deve arcar com o ônus de conhecer as consequências de seus compromissos, mesmo que elas

---

520 2001 WL 223243 p. *3.

521 Mesmo que fosse possível identificar palavras mágicas, surgiriam outras dificuldades. Um problema residual pode ser a alegação de que uma das partes não sabia o que estava assinando. *Ver Walker*, 289 F. Supp. 2d 916. Em segundo lugar, a pessoa que assina a convenção pode não ter a capacidade adequada para celebrá-la. Isso pode ocorrer devido a limitações cognitivas ou linguísticas. Novamente, o problema aqui não reside especificamente nas convenções de arbitragem em si, mas em uma questão mais ampla de como a doutrina das capacidades será definida em determinado sistema jurídico. Em terceiro lugar, podem surgir dúvidas sobre falta de consentimento em alguns casos. As hipóteses que conduziram o argumento até agora dizem respeito a contratos bilaterais com momentos claros de oferta e consentimento. Entretanto, surgem dificuldades quando o consentimento é mais difícil de medir. Isso pode ocorrer, por exemplo, quando a convenção de arbitragem é "escondida" em uma fatura enviada a um cliente que manifesta sua anuência mediante o pagamento da fatura ou praticando algum outro ato (mesmo que existam sérias dúvidas sobre se ele realmente viu esses termos). *Ver* HORTON, David. "The Shadow Terms: Contract Procedure and Unilateral Amendments". *UCLA Law Review*, vol. 57, 2010, p. 605 (que se opõe à modificação unilateral dos termos processuais das cláusulas de arbitragem).

não estejam explicitamente definidas no contrato (tornando assim todos os três exemplos anteriores equivalentes)? Esta foi a visão adotada pela corte de apelação no caso *Sydnor*. Desse ponto de vista, a abordagem adequada para a questão da "fórmula mágica" não vem da identificação científica de qual forma de renúncia por escrito é suficiente, mas, em vez disso, de um debate informado, de um lado, por uma visão de política pública que equilibra a execução judicial de expectativas comerciais e, de outro, por uma posição contra a supervisão paternalista dos compromissos contratuais das partes. Lamentavelmente aqui, como também no contexto da discussão sobre federalismo, a doutrina não tem lidado adequadamente com os valores subjacentes às questões constitucionais.

Talvez a abordagem adotada no contexto dos protocolos de devido processo legal forneça um modelo para estimular a consideração dos valores subjacentes. Vimos como os protocolos desenvolvidos em âmbito privado estimularam um debate entre as cortes e as partes privadas interessadas sobre o grau em que determinado modelo satisfez as preocupações das cortes com o devido processo legal na arbitragem. Em alguns casos, as cortes selecionaram cláusulas específicas como modelos bem-sucedidos de devido processo legal; em outros, criticaram um modelo por ignorar tais princípios. Uma abordagem dialógica semelhante pode ser realizada no contexto da renúncia ao júri – com entidades privadas desenvolvendo cláusulas-modelo projetadas para garantir a renúncia completa ao direito ao júri e as cortes fornecendo devolutivas sobre a adequação ou inadequação dessas renúncias (com base nas considerações de política pública subjacentes que identificamos aqui). Com o tempo, as cláusulas-modelo poderão fornecer uma linguagem segura com garantia de aprovação judicial, enquanto cláusulas mais temerárias correrão o risco de exame e escrutínio judicial mais rigorosos. A longo prazo, isso talvez forneça o modelo mais seguro para abordar os valores subjacentes à discussão sobre quais palavras escritas são suficientes para uma efetiva renúncia ao direito ao júri em uma arbitragem.

## 6.4 Conclusão

Em suma, este capítulo abordou a relação entre a arbitragem e o direito ao júri. A posição extrema de acordo com a qual o direito ao júri é inalienável é insustentável. Igualmente insustentável é a posição de que o direito ao júri não pode ser objeto de renúncia pré-disputa. Embora insustentáveis, essas posições são importantes porque os princípios subjacentes a elas informam o debate sobre as condições nas quais o direito ao júri pode ser objeto de renúncia. A maioria das cortes conclui corretamente que o consentimento geral a uma cláusula de arbitragem deve ser considerado suficiente para renunciar ao direito ao júri, mas os fundamentos intelectuais dessa conclusão são lamentavelmente pouco desenvolvidos. No entanto, a solução não é abraçar o argumento contrário, mas, em vez disso, lastrear a visão jurisprudencial dominante em uma base mais segura por meio do desenvolvimento de um diálogo entre cortes e partes privadas interessadas a respeito de formas de disposições por escrito que equilibrem os valores concorrentes.

# CONSIDERAÇÕES FINAIS

A introdução deste livro apresentou a metáfora de um muro para descrever a relação entre o Direito Arbitral e o Direito Constitucional. Em várias fases históricas, esse muro esteve bastante firme. Com o tempo, porém, à medida que a arbitragem passou a ocupar mais campos de disputa, começaram a surgir rachaduras nele – que permitiram a infiltração de princípios de uma dessas disciplinas na doutrina e no diálogo da outra. Certamente, o muro segue em pé até hoje, mas já não está tão firme como a um século ou mesmo meio século atrás. Os seis capítulos procuraram descrever os contornos desse muro, as áreas de infiltração e as suas consequências. Esta conclusão pretende identificar alguns temas transversais e apontar um rumo para pesquisas futuras.

## Temas transversais

Tema 1: Impacto doutrinário limitado – talvez a lição central deste livro seja que os valores constitucionais não têm influenciado a arbitragem no nível da incorporação doutrinária direta. A arbitragem não ofende os princípios da separação horizontal de poderes (seja no que diz respeito ao Poder Judiciário, conforme discutido no Capítulo I, seja no que diz respeito ao Poder Executivo no caso da arbitragem comercial e de investimentos, conforme discutido no Capítulo II). A arbitragem também não compromete seriamente as liberdades civis (seja no que diz respeito aos direitos associados ao devido processo legal, conforme discutido no Capítulo V, seja no que diz respeito ao direito ao júri, conforme discutido no Capítulo VI).

A única exceção ao padrão geral de recusa à incorporação doutrinária expressa é a separação vertical de poderes. Conforme explicamos no Capítulo III, as doutrinas sobre a preempção da FAA restringiram significativamente a capacidade dos legisladores estaduais de regular o campo, em particular no que diz respeito à possibilidade de arbitragem de certas questões. Apesar da fraca base textual para essa conclusão (conforme estabelecido no voto dissidente do Juiz O'Connor no caso *Southland*), a jurisprudência antifederalista consolidou-se amplamente no Direito Constitucional Arbitral. Apesar da forte inclinação a favor dos direitos dos Estados da maioria dos juízes da atual Suprema Corte, somente o Juiz Thomas permanece firme na visão de que o precedente do caso *Southland* precisa ser revisto.

No entanto, a história do federalismo – a única área em que o Direito Constitucional exerce um efeito doutrinário direto sobre o Direito Arbitral – é mais complexa do que a mera imposição da legislação federal sobre a legislação estadual. Como explicamos no Capítulo III, a legislação estadual ainda desempenha um papel importante por meio do desenvolvimento de princípios contratuais de aplicação geral pertinentes, pelo menos, a arbitragens domésticas. Esse papel residual tem um impacto importante na distribuição horizontal de poder no nível estadual, potencialmente tornando os juízes estaduais guardiões mais relevantes das convenções de arbitragem do que os representantes estaduais eleitos. Assim como as cortes estaduais, as partes também podem influenciar o impacto da legislação estadual na análise dos casos de preempção previstos pela FAA. Embora fortemente criticada, a decisão da Suprema Corte no caso *Volt* continua sendo uma boa solução, pois cria a possibilidade de, por meio de cláusulas de escolha da legislação estadual, as partes invocarem alguns mecanismos não disponíveis na legislação federal.

Embora a doutrina ainda conceda um papel aos direitos estaduais na análise da preempção, ele parece estar diminuindo. A decisão da Suprema Corte no caso *Concepcion* reduziu até mesmo a capacidade das cortes estaduais de influenciar a regulamentação de convenções de arbitragem. Ela basicamente restringe a aplicação das legislações contratuais estaduais, a fim de garantir que elas não operem como medidas anti-arbitragem disfarçadas, algo que a FAA foi projetada para eliminar. Da mesma forma, a Corte demonstrou maior ceticismo em relação aos esforços das partes para aplicar a legislação estadual por meio da escolha da lei aplicável. As decisões da Suprema Corte, tanto no caso *Mastrobuono* quanto no caso *Preston*, embora não tenham revogado expressamente o precedente do caso *Volt*, limitaram-no amplamente e restringiram a capacidade das partes de empregar cláusulas gerais de escolha da lei aplicável para invocar disposições de legislações estaduais que estejam em desacordo com a FAA.

Tema 2: Influências infradoutrinárias – embora o Direito Arbitral tenha permanecido amplamente imune à aplicação de limites constitucionais expressos (exceto o federalismo), a ausência de incorporação doutrinária expressa não significa que os valores constitucionais não tenham afetado o desenvolvimento das instituições arbitrais. Pelo contrário, eles influenciaram o desenvolvimento dessas instituições de maneiras mais suaves e sutis.

Um desses meios foi a interpretação do Direito Positivo infraconstitucional. Por exemplo, o Capítulo V mostrou como algumas cortes dos EUA, em ações de execução regidas pela Convenção de Nova York, interpretaram que o Artigo V(1)(b) previa a incorporação de normas de devido processo legal do Direito americano, embora a disposição do tratado não determine expressamente uma lei aplicável nem se refira a uma jurisprudência constitucional. O Capítulo I também explicou como o manifesto desrespeito à doutrina jurídica poderia ser entendido como uma aplicação do cânone da evasão constitucional – preservando um papel residual às cortes de supervisão de aspectos substantivos de sentenças arbitrais. Isso permitiu evitar um ataque frontal à arbitragem com fundamento no Artigo 3º e na doutrina dos direitos privados.

Um segundo meio pelo qual os princípios constitucionais se infiltraram no Direito Arbitral é a arquitetura do sistema. O Capítulo II mostrou como isso ocorreu no mecanismo de contingência do NAFTA, projetado para responder às preocupações de alguns legisladores de que, sem ele, a legislação de implementação do NAFTA poderia criar problemas relativamente à Cláusula de Nomeações do Artigo 2º. O Capítulo II mostrou também como as preocupações constitucionais influenciaram as escolhas de arquitetura do sistema sobre até que ponto os Estados Unidos permitiriam que seus funcionários entrassem em uma arbitragem de negócios vinculante. Como demonstra o Memorando Dellinger, embora o risco de invalidação constitucional seja pequeno, o Departamento de Justiça seguiu uma política de proibir de maneira geral que funcionários dos EUA entrem em uma arbitragem de negócios vinculante em nome dos Estados Unidos. Enquanto o mecanismo de contingência do NAFTA exemplifica como a análise constitucional de um esquema arbitral molda a arquitetura sistêmica no nível legislativo, o Memorando Dellinger demonstra como a análise constitucional de um esquema arbitral molda a arquitetura sistêmica no nível do comportamento do Poder Executivo.

Um terceiro meio de influência vem do desenvolvimento de normas privadas. Como explicado no Capítulo V, os protocolos de devido processo representaram avanços importantes a esse respeito. Apesar da ausência de "ação do Estado" na arbitragem (o que elimina os requisitos do devido processo legal como questão de doutrina constitucional formal), esses protocolos desenvolvidos em âmbito privado são sustentados por princípios bastantes semelhantes aos que orientam o devido processo estatal. De maneira semelhante, o desenvolvimento de protocolos de transparência no processo de arbitragem de investimentos representa mais uma tentativa de importar valores constitucionais para um sistema que, do ponto de vista da doutrina formal, não está sujeito a eles.

Tema 3: Influência dialógica – o tema anterior, relativo aos níveis infraconstitucionais em que as normas constitucionais influenciam a arbitragem, conduz naturalmente a um terceiro tema. Ou seja, o fato de o debate sobre os princípios constitucionais na arbitragem ocorrer no nível infraconstitucional, torna muito mais fácil o diálogo entre as instituições estatais, bem como o diálogo delas com os agentes privados, do que se a doutrina constitucional ocupasse todo o campo. Como discutimos no Capítulo V, as críticas do Circuito do D. C. no caso *Cole* às regras de transferência de custos na arbitragem levaram a uma reformulação significativa da questão pelos prestadores privados que administram arbitragem consumerista e trabalhista de acordo com os protocolos. Na mesma direção, o voto do Juiz Ginsburg no caso *Randolph*, que destaca um conjunto específico de regras arbitrais como um modelo sensato para a regulação da distribuição de custos, envia um sinal importante para a comunidade dos prestadores sobre que tipos de esquemas podem resistir ao escrutínio judicial. A decisão da Suprema Corte no caso *Concepcion*, que aprova a cláusula de arbitragem da AT&T apesar da presença de uma renúncia coletiva, também estimula a reflexão sobre o uso por empresas de cláusulas de arbitragem em seus contratos de consumo e sobre até que ponto essas cláusulas deveriam seguir o modelo da AT&T para garantia de sua executibilidade. Todos esses exemplos ilustram como os modos pelos quais esses princípios são ventilados – sem que haja incorporação doutrinária expressa – facilita um diálogo saudável entre o Judiciário e outras partes interessadas (instituições arbitrais, empresas e advogados consumeristas) sobre as "normas" aceitáveis para reger essa forma de resolução de disputas.

## Direções futuras

Áreas abertas para pesquisas futuras decorrem tanto dos limites deste projeto identificados na Introdução quanto da análise contida em seus seis capítulos.

Uma área óbvia para pesquisas futuras é um empreendimento comparativo. Conforme observado no início deste livro, tomei a decisão explícita de não investigar sistematicamente como outros países abordaram essas questões (confiando, em vez disso, em exemplos internacionais apenas para fins ilustrativos ou quando eles foram úteis para reforçar algum ponto). No entanto, acredito que tal projeto revelaria muito sobre como outros sistemas lidam com essas questões. Com base em conversas com colegas de todo o mundo, bem como em minha própria revisão sumária de parte da literatura comparativa, acredito que se pode contar uma história de como outros sistemas jurídicos mediam a relação entre o Direito Arbitral e o Direito Constitucional. Um bom comparativista, ou talvez melhor ainda, um conjunto de autores de diferentes sistemas jurídicos, pode empreender esse projeto.

Uma segunda área para pesquisas futuras é um dos quebra-cabeças institucionais apresentados por este livro: por que a forma de influência constitucional varia de acordo com a questão em debate. Em termos concretos, por que precisamente as questões de separação horizontal de poderes tendem a manifestar-se na interpretação judicial de leis e tratados, enquanto as preocupações com as liberdades individuais manifestam-se em protocolos privados, como os protocolos de devido processo para a arbitragem consumerista e trabalhista, ou o protocolo de transparência na área da arbitragem de investimentos? Em contraste, os valores da separação vertical de poderes são a única área em que a incorporação doutrinária direta do Direito Constitucional teve impacto nesse campo.

Minha intuição é de que a resposta está em alguma combinação de duas influências poderosas – um forte desejo de um esquema de arbitragem nacional uniforme desde a promulgação da FAA em 1925 e uma forte concepção sobre os princípios de liberdade contratual nos Estados Unidos, que torna os indivíduos (mesmo quando ocupam posições de negociação desvantajosas) senhores de seus acordos. Essa combinação de ideias pode muito bem explicar o desejo de deixar muitos assuntos doutrinários em um nível não constitucional (deixar o máximo de flexibilidade para o Congresso), uma forte jurisprudência antifederalista (para evitar que os Estados burlem o sistema uniforme) e uma fraca jurisprudência de direitos individuais (para evitar agredir a inviolabilidade dos contratos). No entanto, isso não explica de maneira adequada por que exatamente as questões de separação horizontal de poderes tendem a ser resolvidas no nível da interpretação das leis ou tratados, enquanto as questões de liberdades individuais tendem a ser resolvidas pelo desenvolvimento de normas privadas. Uma explicação mais completa deve, lamentavelmente, aguardar por uma nova pesquisa.

Uma terceira direção para pesquisas futuras seria investigar em um nível mais alto de abstração a influência das normas em um sistema jurídico ou em uma área do Direito. Por exemplo, pode-se facilmente imaginar como os princípios constitucionais influenciam outras áreas do Direito além da arbitragem, apesar da ausência de uma aplicação expressa da doutrina constitucional. Da mesma forma, esse projeto poderia explorar os debates em andamento sobre até que ponto o Direito internacional pode se infiltrar em um sistema jurídico doméstico, mesmo na ausência de incorporação expressa da norma internacional pelo Direito Positivo nacional.

Essas áreas para pesquisas futuras não intimidam: são inspiradoras. Em um mundo de sistemas jurídicos cada vez mais complexos e especializados, podem facilmente se desenvolver abismos entre diferentes campos do Direito, levando-nos a perder de vista as conexões sutis, mas importantes, entre eles. Esse não é um fenômeno exclusivo da relação entre Direito Arbitral e Direito Constitucional, nem é exclusivo do sistema jurídico dos EUA. Este livro procurou transpor um desses abismos, mas muitos outros podem ser construídos. Espero sinceramente que outros usem as ferramentas oferecidas neste livro e as apliquem a outros campos do Direito e a outros sistemas jurídicos. Se o fizerem, por favor, deixem-me saber de seus esforços.

# REFERÊNCIAS BIBLIOGRÁFICAS


ACKERMAN, Bruce. "Beyond Carolene Products". *Harvard Law Review*, vol. 98, 1985.

AMAR, Akhil Reed. "A Neo-Federalist View of Article III: Separating the Two Tiers of Federal Jurisdiction". *Boston University Law Review*, vol. 65, 1985.

ARAGAKI, Hiro N. "Arbitration's Suspect Status". *University of Pennsylvania Law Review*, vol. 159, 2011.

______. "Equal Opportunity for Arbitration". *UCLA Law Review*, vol. 58, 2011.

ARNOLD, R. Douglas. *The logic of congressional action*. Londres: Yale University Press, 1990.

ASHFORD, Peter. "Rule Changes Affecting the International Arbitration Community". *American Review of International Arbitration*, vol. 22, 2011.

AUSTIN, John. *The province of jurisprudence determined*. Londres: Murrayt, 1832.

AYRES, Ian; GERTNER, Robert. "Filling Gaps in Incomplete Contracts: an Economic Theory of Default Rules". *The Yale Law Journal*, vol. 99, 1989.

BALES, Richard J. "The Employment Due Process Protocol at Ten: Twenty Unresolved Issues and a Focus on Conflicts of Interest". *Ohio State Journal on Dispute Resolution*, vol. 21, 2005.

BARCELÓ III, John James. "Expanded Judicial Review of Awards after Hall Street and in Comparative Perspective". *In*: HAY, Peter *et al.* (Coord.). *Resolving international conflicts-liboramicorum, Tibor Várady*. Nova York: Central European University Press, 2009.

BARNETT, Randy E. "The Sound of Silence: Default Rules and Contractual Consent". *Virginia Law Review*, vol. 78, 1992.

BATOR, Paul M. "The Constitution as Architecture: Legislative and Administrative Courts under Article III". *Indiana Law Journal*, vol. 65, 1990.

BENSEN, Bruce L. "An Exploration of the Impact of Modern Arbitration Statutes on the Development of Arbitration in the United States". *Journal of Law, Economics, & Organization*, vol. 11, 1995.

BEN-SHAHAR, Omri. "The Myth of the 'Opportunity to Read' in Contract Law". *ERCL*, vol. 5, 2009.

BERG, Albert Jan van den. "Enforcement of Annulled Awards?" *The ICC International Court of Arbitration Bulletin*, nov. 1998.

______. *The New York Arbitration Convention of 1958*: Towards a Uniform Judicial Interpretation. Deventer: Kluwe, 1981.

BERNSTEIN, Lisa. "Merchant Law in a Merchant Court: Rethinking the Code's Search for Immanent Business Norms". *University of Pennsylvania Law Review*, vol. 144, 1996.

BETHEL, Terry A. "Wrongful Discharge: Litigation or Arbitration?" *Journal of Dispute Resolution*, 1993.

BICKEL, Alexander. *The least dangerous branch*: the Supreme Court at the bar of politics. Indianapolis: Bobbs-Merrill, 1962.

BJORKLUND, Andrea K. "Reconciling State Sovereignty and Investor Protection in Denial of Justice Claims". *Virginia Journal of International Law*, vol. 45, 2005.

BLAND, Paul; PRESTEL, Claire. "Challenging Class Action Bans in Mandatory Arbitration Clauses". *Cardozo Journal of Conflict Resolution*, vol. 10, 2009.

BORN, Gary B. "Keynote Address: Arbitration and the Freedom to Associate". *Georgia Journal of International and Comparative Law*, vol. 38, 2009.

______. *International arbitration and forum selection agreements*: drafting and enforcing. 3ª ed. Alphen aan den Rijn: Kluwer Law International, 2010.

______. *International civil litigation in United States Courts*. 3ª ed. The Hague: Kluwer Law International, 1996.

______. *International Commercial Arbitration*. Alphen aan den Rijn: Kluwer Law International, 2009.

______. *International Arbitration*: Cases and Materials. Alphen aan den Rijn: Kluwer Law International, 2011.

BORN, Gary B. *International arbitration*: cases and materials. Nova York: Aspen Publisheres, 2010.

BORN, Gary B.; RUTLEDGE, Peter B. *International civil litigation in United States Courts*. 5ª ed. Nova York: Wolters Kluwer, 2011.

BOYER, Ethan. "Article III, The Foreign Relations Power, and the Binational Panel System of NAFTA". *Int'l Tax & Bus. L.*, vol. 13, 1996.

BRADLEY, Curtis A. "International Delegations, the Structural Constitution, and Non-Self-Execution". *Stanford Law Review*, vol 55, nº 5, 2003.

BRILMAYER, Lea. "Carolene, Conflicts and the Fate of the 'Insider-Outsider'". *University of Pennsylvania Law Review*, vol. 134, 1986.

BROWN, Darryl K. "Criminal Procedure Entitlements, Professionalism and Lawyering Norms". *Ohio State Law Journal*, vol. 61, nº 2, 2000.

BRUFF, Harold H. "Public Programs, Private Deciders: the Constitutionality of Arbitration in Federal Programs". *Texas Law Review*, vol. 67, 1989.

BRUNET, Edward. "Arbitration and Constitutional Rights". *North Carolina Law Review*, vol. 71, 1992.

______. "Replacing Folklore Arbitration with a Contract Model of Arbitration". *Tulane Law Review*, vol. 74, 1999.

BUDNITZ, Mark E. "Arbitration of Disputes between Consumers and Financial Institutions: a Threat to Consumer Protection". *Ohio State Journal on Dispute Resolution*, vol. 10, 1995.

BUXBAUM, Richard C. "Facilitative and Mandatory Rules in the Corporation Law(s) of the United States". *The American Journal of Comparative Law*, vol. 50, 2002.

CALMORE, John O. "Chasing the Wind: Pursuing Social Justice, Overcoming Legal Miseducation, and Engaging in Professional Resocialization". *Loyola of Los Angeles Law Review*, vol. 37, 2004.

CARBONNEAU, Thomas E. "Arbitral Justice: the Demise of Due Process in American Law". *Tulane Law Review*, vol. 70, 1996.

CHARNY, David. "Nonlegal Sanctions in Commercial Relationships". *Harvard Law Review*, vol. 104, 1990.

CHEMERINSKY, Erwin. "Rethinking State Action". *Northwestern University Law Review*, vol. 80, 1985.

_____. *Constitutional law*: principles and policies. 2ª ed. Nova York: Aspen Law, 2002.

CHEN, Jim C. "Appointments with Disaster: the Unconstitutionality of Binational Arbitral Review under the United States-Canada Free Trade Agreement". *Washington and Lee Law Review*, vol. 49, 1992.

CHOI, Stephen J. "The Problem with Arbitration Agreements". *Vanderbilt Journal of Transnational Law*, vol. 36, 2003.

CIRIELLI, Stefano E. "Arbitration, Financial Markets and Banking Disputes". *American Review of International Arbitration*, vol. 14, 2003.

CLERMONT, Kevin M. "Litigation Realities Redux". *Notre Dame Law Review*, vol. 84, 2009.

CLINTON, Robert N. "A Mandatory View of Federal Court Jurisdiction: A Guided Quest for the Original Understanding of Article III". *University of Pennsylvania Law Review*, vol. 132, 1984.

COLE, Sarah R.; SPITKO, E. Gary. "Arbitration and the Batson Principle". *Georgia Law Review*, vol. 38, 2004.

COLE, Sarah Rudolph. "Arbitration and State Action". *BUY Law Review*, 2005.

COOTER, Robert D. "Structural Adjudication and the New Law Merchant: a Model of Decentralized Law". *International Review of Law and Economics*, vol. 14, 1994.

CURRIE, David P. "Bankruptcy Judges and the Independent Judiciary". *Creighton Law Review*, vol. 16, 1983.

_____. "The Distribution of Powers after Bowsher". *The Supreme Court Review*, 1986.

DAVEY, William J. "The Appointments Clause and International Dispute Settlement Mechanisms: a False Conflict". *Washington and Lee Law Review*, vol. 49, 1992.

DAVIS, Kenneth R. "Arbitration Claws: Unconscionability in the Securities Industry". *Boston University Law Review*, vol. 78, 1998.

______. "Facts in Lawmaking". *Columbia Law Review*, vol. 80, 1980.

DOMKE, Martin. *The Law and Practice of Commercial Arbitration*. 3ª ed. organizado e revisado por Gabriel M. Wilner. Saint Paul: Thomson/West, 2006.

DRAHOZAL, Christopher R. "Commercial Norms, Commercial Codes, and International Commercial Arbitration". *Vanderbilt Journal of Transnational Law*, vol. 33, 2000.

______. "Contracting around Hall Street". *Lewis & Clark Law Review*, vol. 14, 2010.

______. "Contracting Around RUAA: Default Rules, Mandatory Rules, and Judicial Review of Arbitral Awards". *Pepperdine Dispute Resolution Law Journal*, vol. 3, 2003.

______. "Enforcing Vacated International Arbitration Awards: an Economic Approach". *American Review of International Arbitration*, vol. 11, 2000.

______. "In Defense of Southland: Reexamining the Legislative History of the Federal Arbitration Act". *Notre Dame Law Review*, vol. 78, 2002.

______. *Commercial arbitration*. 2ª ed. Newark: LexisNexis, 2006.

DRAHOZAL, Christopher R.; FRIEL, Raymond J. "Consumer Arbitration in the European Union and the United States". *North Carolina Journal of International Law*, vol. 28, 2002.

DUNLOP, John T.; ZACK, Arnold M. *Mediation and Arbitration of Employment Disputes*. São Francisco: Jossey-Bass, 1997.

EHRENHAFT, Peter D. "Judicialization of Trade Law". *Notre Dame Law Review*, vol. 56, 1981.

ELLICKSON, Robert C. *Order without law*: how neighbors settle disputes. Cambridge: Harvard University Press, 1991.

ELY, John Hart. *Democracy and Distrust*: a theory of judicial review. Cambridge: Harvard University Press, 1980.

EPSTEIN, Richard A. "Lawyers' Rise or Fall?" *Nat'l L. J.*, 31 mai. 2004.

FALLON JUNIOR, Richard H. "Of Legislative Courts, Administrative Agencies and Article III". *Harvard Law Review*, vol. 101, 1988.

FARBER, Daniel A. "Another View of the Quagmire: Unconstitutional Conditions and Contract Theory". *Florida State University Law Review*, vol. 33, 2006.

FARRAND, Max. *The Records of the Federal Convention of 1787*. vol. 2. New Haven: Yale University Press, 1911.

FENNELL, Lee Anne. "Adjusting Alienability". *Harvard Law Review*, vol. 122, 2009.

FISS, Owen M. "Against Settlement". *The Yale Law Journal*, vol. 93, 1984.

FRANCE, Lucy T.; KELLY, Timothy C. "Mandatory Arbitration of Civil Rights Claims in the Workplace: no Enforceability without Equivalency". *Montana Law Review*, vol. 64, 2003.

FRANCK, Susan D. "The Legitimacy Crisis in Investment Treaty Arbitration: Privatizing Public International Law through Inconsistent Decisions". *Fordham Law Review*, vol. 73, 2005.

______. "The Liability of International Arbitrators: a Comparative Analysis and Proposal for Qualified Immunity". *Articles in Law Reviews & Other Academic Journals*, vol. 20, 2000.

______. "The Nature and Enforcement of Investor Rights under Investment Treaties: do Investment Treaties Have a Bright Future". *University of California, Davis*, vol. 12, 2005.

FREEMAN, Jody. "Extending Public Law Norms through Privatization". *Harvard Law Review*, vol. 116, 2003.

FULLER, Lon L. "The Forms and Limits of Adjudication". *Harvard Law Review*, vol. 92, 1978.

FULLER, Lon L.; EISENBERG, Melvin Aron. *Basic Contract Law*. Londres: Thomson, 2006.

GALANIS, Michael. "Vicious Spirals in Corporate Governance: Mandatory Rules for Systemic (Re)Balancing?" *Oxford Journal of Legal Studies*, vol. 31, 2011.

GALANTER, Marc. "The Hundred-Year Decline of Trials and the Thirty Years War". *Stanford Law Review*, vol. 57, 2005.

______. "The Regulatory Function of the Civil Jury". *In*: LITAN, Robert E. *Verdict*: assessing the civil jury system. Washington: Brookings Institution, 1993.

GALANTER, Marc. "The Vanishing Trial: An Examination of Trials and Related Matters in Federal and State Courts". *Journal of Empirical Legal Studies*, vol. 1, 2004.

GEISINGER, Alex C. "Are Norms Efficient? Pluralistic Ignorance, Heuristics and the Use of Norms as Private Regulation". *Alabama Law Review*, vol. 57, 2005.

GILL, Leigh F. "Manifest Disregard after Hall Street: Back from the Dead – The Surprising Resilience of a Non-Statutory Ground for Vacatur". *Lewis & Clark Law Review*, vol. 15, 2011.

GILLETTE, Clayton P. "Plebiscites, Participation, and Collective Action in Local Governance Law". *Michigan Law Review*, vol. 86, 1998.

GILMAN, Felix. "The Famous Footnote Four: a History of the Carolene Products Footnote". *South Texas Law Review*, vol. 46, 2004.

GORMAN, Robert A. "The Gilmer Decision and the Private Arbitration of Public-Law Disputes". *University of Illinois Law Review*, 1995.

GRAVES, Jack M. "Arbitration as Contract: the Need for a Fully Developed and Comprehensive Set of Statutory Default Legal Rules". *William & Mary Business Law Review*, vol. 2, 2011.

GREEN, Leona S. "Mandatory Arbitration of Statutory Employment Disputes: a Public Policy Issue in Need of a Legislative Solution". *Notre Dame Journal of Law, Ethics & Public Policy*, vol. 12, 1998.

GRYNBERG, Michael. "The Judicial Role in Trademark Law". *Boston College Law Review*, vol. 52, 2011.

GUNNINGHAM, Neil. "Environment, Self-Regulation, and the Chemical Industry: Assessing Responsible Care". *Law & Policy*, vol. 17, 1995.

GUZMAN, Andrew T. "Arbitrator Liability: Reconciling Arbitration and Mandatory Rules". *Duke Law Journal*, vol. 49, 2000.

HADFIELD, Gillian K. "Where Have All the Trials Gone? Settlements, Non-Trial Adjudications and Statistical Artifacts in the Changing Disposition of Federal Civil Cases". *Journal of Empirical Legal Studies*, 2004.

HARDING, Margaret M. "The Limits of the Due Process Protocols". *Ohio State Journal on Dispute Resolution*, vol. 19, 2004.

_____. "The Redefinition of Arbitration by those with Superior Bargaining Power". *Utah Law Review*, 1999.

HART, Herbert. *The concept of law*. 2ª ed. Oxford: Clarendon Press, 1994.

_____. *O conceito de Direito*. Trad. Antônio de Oliveira Sette-Câmara. São Paulo: WMF Martins Fontes, 2009.

HARVARD LAW REVIEW. "Developments in the Law: The Civil Jury". *Harvard Law Review*, vol. 110, nº 7, 1997. Disponível em: https://www.jstor.org/stable/1342177. Acessado em: 17.08.2023.

HENDERSON, Edith Guild. "The Background of the Seventh Amendment". *Harvard Law Review*, vol. 80, 1966.

HENKIN, Louis. "Shelley v. Kramer: Notes for a Revised Opinion". *University of Pennsylvania Law Review*, vol. 110, 1962.

HILL, Elizabeth. "AAA Employment Arbitration: a Fair Forum at a Low Cost". *Dispute Resolution Journal*, vol. 58, 2003.

_____. "Due Process at Low Cost: an Empirical Study of Employment Arbitration under the Auspices of the American Arbitration Association". *Ohio State Journal on Dispute Resolution*, vol. 18, 2003.

HILL, Lisa. "Compulsory Voting in Australia: a Basis for a 'Best Practice' Regime". *Federal Law Review*, vol. 32, 2004.

HOFSTADT, Brian M. "The Deconstruction and Reconstruction of Habeas". *Southern California Law Review*, vol. 78, 2005.

HOROWITZ, Morton J. "The History of the Public/Private Distinction". *University of Pennsylvania Law Review*, vol. 130, 1982.

HORTON, David. "The Shadow Terms: Contract Procedure and Unilateral Amendments". *UCLA Law Review*, vol. 57, 2010.

HOUTTE, H. Van. "La Loi Belge du 27 mars 1985 sur l'Arbitrage International". *Revue de L'Arbitrage*, 1986.

HOWARD, William M. "Arbitrating Employment Discrimination Claims: do you really have to? do you really want to?" *Drake Law Review*, vol. 43, 1994.

HUBER, Stephen K. "State Regulation of Arbitration Proceedings: Judicial Review of Arbitration Awards by State Courts". *Cardozo Journal of Conflict Resolution*, vol. 10, 2009.

JACOBS, Zachary. "Note: One of These Things Is Not Like the Other: U.S. Participation in International Tribunals and Why Chapter 19 of

NAFTA Does Not Fit". *Columbia Journal of Transnational Law*, vol. 45, 2007.

JAMES, Fleming. "Right to a Jury Trial in Civil Actions". *The Yale Law Journal*, vol. 72, 1963.

JONES, Sabra A. "Historical Development of Commercial Arbitration in the United States". *Minnesota Law Review*, vol. 12, 1928.

KAPLINSKY, Alan S.; LEVIN, Mark J. "Consumer Arbitration: if the FAA 'Ain't Broke', Don't Fix It". *The Business Lawyer*, vol. 63, 2008.

KAPLOW, Louis. "Rules versus standards: an economic analysis". *Duke Law Journal*, vol. 42, 1992.

KARAMANIAN, Susan L. "Dispute Resolution under NAFTA Chapter 11: a Response to the Critics". *In*: ROMANO, Cesare. *The Sword and the Scales*: The United States and International Courts and Tribunals. Cambridge: Cambridge University Press, 2008.

KENNEDY, Duncan. "The Stages of the Decline of the Public/Private Distinction". *University of Pennsylvania Law Review*, vol. 130, 1982.

KIM, Yong K. "The Beginnings of the Rule of Law in the International Trade System Despite U.S. Constitutional Constraints". *Michigan Journal of International Law*, vol. 17, 1996.

KINGDON, John W. *Agendas, Alternatives and Public Policy*. Nova York: Harper Collins, 1984.

KISER, Randall. *Beyond right and wrong*: the power of effective decision making for attorneys and clients. Berlim: Springer, 2010.

LANDSMAN, Stephan. "The Civil Jury in America: Scenes from an Unappreciated History". *Hastings Law Journal*, vol. 44, 1993.

LEIB, Ethan J. "A Comparison of Criminal Jury Decision Rules in Democratic Countries". *Ohio State Journal of Criminal Law*, vol. 5, 2008.

LEROY, Michael H.; FEUILLE, Peter. "When Is Cost an Unlawful Barrier to Alternative Dispute Resolution? The Ever Green Tree of Mandatory Employment Arbitration". *UCLA Law Review*, vol. 50, 2002.

LIPSEY, R. G.; LANCASTER, Kelvin. "The General Theory of Second Best". *The Review of Economic Studies*, vol. 24, 1956.

LIPTON, David A. "A Primer on Broker-Dealer Registration". *Catholic University Law Review*, vol. 36, 1987.

LITOWITZ, Douglas. "A Critical Take on Shasta County and the 'New Chicago School'". *Yale Journal of Law & the Humanities*, vol. 15, 2002.

LUSKY, Louis. "Footnote Redux: a Carolene Products Reminiscence". *Columbia Law Review*, vol. 82, 1982.

MACNEIL, Ian R. *et al. Federal arbitration law*: agreements, awards, and remedies under the federal arbitration act. Boston: Litte, Brown and Company, 1999.

MALIN, Martin H. "Arbitrating Statutory Employment Claims in the Aftermath of Gilmer". *Saint Louis University Law Journal*, vol. 40, 1996.

______. "Ethical Concerns in Drafting Employment Arbitration Agreements After Circuit City and Green Tree". *Brandeis Law Journal*, vol. 41, 2003.

MALTBY, Lewis L. "Paradise Lost – How The Gilmer Court Lost the Opportunity for Alternative Dispute Resolution to Improve Civil Rights". *NYLS Journal of Human Rights*, vol. 12, 1994.

MANTYSAARI, Petri. *The Law of Corporate Finance*: General Principles and EU Law. vol. 2. Berlim: Springer, 2009.

MARCEAU, Justin F. "Un-Incorporating the Bill of Rights: the Tension between the Fourteenth Amendment and the Federalism Concerns That Underlie Modern Criminal Procedure Reforms". *Journal of Criminal Law and Criminology*, vol. 98, 2008.

MARDER, Nancy S. "An Introduction to Comparative Jury Systems". *Chicago-Kent Law Review*, vol. 86, 2011.

MARKOVITS, Richard S. "Second-Best Theory and Law & Economics: an Introduction". *Chicago-Kent Law Review*, vol. 73, 1998.

McADAMS, Richard H. "Signaling Discount Rates: Law, Norms and Economic Methodology". *The Yale Law Journal*, vol. 110, nº 4, 2001.

______. "The Expressive Power of Adjudication". *University of Illinois Law Review*, 2005.

______. "The Origin, Development and Regulation of Norms". *Michigan Law Review*, vol. 96, 1997.

McCONNAUGHAY, Philip J. "The Risks and Virtues of Lawlessness: a 'Second Look' at International Commercial Arbitration". *Northwestern University Law Review*, vol. 93, 1999.

McGUINNESS, Michael G.; KARR, Adam J. "California's 'Unique' Approach to Arbitration: Why This Road Less Traveled Will Make All the Difference on the Issue of Preemption under the Federal Arbitration Act". *Journal of Dispute Resolution*, 2005.

McLACHLAN, Campbell *et al. International investment arbitration*: substantive principles. Oxford: Oxford University Press, 2007.

McWHINNEY, Edward. "The Supreme Court and the Dilemma of Judicial Policy-Making". *Minnesota Law Review*, vol. 39, 1955.

MEINERS, Roger E.; RINGLEB, Al H.; EDWARDS, Frances L. *The Legal Environment of Business*. Boston: Cengage Learning, 2006.

MENKEL-MEADOW, Carrie. "Ethics Issues in Arbitration and Related Dispute Resolution Processes: What's Happening and What's Not?" *University of Miami Law Review*, vol. 56, 2002.

MERRYMAN, John Henry; PEREZ-PERDOMO, Rogelio. *The Civil Law Tradition*: an introduction to the Legal Systems of Europe and Latin America. 3ª ed. California: Stanford University Press, 2007.

METZGER, Gillian "Privatization in Delegation". *Columbia Law School*, vol. 103, 2003.

METZLOFF, Thomas B. "The Unrealized Potential of Malpractice Arbitration". *Wake Forest Law Review*, vol. 31, 1996.

MONAGHAN, Henry Paul. "Article III and Supranational Judicial Review". *Columbia Law Review*, vol. 107, 2007.

MORRISON, Alan B. "Appointments Clause Problems in the Dispute Resolution Provisions of the United States-Canada Free Trade Agreement". *Washington and Lee Law Review*, vol. 49, 1992.

MOYER, Homer E. "Chapter 19 of the NAFTA: Binational Panels as the Trade Courts of Last Resort". *The International Lawyer*, vol. 27, 1993.

MURPHY, Colleen P. "Integrating the Constitutional Authority of the Civil and Criminal Juries". *George Washington Law Review*, vol. 61, 1993.

NELSON, Steven C. "Alternatives to Litigation of International Disputes". *The International Lawyer*, vol. 23, 1989.

NEWMAN, Jon O. "Rethinking Fairness: Perspectives on the Litigation Process". *The Yale Law Journal*, vol. 94, 1985.

NOVOTNY, Ronald W. "Drafting Class Action Waivers after AT&T Mobility v. Concepcion". *Disp. Resol. J.*, vol. 66, 2012.

O'HARA, Erin; RIBSTEIN, Larry. *The law market*. Oxford: Oxford University Press, 2009.

O'NEILL, Michael E. "A Legislative Scorecard for the United States Senate: Evaluating Legislative Productivity". *Journal of Legislation*, vol. 36, 2010.

OKEKE, Edward Chukwuemeke. "Judicial Review of Foreign Arbitral Awards: Bane, Boon or Boondoggle?" *New York International Law Review*, vol. 10, 1997.

PARASHAMI, Archis; RANLETT, Kevin. "Supreme Court's Addresses Volt's Choice of Law Trap: Is the End of the Problem in Sight?" *Journal of Dispute Resolution*, vol. 64, 2009.

PARK, William W. "National Law and Commercial Justice: Safeguarding Procedural Integrity in International Arbitration". *Tulane Law Review*, vol. 63, 1989.

PAULSSON, Jan. "Arbitration Unbound: Award Detached from the Law of Its Country of Origin". *International & Comparative Law Quarterly*, vol. 30, 1981.

______. "The Case for Disregarding LSAs (Local Standard Annulments) under the New York Convention". *American Review of International Arbitration*, vol. 7, 1996.

PERILLO, Joseph M. *Calamari and Perillo on Contracts*. St. Paul: West, 2009.

PERLSTADT, Roger J. "Article III, Judicial Power and the Federal Arbitration Act". *UF Law Scholarship Repository*, vol. 62, 2012.

PFANDER, James E. "Article I Tribunals, Article III Courts, and the Judicial Power of the United States". *Harvard Law Review*, vol. 118, 2004.

PIERCE JUNIOR, Richard J. "The Due Process Counterrevolution of the 1990s?" *Columbia Law Review*, vol. 96, 1996.

POSER, Norman S. "Judicial Review of Arbitral Awards: Manifest Disregard of the Law". *Brooklyn Law Review*, vol. 64, 1998.

POSNER, Eric A. "Law, Economics and Inefficient Norms". *University of Pennsylvania Law Review*, vol. 144, 1996.

______. "The Regulation of Groups: the Influence of Legal and Nonlegal Sanctions on Collective Action". *The University of Chicago Law Review*, vol. 63, 1996.

POWELL JR., Lewis F. "Carolene Products Revisited". *Columbia Law Review*, vol. 82, 1982.

PUBLIC CITIZEN. "The Arbitration Trap: How Credit Card Companies Ensnare Consumers". *Public Citizen*, set. 2007. Disponível em: www.citizen.org/documents/ArbitrationTrap.pdf. Acessado em: 07.08.2023.

RALSTON, Jackson H. *International arbitration from Athens to Locarno*. California: University Press, 1929.

RANDALL, Susan. "Judicial Attitudes toward Arbitration and the Resurgence of Unconscionability". *Buffalo Law Review*, vol. 52, 2004.

REDFERN, Alan *et al. Law and Practice of International Commercial Arbitration*. 4ª ed. Reino Unido: Sweet & Maxwell, 2004.

REUBEN, Richard C. "Constitutional Gravity: a Unitary Theory of Alternative Dispute Resolution and Public Civil Justice". *University of Missouri School of Law Scholarship Repository*, vol. 47, 2000.

______. "Democracy and Dispute Resolution: the Problem of Arbitration". *Law and Contemporary Problems*, vol. 67, 2004.

______. "Personal Autonomy and Vacatur after Hall Street". *Penn State Law Review*, vol. 113, 2009.

ROSS, Richard. "How companies manage employment disputes: a compendium of leading corporate employment programs". *CPR Institute for Dispute Resolution*, 2002.

ROTUNDA, Ronald D.; NOVAK, John E. *Treatise on constitutional law*: substance and procedure. 3ª ed. St. Paul: West Group, 1999.

______. *Treatise on constitutional law*: substance and procedure. 4ª ed. St. Paul: West Pub. 2011.

RUBIN, Edward L. "Due Process and the Administrative State". *California Law Review*, vol. 72, 1984.

RUBINS, Noah. "'Manifest Disregard of the Law' and Vacatur of Arbitral Awards in the United States". *American Review of International Arbitration*, vol. 12, 2001.

RUTLEDGE, Peter B. "Common Ground in the Arbitration Debate". *Yearbook on Arbitration and Mediation*, 2009.

______. "Delegation and (Conflicts of) Law". *The George Mason Law Review*, vol. 17, 2009.

______. "On the Importance of Institutions: Review of Arbitral Awards for Legal Errors". *Journal of International Arbitration*, vol. 19, 2002.

_____. "Toward a Contractual Theory of Arbitral Immunity". *Georgia Law Review*, vol. 39, 2004.

_____. "Whither Arbitration?" *Georgetown Journal of Law & Public Policy*, vol. 6, 2008.

RYAN, Christopher M. "Meeting Expectations: Assessing the Long-Term Legitimacy and Stability of International Investment Law". *University of Pennsylvania Journal of International Law*, vol. 29, 2008.

SAXER, Shelley Ross. "Shelley v. Kramer's Fiftieth Anniversary: 'a Time for Keeping; a Time for Throwing Away?'" *University of Kansas Law Review*, vol. 47, 1998.

SCHLANGER, Margo. "What We Know and What We Should Know about American Trial Trends". *Journal of Dispute Resolution*, 2006.

SCHMITZ, Amy J. "Nonconsensual Nonbinding = Nonsensical? Reconsidering Court-Connected Arbitration Programs". *Cardozo Journal of Conflict Resolution*, vol. 10, 2008.

SCHUCK, Peter H. "Mapping the Debate on Jury Reform". *In*: LITAN, Robert E. *Verdict*: assessing the civil jury system. Washington: Brookings Institution, 1993.

SCHWARTZ, Alan; SCOTT, Robert E. "Contract Theory and the Limits of Contract Law". *The Yale Law Journal*, vol. 113, 2003.

SCHWARTZ, David S. "State Judges as Guardians of Federalism: Resisting the Federal Arbitration Act's Encroachment on State Law". *Washington University Journal of Law & Policy*, vol. 16, 2004.

SIEGEL, Steven. "The Constitution and Private Government: Toward the Recognition of Constitutional Rights in Private Residential Communities Fifty Years after Marsh v. Alabama". *William & Mary Bill of Rights Journal*, vol. 6, 1998.

SIMS, MyLinda K.; BALES, Richard A. "Much Ado about Nothing: the Future of Manifest Disregard after Hall Street". *South Carolina Law Review*, vol. 62, 2010.

SMIT, Hans. "AT&T Mobility v. Concepcion: Can Class Actions Be Brought in Arbitration?" *American Review of International Arbitration*, vol. 20, 2009.

SPEIDEL, Richard E. "Contract Theory and Securities Arbitration: Whither Consent?" *Brooklyn Law Review*, vol. 62, 1996.

STERNLIGHT, Jean R. "Creeping Mandatory Arbitration: Is It Just?" *Stanford Law Review*, vol. 57, 2005.

______. "Rethinking the Constitutionality of the Supreme Court's Preference for Binding Arbitration: a Fresh Assessment of Jury Trial, Separation of Powers, and Due Process Concerns". *Tulane Law Review*, vol. 72, 1997.

______. "The Rise and Spread of Mandatory Arbitration as a Substitute for the Jury Trial". *University of San Francisco Law Review*, vol. 38, 2003.

______. "Mandatory Binding Arbitration and the Demise of the Seventh Amendment Right to a Jury Trial". *Ohio State Journal on Dispute Resolution*, vol. 16, 2001.

STIPANOWICH, Thomas J. "The Third Arbitration Trilogy: Stolt-Nielsen, Rent-A-Center, Concepcion and the Future of American Arbitration". *American Review of International Arbitration*, vol. 23, 2012 (no prelo). Disponível em: https://papers.ssrn.com/sol3/papers.cfm?abstract_id=1919936. Acessado em: 27.07.2023.

STORY, Joseph. *Commentaries on the constitution of the United States*. Boston: Hilliar, 1833.

SULLIVAN, Kathleen M. "Unconstitutional Conditions". *Harvard Law Review*, vol. 102, 1989.

SUNSTEIN, Cass. "On the Expressive Function of Law". *University of Pennsylvania Law Review*, vol. 144, 1996.

TEEVEN, Kevin. "A History of Legislative Reform of the Common Law of Contract". *The University of Toledo Law Review*, vol. 26, 1994.

TIDWELL, Gary *et al*. *Party evaluation of arbitrators*: an analysis of data collected from NASD regulation arbitrations, 5 ago. 1999.

TIPTON, Brian. "Allocating the Costs of Arbitrating Statutory Claims under the Federal Arbitration Act: An Unresolved Issue". *American Journal of Trial Advocacy*, vol. 26, 2002.

TWINING, William. "Alternative to What? Theories of Litigation, Procedure and Dispute Settlement in Anglo-American Jurisprudence: Some Neglected Classics". *The Modern Law Review*, vol. 56, 1993.

UNCTAD. *Bilateral investment treaties 1995-2006*: trends in investment rulemaking. Nova York, 2007.

VANDENBERG, Michael P. "Beyond Elegance: a Testable Typology of Social Norms in Corporate Environmental Compliance". *Stanford Environmental Law Journal*, vol. 22, 2003.

VERKUIL, Paul R. "Privatizing Due Process". *Administrative Law Review*, vol. 57, 2005.

VIDMAR, Neil. "A Historical and Comparative Perspective on the Common Law Jury". *In*: ______. (Coord.). *World jury systems*. Oxford: Oxford University Press, 2000.

______. *World jury systems*. Oxford: Oxford University Press, 2000.

WARE, Stephen J. "Arbitration Clauses, Jury-Waiver Clauses and Other Contractual Waivers of Constitutional Rights". *Law and Contemporary Problems*, vol. 67, 2004.

______. "Consumer Arbitration as Exceptional Consumer Law (with a Contractualist Replay to Carrington & Haagen)". *McGeorge Law Review*, vol. 29, nº 195, 1998.

______. "Contractual Arbitration, Mandatory Arbitration, and State Constitutional Jury-Trial Rights". *University of San Francisco Law Review*, vol. 38, 2003.

______. "Default Rules from Mandatory Rules: Privatizing Law through Arbitration". *Minnesota Law Review*, vol. 83, 1999.

WARREN, Charles. *The Making of the Constitution*. Boston: Little, Brown and Company, 1928.

WEISBURST, Sanford I. "Judicial Review of Settlements and Consent Decrees: an Economic Analysis". *The Journal of Legal Studies*, vol. 28, 1999.

WELLS, Michael L.; LARSON, Edward J. "Original Intent and Article III". *Tulane Law Review*, vol. 70, 1995.

WESTON, Maureen A. "Reexamining Arbitral Immunity in an Age of Mandatory and Professional Arbitration". *Minnesota Law Review*, vol. 88, 2004.

WHITE, Rebecca Hanner. "Arbitration and the Administrative State". *Wake Forest Law Review*, vol. 38, 2003.

WITTMAN, Donald. "Lay Juries, Professional Arbitrators and the Arbitrator Selection Hypothesis". *American Law and Economics Review*, vol. 5, 2003.

WOLFRAM, Charles W. "The Constitutional History of the Seventh Amendment". *Minnesota Law Review*, vol. 57, 1973.

YACKEE, Jason Webb. "Choice of Law Considerations in the Validity and Enforcement of International Forum Selection Agreements: Whose Law Applies?" *UCLA Journal of International Law and Foreign Affairs*, vol. 9, 2004.

ZICK, Vicki. "Reshaping the Constitution to Meet the Practical Needs of the Day: the Judicial Preference for Binding Arbitration". *Marquette Law Review*, vol. 82, 1998.

A Editora Contracorrente se preocupa com todos os detalhes de suas obras! Aos curiosos, informamos que este livro foi impresso no mês de setembro de 2023, em papel Pólen Soft 70g, pela Gráfica Grafilar.